TopBook

一个人，遇见一本书

饕书客

norse
mythology

北欧神话

斯堪的纳维亚的英雄史诗
《魔戒》、《雷神》、《魔兽争霸》的神话世界
巨人、精灵、矮人、诸神
悲情壮烈的末世传说

何　鹏○著

TopBook 鉴书客
陕西新华出版传媒集团
陕 西 人 民 出 版 社

图书在版编目（CIP）数据

北欧神话 / 何鹏著 . — 西安 : 陕西人民出版社 , 2015

ISBN978-7-224-11715-8

Ⅰ. ①北… Ⅱ. ①何… Ⅲ. ①神话－北欧－通俗读物

Ⅳ. ①B932.53-53

中国版本图书馆CIP数据核字（2015）第244420号

出品人：惠西平

总策划：宋亚萍

策划编辑：关　宁　王　凌

责任编辑：韩　琳　王　倩

设计制作：毛小丽　唐懿龙　李　静　杨　博　王　芳　张英利　任晓强
张玉民　符媛媛　张　静　任敏玲　张　斌　任海博

北欧神话

作　　者　何　鹏

出版发行　陕西新华出版传媒集团 陕西人民出版社
（西安北大街147号　邮编：710003）

印　　刷　陕西隆昌印刷有限公司

开　　本　787 mm×1092mm　16开　16印张　3插页

字　　数　202千字

版　　次　2016年3月第1版　2023年12月第19次印刷

书　　号　ISBN 978-7-224-11715-8

定　　价　45.00元

NORRON

NORRON

第一章
冰火创世纪

当这个世界还处于混沌和无秩序状态时，完全没有天与地的概念，一切都融合和笼罩在黑暗无垠的浓雾中，是个让人找不着北的太虚之境。随着时间的推移，这片广漠的不毛之地中央出现了一个无底深渊，其中弥漫着寒雾和无尽的神秘。后来在深渊中心泛着微光的地方出现了一道名为赫威高密尔的活泉。深渊之北是“雾国”尼夫尔海姆，这是一个严寒刺骨的冰川世界。赫威高密尔泉水流到这里时，会被寒气凝结成巨大的冰川。这些冰川日积月累地重叠起来，变得高不可测。久而久之，冰川因累叠太厚而无法承受自重，于是就会崩塌掉入深渊，发出雷鸣般的巨响。

深渊之南是“烈焰之国”穆斯贝尔海姆，这里终日烈焰焚天。火巨人苏尔铁尔镇守于此。自古“冰火不相容”，每当冰川滑坡时，苏尔铁尔就会挥动他那柄赤红炙热、火星四射的真火巨剑，怀着满腔怒火劈向北方涌来的如山巨冰，不仅制造出更高分贝数的巨响，还将股股热浪引向了北方的尼夫尔海姆。

北方的冰川在南方热风的不断吹拂下，先融化成水，再被蒸发成水汽向上升腾。最后被四周寒气侵袭，凝结成霜雪飘落下来。就这样，在尼夫尔海姆的寒冰和穆斯贝尔海姆热气的交替作用下，伴随着水的三种形态转换，诞生了霜巨人之祖——伊米尔和一头名为奥德姆布拉的巨型母牛。伊米尔靠吸食奥德姆布拉的乳汁为生，而奥德姆布拉则靠舔食寒冰下的岩盐过活。[①]

奥德姆布拉第一天所舔过的岩盐下居然露出了一缕人的头发，舔到第二天，一颗长相俊美的人头破冰而出，第三天，一个英俊魁梧的人形生物就站了起来，这就是北欧诸神始祖布里。布里一出世就不是一个人，因为他马上就有了自己的儿子博尔。伊米尔也在沉睡时从自己腋窝中诞出了一男一女两个巨人，从两腿之间生下了六头巨人苏德高米尔。苏德高米尔又马上生下了巨人博格米尔。他们就是霜巨人族[②]的祖先。

由于奥德姆布拉的乳头数量有限，而霜巨人和神族都有了自己的后代，因此不可避免地因生存权和发展权发动了战争。一次战争后，博尔把对方阵营的女巨人拜斯迪娜抢了过来。拜斯迪娜一看博尔，比自己巨人族的同类好看多了，便乐不思蜀，不愿回去了。这对年貌相当的神仙和巨人生下了三个孪生子，分别为长子奥丁、次子维利、三子伟[③]。这下神族如虎添翼，一下就扭转了胶着不下的战局。祖孙三代合力打倒了霜巨人的始祖伊米尔。伊米尔撒手归天时伤口喷出了大量的血液，如决堤而出的洪流一般泛滥成灾，将他自己的后代淹没吞噬了不少，只余下博格米尔和少数巨人残众侥幸逃脱。他们逃到世界的边缘，在极北之地建立了名叫乔森海姆的王国，在那繁衍生息了一大群霜巨人，伺机复仇。

如此一来，诸神便成了世界的主宰，他们开始着手重建一个全新的世界，施工者是天界的阿瑟[④]诸神。诸神说：“先要有海。”于是就将伊米尔的血液作为海洋，汗水作为江河湖泊，躯体作为大地，骨骼作为山脉，胡须作为植物，牙齿作为岩石，把伊米尔的颅骨悬放起来作为天穹，以其脑浆为云层，给大地带来雨雪霜露，并用他的眉毛做成人类居住的中土世界米德加特的墙壁。有了天就应该有擎天柱，诸神虽然个个强壮，但他们日后要扮演英雄和救世主的角色，于是诸神把伊米尔尸体上最先孵化

---

①根据对北欧神话的解读，创世的地点应该是冰岛。因为火山与冰原是冰岛最主要的地貌特征，而且冰岛有一条深不见底的狭长裂缝，被称为“世界的裂痕”，更符合神话中的描述。

②北欧位于靠近北极圈的斯堪的纳维亚半岛，终年寒冷，因此霜巨人在神话中的地位很高，常常令众神头痛不已。

③奥丁意为神圣；维利意为精神；伟意为意志。

④阿瑟在古北日耳曼语中为“擎天柱”之意。

05

奥丁三兄弟

神族成员博尔抢霜巨人族的女巨人拜斯迪娜为妻，生下三个孪生子，分别为奥丁、维利和伟。神族因此如虎添翼，打败了霜巨人族。

出的四条蛆虫变成四个强壮的矮人，让他们像擎天柱一样扛着天空的四个角。他们分别为诺德（北）、苏德（南）、奥斯特（东）、维斯特（西）。诸神还捕捉了“烈焰之国”穆斯贝尔海姆的火花，将这些大小不一的火花镶嵌在天空，将其化为闪亮的星辰，并制定了它们的运行轨迹。而且让其中的一些星辰按一定图案排列形成星座。其中最大的两股火苗被造成太阳和月亮，放在金碧辉煌的六轮车上，由两匹分别叫阿瓦可（早醒者）和奥斯温（健步者）的马拖拽。为了防止炙热的太阳火焰灼伤马匹，诸神打造了一面叫斯瓦凌的巨盾置于车前马后，隔开太阳和宝马。而月亮由于体积小、热量低，就由一匹名为奥斯维达的马单独拖着。

为了壮大日夜出巡的阵仗，诸神特地选派热情奔放的女神苏尔驾驭太阳车，每当她操控太阳车飞驰天际时，大地上的花草树木便在阳光下抽芽生长。月亮之神是温文尔雅的曼尼，夜幕降临后，内向的他便驾驶月车驶过夜空。诸神让前来投诚的霜巨人诺威之女诺蒂驾驭黑色霜马车乘，追随在月车之后穿越天空。每天清晨她将马车驶入车棚时，黑色霜马的鬃毛上洒下的汗珠会结成露水洒到地面上。后来诺蒂成了夜之女神。天狼会不时追赶日神和月神，那时就会有日食和月食。

诸神给旧世界换了新容颜后，在信步漫游时颇感快慰。但在心旷神怡之时，总觉得并未圆满。广袤的土地上虽然树木葱茏，但除了鸟语花香外，却没有人来歌颂肯定众神的功绩。诸神于是取来梣木枝造成男人，榆树枝造成女人。由奥丁赐予他们生命与灵魂，维利赋予他们情感和欲望，伟给予他们仪表和语言。然后将这对北欧亚当夏娃安置在中土世界米德加特繁衍生息。人类的生死、健康、财富和命运，全部操纵在沃达尔边的三个命运女神手中。她们纺织、测量和剪裁人类的命运之线，决定人类寿命的长短、健康的好坏以及财富的多少。

人类生活的地方是乾坤树伊格特西中间部分的枝干。树枝表面凹凸不平的地方，就是人类所称的高山和峡谷。树枝表面凹下去积了水的地方，人类称之为湖泊和海洋。树枝上生长了青苔的地方，人类则称其为森林。阿瑟诸神是人类的保护神，掌管人类的知识、智慧、诗歌、历史 、和平、战争、力量、财富、狩猎、渔业、海港、爱情、婚姻、生育等各种事务。

在诸神进行基础建设的时候，从伊米尔残骸的腐肉里面长出了很多尸虫，它们攫取伊米尔残骸的精华后变成了富有灵性的生物。诸神就将它们改造成玲珑至极且身材

四矮人托天

诸神把伊米尔尸体上最先孵化出的四条蛆虫变成四个强壮的矮人，让他们像擎天柱一样扛着天空的四个角。他们分别为诺德（北）、苏德（南）、奥斯特（东）、维斯特（西）。

被天狼追赶的日神和月神

太阳车由热情奔放的女神苏尔驾驭，月车由温文尔雅的曼尼驾驭。天狼会不时追赶日神和月神，那时就会有日食和月食。

太阳金车

诸神捕捉“烈焰之国”穆斯贝尔海姆的火花，将其镶嵌于天空，是为星辰。其中两股最大的火苗被造成了太阳和月亮。为了防止炙热的太阳火焰灼伤拉太阳车的马匹，诸神打造了一面巨盾隔开了太阳和马匹。

矮小的矮人族，并赋予他们超人的智慧和魔法。不过他们也将这些矮人分为两类。那些肤色黝黑，生性诡诈狡猾、贪财好色的矮人被诸神逐于地下的斯瓦塔尔法海姆居住，被称为黑侏儒。他们擅长打造铁器和首饰，且手艺精良，价格公道，诸神禁止他们白天到地面活动，若有违背就会化为石头。黑侏儒对诸神的种族歧视政策非常不满，他们对诸神时而迎合拍马，时而暗中抗拒。他们会在打造的武器上附加诅咒，让手持这一武器的神作战失利；也会在给女神们制造的首饰上附加诅咒，让其变为荡妇。除此之外他们还是对贵重金属嗅觉非常灵敏的矿工，平时专爱搜集地下的各种稀有金属，然后把它们藏在隐秘的地方。

而另一类肤色白皙、性情温良、长相俏美的矮人，被称为白侏儒，也被称为精灵。诸神允许他们居住在伊米尔眉骨上一个叫阿尔夫海姆的地方。他们可以随意飞来飞去，几乎什么事都不用做。白天就是打理一下花草植物，和花鸟鱼虫尽情嬉戏，晚上就在草地上开篝火晚会，活得悠闲自在。

安排完这些后，诸神在奥丁的带领下来到了永不封冻的伊芬河边的伊达沃特平原，在此兴建了自己的家园阿斯加德，并立下誓言：在此圣地，永不许有流血事件！诸神在阿斯加德完工后已经没有精力来修建围墙，于是广发告示，招募能者。这时一个霜巨人工匠声称能在三个冬天内修建高耸入云、绵延千里的围墙。但他索要的报酬不是金银，而是爱神芙丽雅，要她做自己的妻子，且要求日月也归他所有。诸神看这巨人单枪匹马，完全不相信他能完成如此庞大的工程。

为了戏弄巨人，诸神假装同意了他的要求，但附加了更为苛刻的条件，那就是巨人必须在一个冬天里完成全部的工程，而且不得有其他人援手。如若无法完成，就要以性命作为违约金。这巨人居然答应了这一条件，不慌不忙地开始工作了。没多久，一堵崭新的围墙竖了起来，并且以奇迹般的速度不断增长着。要是按照这个速度，冬天还没结束，巨人就会完工。诸神发现巨人施工之所以如此神速是因为他那匹叫作斯华帝弗利的马。这匹神骏昼夜无休地用它的神力为巨人运来一块又一块修筑围墙所需的巨石。在春天降临的前三天，巍峨的围墙已经矗立在了阿斯加德的四周。只要城门一完成，整个工程即可交付使用了。诸神开始紧张和后悔了，按照约定，围墙完工时，他们要交出美丽的芙丽雅以及太阳和月亮，到时候不就天昏地暗了吗？这时，诡计多端的火神洛基想出了一条奇计，让一筹莫展的诸神无不拍手称绝。洛基选了一匹处于发情期的母马，在巨人睡觉的时候牵着它靠近了还在连夜施工的斯华帝弗利。母马发出求偶时的低嘶声，挑起了斯华帝弗利内心的欲望，它停下工作向这匹漂亮的母马奔来。但洛基却牵着母马向远方跑去，将巨人的神骏骗到一个偏远的地方。

如此一来，巨人便无法按期完工，于是被雷神索尔用神锤砸烂了头。那母马和神骏斯华帝弗利产下了一匹混血八蹄马驹。它长大后日行千里，夜行八百，远超天上人间任意一匹马。后来它成了奥丁的专属坐骑，得名斯普莱尼尔。

在诸神初创天地万物之时，伊米尔的心脏上长出了一株根深叶茂、高耸入云的巨型梣木伊格特西，健硕的枝干支撑着整个世界。它的盛衰荣枯关系着世界的命运。它就是北欧神话中的乾坤树。这棵树有三根粗大的根，分别从三股泉水处吸取水分而且联通着三层不同的世界。

第一条树根深入阿斯加德的命运之泉沃达尔。沃达尔所在之处是阿瑟诸神集会议事、商讨重大决策的圣地。这里还住着能透视神、魔、人、怪命运的命运三女神。

第二条树根深入巨人之地乔森海姆的智慧之泉秘密尔。秘密尔汇集了人、神、魔三界心智，由霜巨人中最睿智、最强悍的米默尔守卫。谁要是饮用了这泉水，就能获得超凡脱俗的大智慧。但要找到它非常困难，需付出极大的代价。即便是强如奥丁这样的主神也以付出一只眼睛为代价，才饮到一口泉水。

乾坤树伊格特西繁茂的枝叶遮盖庇护了整个宇宙。其最高枝莱拉德①笼罩着诸神居住的圣地。枝上结着能让人返老还童的金苹果，除却青春女神伊童外谁也不能摘取。枝头还栖息着一只名为维德佛尼尔的巨隼，它能洞察天上人间的一切事件并报告给奥丁。树上还有一只上蹿下跳、名为拉塔托斯克的小松鼠，经常挑拨隼和树下毒龙之间的关系。

第三条树根深入冥界，根下有尼夫希尔姆泉和不断啃食树根的毒龙尼德霍格。树根被啃完后，世界就会毁灭。因此诸神在那建立了冥界，让死亡女神海拉将世间犯下重罪的亡魂丢给毒龙吃，暂缓其啃噬树根的速度。

乾坤树还承载着整个宇宙的命运，关系着世界的幸福，是三界的脊梁。它有痛觉，脆弱且易受伤害，也几乎承载了这个世界的所有苦难。除了冥界的毒龙在侵害乾坤树

---

①莱拉德意为和平给予者。

外，一些妖魔鬼怪也在对它进行着破坏。虽然他们都知道乾坤树一旦死亡就是世界末日，也会累及自己的性命，但他们更想趁着这个重新洗牌的时机重启命运。除却这些主观有意伤害乾坤树的生物外，有些动物也在无意中损耗着乾坤树的健康。那些给诸神提供饮用乳品的神羊海朵拉就以乾坤树的常青枝叶为食。而四头主司四面来风的神鹿也以乾坤树的嫩芽充饥。但神鹿的鹿角滴下的蜜露，不仅可以配合神羊奶酿制蜜酒供诸神饮用，还是世间一切甘泉的源头。诸神建设了如此美好的江山，势必会引起反势力的仇恨。他们无时无刻不在挖空心思制造祸害。名为妒忌和憎恨的两条天狼分别追逐太阳和月亮，想要把它们撕咬吞噬，让世界被永恒的黑暗笼罩。诸神的创举不仅激发了天狼的破坏欲，更让僻居在极北之地的邪恶势力咬牙切齿。

霜巨人中有个名叫赫拉斯沃格的食尸巨魔，一直以因寒冷饥饿而毙的尸体为食。而诸神创建的世界阳光明媚，万物生机盎然，让他的口粮大大减少，甚至经常食不果腹。他因此大为恼火，经常披上鹰羽魔衣四处觅食。他扇动双翼时会卷起股股寒风，飞过陆地就引发暴风雪，他飞过海洋则刮起海啸，颠覆船只，淹没港口。雷神索尔是诸神中对抗黑恶势力的中坚力量，他时常在这些地方巡逻，以还给人间和天界一个安宁。

而在天地初创时，阿瑟神族并不是唯一一个流淌着神圣血液的种族。与他们并存的还有一个比较大的瓦纳斯神族。瓦纳斯神族中最有名的就是尼尔德了，他和儿子弗雷尔和女儿芙丽雅住在海滨。他们和海上风雨之神伊吉尔共同掌管台风和潮汐涨落。无论是商人还是海盗在出海时都要祈求他们刮顺风。掠劫成性的海盗也会在大肆抢夺后将金银珠宝沉入海中，以换取尼尔德家族的庇护。

起初两个神族之间并无太大纠纷，一直井水不犯河水。因为即便是瓦纳斯神族所庇护的海盗，他们的勇气和力量也是阿瑟诸神所赏识的，奥丁的瓦哈拉神殿也吸纳了不少英勇战死的海盗亡灵。但最终，发生了一件让阿瑟诸神不能容忍的事情，导致了两个神族的交战。

冲突缘于一个在米德加特游历的、名为高法伊格的女巫师。最开始米德加特人并不知道她的来历。但由于她会各式魔法，比如能把人送到半空中与白侏儒玩耍，又神通广大，能透视未来、看穿过往，人们都找她预言自己的命运。她让人们搭建祠堂，修筑祭坛，并在黑暗中作法。她法力高强，且对人们有求必应，这让居住在中土世界

乾坤树伊格特西

在诸神初创天地万物之时，伊米尔的心脏上长出了一株根深叶茂、高耸入云的巨型梣木伊格特西，健硕的枝干支撑着整个世界。它的盛衰荣枯关系着世界的命运。它就是北欧神话中的乾坤树。这棵树有三根粗大的根，分别从三股泉水处吸取水分而且联通着三层不同的世界。

米德加特的人们的欲望不断膨胀并渐渐迷失了自己，妄生出了各种贪念和色欲。为满足这些私欲，人们纷纷拜倒在高法伊格脚下成为她的信徒。在她的纵容下人们也变得更加懒惰、暴虐、贪淫。

高法伊格见自己有了深厚的群众基础，便有了进入圣域权力核心的想法。她唆使她的信徒在诸神居住的阿斯加德撒野，要求跟众神平起平坐。诸神大怒，擒住她后用长矛贯穿她的身体，把她架在火上焚烧至灰飞烟灭。但隔几天她又会来圣境叫阵。虽然诸神每次都能抓住她，把她挫骨扬灰，但之后她都能再次复活。诸神仔细观察了她的魔法，发现她起源于瓦纳斯神族。所以推断高法伊格一定跟瓦纳斯神族有关系。阿瑟神族集会商讨，最后决定向公然挑衅的瓦纳斯神族开战。奥丁率先将他的武器长矛冈尼尔投到了瓦纳斯神殿，率领阿瑟神族向其宣战。瓦纳斯神族也没有畏惧退缩，全力作战。战争持续几天后，双方的主神都看出，此战必然导致势均力敌的两方两败俱伤。即便某一方在大战中取胜，付出的伤亡代价也将非常高昂，而获胜方在未来也难以抵御霜巨人的乘虚而入。于是双方立下誓言议和，并约定交换人质。阿瑟神族将自己阵营的海尼尔送到了瓦纳斯神族那里，而瓦纳斯神族的尼尔德和他的儿子弗雷尔及女儿芙丽嘉则加盟到了阿瑟神族这边。奥丁也把他们纳入阿瑟神族的高层。尼尔德和弗雷尔都位列十二正神，芙丽嘉则位列二十四位女神，是女武神的统领。

诸神改造完旧世界之后，在阿斯加德论功行赏，排座次，定交椅，搞了个封神榜活动。主神奥丁分封了十二位正神，他们是：雷神索尔，战神铁尔，光明之神博德，黑暗之神霍都，守护神海姆达尔，复仇之神法利，美神及音乐诗歌之神布拉奇，森林之神威达尔，公正之神福尔塞提，火神及恶作剧之神洛基，海神尼尔德和社稷之神弗雷尔。奥丁和十二位正神的集会场所定在阿斯加德的格拉斯海姆神殿。而奥丁的妻子芙丽嘉等二十四位女神则住在温沃尔夫神殿。进入仙境阿斯加德的唯一通道是高悬在大地之上的彩虹桥碧芙斯特。此桥是由水、火和空气构成，看上去虚妄不实，实则异常坚固。守护神海姆达尔日夜不离地负责守护碧芙斯特桥。他的武器是一把快刀和一只银号角。每当众神通过此桥时，他就用号角吹出轻柔悦耳的曲子。而一旦他吹出高亢激烈的曲子就表示报警，也是诸神的黄昏来临之时。那时候曾被众神打退的霜巨人会联合火巨人及一切黑暗力量发动对天界的攻击，世界末日也就在那一刻到来。

众神焚烧高法伊格

女巫高法伊格法力高强，接触过她的人，都会拜倒在她的脚下。她唆使她的信徒在诸神居住的阿斯加德撒野，要求跟众神平起平坐。诸神大怒，擒住她，将她挫骨扬灰、烧为灰烬，但她每次都能再次复活。

与瓦纳斯神族开战

众神推断高法伊格一定跟瓦纳斯神族有千丝万缕的联系，于是决定向瓦纳斯神族开战。两大神族展开了激烈的对战。双方的主神看到伤亡惨重，最终决定立誓议和，并约定交换人质。

第二章
主神奥丁

奥丁是阿瑟神族的主神，也是知识之神和智慧之神。他幻化无形，以各种面目和名字出现在人间。但所有形象都万变不离其宗地具有如下特征：长袍掩不住的伟岸身材；黑色鬈发；一只炯炯有神的眼睛；茂密的大胡子。奥丁手里时刻拿着他的武器——长矛冈尼尔。冈尼尔只要一飞出去就能自动击中奥丁想要击中的目标，而且冈尼尔造成的伤口是无法愈合的，除非奥丁念诵鲁纳符文[①]，再用矛尖轻触伤口。奥丁的手臂上戴着乔普尼尔金环，它能自动生出无数金环。

奥丁上知天文、下知地理，博古通今、学贯中西，神秘莫测，有超强的求知欲和创造力，为达目的他会使用一切谋略和手段。奥丁为了获得如此的大智慧付出了

①鲁纳符文和周易、塔罗牌并称世界三大最古老的占卜术。它是北欧一种古老的神秘符文，多用来占卜和祭祀。每一个鲁纳符文字母都有特殊魔法含义。维京战士常常把相应的鲁纳字母刻在武器上，以使武器具备更大杀伤力，并使敌人遭受更大的痛苦。而巫师则会把鲁纳字母刻在法器上，并用献祭的鲜血涂抹以将其“激活”。平民也佩戴刻有鲁纳字母的首饰以保护自己免遭灾害并得到成功和爱。不同的鲁纳字母按不同顺序组合起来表示不同含义。经典游戏《暗黑破坏神》和电影《指环王》中都有鲁纳符文的深刻印记。

奥丁自残献祭后，把自己倒吊在乾坤树上

奥丁知道，只有饮用智慧之泉秘密尔的泉水才能获得大智慧，进而通晓鲁纳符文。为此，奥丁用长矛冈尼尔刺伤自己，并把自己倒挂在乾坤树伊格特西上不吃不喝献祭长达九天九夜，终于发现了刻有鲁纳符文的神石，也读懂了鲁纳符文背后的神秘含义，并借此找到了智慧之泉。

奥丁的两只渡鸦

奥丁肩上有两只神鸦，一只叫胡音，一只叫慕灵。它们每天早出晚归，像无人机一样飞向天上人间的各个角落，搜集刺探最新的信息和情报，并向奥丁汇报。

极大的代价。因为只有饮用智慧之泉秘密尔的泉水才能升级自己的智商，秘密尔位于极北之地乔森海姆，而要找到智慧之泉得通晓已失传的鲁纳符文。为了破译鲁纳符文的意义以及获得其所赋予的魔法和力量，奥丁用自己的长矛冈尼尔刺伤自己，并把自己倒挂在乾坤树伊格特西上不吃不喝献祭长达九天九夜。[①]九天九夜后，他终于发现了刻有鲁纳符文的神石，也读懂了鲁纳符文背后的神秘含义，后来终于借此找到了智慧之泉。

守护智慧之泉的是霜巨人米默尔，他看到奥丁前来索取泉水，便以非常平和的语气告诉奥丁，只有将智慧之泉装在吉雅拉角杯中饮用方能生效。而要饮用一吉雅拉角杯的泉水，得付出一只眼睛的代价。求知欲超强的奥丁毫不犹豫地挖出自己的左眼给了米默尔。米默尔也不得不佩服奥丁的勇气，将其眼睛沉入泉水深处，并告诉他已获得了超越世上所有神魔的智慧。奥丁虽然失去了一只眼睛，但剩下的一只眼睛却因此获得了预见未来的能力，比所有双目健全的神都看得远。

奥丁的经历告诉我们：拥有双眼但无法透视未来的人在先知先觉的奥丁面前就是瞎子。而在瞎子的世界里，独眼龙就是王。奥丁在获得无可匹敌的智慧的同时，也获得了泉水中蕴含的过去、现在和未来的一切知识、经验和智慧，还预见到了诸神黄昏这一时刻的来临。诸神的黄昏就是诸神和整个世界的末日，那时候阿瑟诸神都会与自己创造的这个世界一起毁灭。自此他的面容就烙上了忧郁二字。所以预知未来是喜忧参半的事情，如果未来是喜剧，你会开心地活在每一天。如果未来是悲剧，你就会每天处于抑郁状态直到结局来临。而你的不快是会随时间推移而递增的。虽然普通人知道这些后会选择不预知未来，无忧无虑地活在当下每一天，只在答案揭晓时承受苦果。但奥丁知道恶性结局后不逃避，不沮丧，反而勇敢地承受，而且要以自己的力量对抗命运，勇往直前，战斗不止。

自此之后，奥丁就在仙境阿斯加德修建了英雄祠——瓦哈拉神殿，将人间战死的烈士的灵魂提上瓦哈拉神殿复活并训练他们。他将这些复活的勇士扩编到神界的军队中，以为诸神的黄昏做准备。虽然奥丁知道诸神的黄昏这一终极厄运不可避免，但他

---

①由于奥丁曾受倒吊之苦，因此吊刑在北欧法律中是重刑。在塔罗牌中有一张称为“倒吊男”的牌，即是取此象征。

仍频繁下凡，用不同分身、不同身份、不同名字不断在各国间挑起战争，召集人间的勇士，壮大神界的力量，最大限度地增加神界在末日之战的胜算。他就是这样一个敢与命运抗争，不认输的主神。

奥丁虽然是独眼，但他只要坐在阿斯加德的宝座上，就可以足不出户而知天下事。他的宝座与其说是一张椅子，还不如说是一座巨型瞭望塔。他在宝座上纵览寰宇，一眼就能看到天上人间的神魔人怪的一切举动。奥丁肩上有两只神鸦，一只叫胡音，一只叫慕灵。它们每天早出晚归，像无人机一样飞向天上人间的各个角落，搜集刺探最新的信息和情报，并向奥丁汇报。奥丁坐在宝座上时，他的脚边蹲伏着盖瑞和弗里克这两只驯服的猎犬。[①]每次有人用兽肉献祭时，奥丁都会用肉来喂它们。

奥丁经常装扮成智者、预言家或巫师到人间游历，如果是在和平年代，他就会身穿灰色粗布大氅，头戴青色宽檐风帽，以低调普通的造型游历在普通人之间。如果是在战争时期，他就会身着戎装，头戴鹰翅头盔或牛角头盔，骑着那匹快如闪电的八足神骏斯普莱尼尔，在交战国间巡游。很多王国间的战争都是由他引发或挑起的，同时他还决定战争的胜负。到了后期，不停地在人间挑起战争成了他的日常工作重心。他要靠自己的力量摆脱诸神在劫难逃的悲哀结局。受奥丁的影响，北欧人将勇敢作为自己的信条和行为准则。不勇敢的人行为是卑贱的，思想是错误的，会被神抛弃，永远无法进入瓦哈拉神殿，只能下到冥界备受煎熬。所以古代北欧涌现了众多狂战士和维京海盗，他们以冒险为终极目标，以勇敢为至上美德，能战死沙场就是他们的最佳归宿。[②]

每当人间交战时，奥丁就会差遣他的女侍者瓦尔基丽雅们[③]到战场上挑选勇士的亡魂，将其魂魄束缚在她们的快马上，再从彩虹桥碧芙斯特带入瓦哈拉神殿。在那里，奥丁的两个儿子早已在此守候多时，他们迎入英杰后会将其带到奥丁的御座前接受嘉奖。如果战死的英灵中有诸神历来都很欣赏的英雄，或者奥丁极为器重并亲自安排其命运的豪杰，奥丁会降阶去瓦哈拉神殿迎接。受到奥丁这种特殊礼遇的英雄不少，甚

---

①胡音意为思想，慕灵意为记忆。盖瑞意为贪欲，弗里克意为暴食。

②古代北欧由于气候以及当地地理条件原因，大部分人不得不出海寻找新的殖民地。当他们航行到欧洲其他地区就会跟当地的原住民为争取生存权和发展权而交战。

③瓦尔基丽雅是阵亡者的选择人，也被人们称为女武神。

古籍中的奥丁和八足神骏

战争时期，奥丁会身着戎装，头戴鹰翅头盔或牛角头盔，骑着快如闪电的八足神骏斯普莱尼尔，在交战国间巡游。

至还曾到彩虹桥碧芙斯特上亲迎血斧王埃里克等英雄。

能进入瓦哈拉神殿的勇士被称为恩赫里亚[1]，他们每天清晨起来就在瓦哈拉神殿外的演武场殊死搏杀，其场面之壮烈远超他们在人间经历的战斗。在这里最尊敬对手的方式就是打倒他，即便是对好友也绝不留情。奥丁有时也会亲临演武场参加比武。

当黄昏传膳的号角响起，在瓦哈拉神殿外遭砍杀而亡的恩赫里亚都会复活。他们在实战演习中被砍掉的手脚和躯体甚至飞散的血肉又会复聚成形。交战双方携手而归，奥丁每日都在瓦哈拉神殿中设盛宴款待他们。为了让训练了一天的英雄快速恢复体力，神殿中一位叫安德里蒙的厨师会为他们烹饪极致美味。安德里蒙每天都从一头名为西赫林尔的野猪身上割下肉来，置于一口大锅中烧得奇香扑鼻，供恩赫里亚们食用。夜宴结束，野猪西赫林尔就会复活。

宴会上，那些美得让人心跳的瓦尔基丽雅们会脱去血染的战袍，换上素洁如云的纱衣鱼贯入宫，亲手为勇士们奉上大盘大盘的野猪肉，并将以神羊乳和神鹿角上滴下的蜜露混酿的醇香甘洌的蜜酒倾入勇士们杯中，而酒杯是以勇士最痛恨的仇敌的天灵盖雕刻而成。瓦尔基丽雅们这时一改驰骋疆场时冷若冰霜的肃杀表情，扭着曲线玲珑的娇躯穿梭在酒宴中，为勇士们奉饮，拭去他们额头和脸颊的汗珠，随着他们的节拍低声轻吟着歌颂英雄事迹的长诗，并在勇士们高亢激昂的战歌声中翩翩起舞。

勇士们就这样每天在瓦哈拉神殿切磋技艺，饥啖渴饮，过着他们所能想象到的最完美的生活：白天跟最强劲的对手比武，夜晚则享受醇酒美人之福。瓦哈拉神殿成了北欧勇士最向往的归宿，而奥丁也成了他们最敬爱的神。

很久前，冰岛国王生有安格纳和吉洛德两个王子。在安格纳十岁、吉洛德八岁的那年，兄弟俩泛舟河面捕鱼时，小船顺着出海口被大风吹到了海上。他们在大海上随波逐流，终于搁浅在一处海滩上。兄弟俩弃船登岸，在夜色中摸索着向内陆前进。不久他们借宿在了一个农夫家里，度过了一个冬天。在这期间，农夫的妻子照料年长的安格纳，农夫则教育年幼的吉洛德。夫妻二人给两个王子教了很多治国安邦的知识和为人处世的哲理。春暖花开的时候，农夫给了兄弟两人一条小船，让他们顺风驶回自己的故乡。这对夫妻把他们送到海边，挥手作别。在即将起航时，农夫把吉洛德拉到

①恩赫里亚即奥丁从人间召集的英灵战士，皆为英勇杀敌而战死的烈士。

被奥丁征召的维京海盗

奥丁在阿斯加德修建了英雄祠——瓦哈拉神殿，将人间战死的烈士的灵魂提上瓦哈拉神殿加以训练，为诸神的黄昏做准备。因此，北欧人将勇敢作为自己的信条和行为准则，所以古代北欧才会涌现出如此众多的狂战士和维京海盗。

一边，耳语一番，面授机宜。随后安格纳和吉洛德就荡着桨，顺风回到了故土。但是，就在他们靠岸的时候，站在船头的吉洛德突然抱起船上的两支桨抢先跃上岸，然后转身用力将小船推离岸边。此时刚好刮起了一阵大风，载着安格纳的小船被吹向海中。随后，吉洛德独自回到了宫中，正好老国王亡故，众大臣马上拥戴吉洛德做了国王。多年以后，奥丁和他的妻子芙丽嘉在他那神奇御座上俯瞰整个世界时，无意之中看到了已经当上国王的吉洛德。这使他回想起了许多年前，他和芙丽嘉扮成农夫农妇，在海边抚养这对兄弟的事情。

于是他转身对芙丽嘉说道："你还记得那两个年幼的兄弟吗？你抚养过的那个安格纳，现在还在海上漂流。而我抚养的这个吉洛德，已经成了人间的国王，正忙着治理他的国家呢！"

芙丽嘉自然知道，奥丁为了和她斗智，有意让年幼的吉洛德在回家时算计他哥哥。这样，奥丁就能证明，他的神力远胜于芙丽嘉。芙丽嘉也不点破，只是对奥丁说："可惜，这个吉洛德国王是个暴君！"

芙丽嘉说吉洛德暴虐，只是因为反感奥丁暗箱操作，故意刺激他罢了。奥丁不信在自己伟大的人格魅力影响下长大的孩子会成为暴君，他决定亲自前往冰岛，微服察访。芙丽嘉怎么会不知道丈夫的想法？她立即派贴身女侍芙拉先于奥丁一步去见吉洛德国王。

芙拉对吉洛德说："有一个神通广大的巫师就要到你的国家来了，这个巫师会用妖术蛊惑你，你一定要当心。这巫师虽然千变万化，但还是很容易辨认。因为他体内能量惊人，所以恶犬见了他都不敢叫。"不明就里的吉洛德便号令全国，捉拿有此特点的巫师。

奥丁装扮成巫师后自称格里姆尼尔来到冰岛，结果马上就被擒获。但在吉洛德审问时，他态度十分强硬，拒绝回答任何问题。吉洛德为了盘查他的底细，下令对他进行严刑拷打，用烈火烧烤这个巫师八天八夜。这期间，奥丁滴水未进，被折磨得死去活来。但为了不暴露自己的身份，他只好采取骂不还口、打不还手的对策。

吉洛德有一个八岁的儿子，和他伯伯同名，也叫安格纳。小安格纳十分同情这个被大火烤了八天八夜的老人，便用牛角杯盛满了水，偷偷地端去给他喝。

小安格纳对格里姆尼尔说："父王这样无缘无故地拷打你，是对你这样的孤寡老人最不公正的行为。”受尽折磨的格里姆尼尔接过牛角杯，喝了一口水后对小安格纳吟唱起了一首诗。在诗中，他详细地叙述了世界和人类的起源以及统治世界的众神和神界的情况。最后，他告诉安格纳，自己就是神界主神奥丁。

吉洛德在格里姆尼尔开始吟唱的时候就走了进来。由于奥丁的诗中充满了他闻所未闻的博大知识，他被深深地吸引了。他手持宝剑坐在一边，也和小安格纳一起听他吟唱。而且听得入神的他不知不觉地松开了宝剑。当吉洛德最后听到这个自称格里姆尼尔的巫师就是众神之主时，他不由大吃一惊，连忙起身欲将奥丁从火焰中拉出。但就在他起身的时候，松手后掉在膝盖上的宝剑滑落在地。他慌忙过去拉奥丁的时候，一下子绊倒在宝剑的剑刃上，喉咙被宝剑割开，就此死去。而奥丁也在他死去的时候突然消失得无影无踪。

吉洛德死后，他的儿子安格纳如奥丁所愿，成了冰岛的国王。安格纳因为曾受奥丁的教诲，不负厚望，把国家治理得井井有条。

奥丁经常出巡或行猎，他策马驰骋天际时会带来暴风雨。为了不影响人间的农业耕种，他一般会避开人们播种收获的季节，尽量把狩猎时间安排在秋冬。而在奥丁出猎的时候，人们都会在田地里留下一些成熟的黑麦，作为奥丁的宝马斯普莱尼尔的食料。奥丁所过之处会普降暴雨，那些有心追随奥丁的人往往能幸运地得到奥丁从半空中赏赐的猎物残肢，如果妥善保存，到第二天天亮的时候这残肢就会变成一块等体积的黄金。但如果在跟随尾行过程中心怀不轨或纯粹以获取黄金为目的，就会冲犯追随在奥丁马后的恩赫里亚，会招致诅咒和极大的厄运。

奥丁有一次跟老婆芙丽嘉闹别扭，在人间活动了相当长的时间。在这段时间里奥丁不但选取了很多在人间战场上阵亡的英杰，还看上了以出海劫掠为生的维京人①，想在这些海盗中物色一些视死如归的英才。奥丁知道要获取维京人的信任并在他们中建立威信，最好的办法就是成为他们中的一员，于是便化名为特维斯，成了一名海盗。很快奥丁就凭借自己的武力成了一个小头领，招募了大批英勇的海盗。奥丁英勇的气魄、超强的战斗力、无与伦比和令人难以抗拒的领袖气质令不少海盗折服。而且他施行的“下要保底，上不封顶”的工资制度也是前所未有的。后来这些英魂升天的恩赫

①维京人就是北欧海盗。

里亚们被问到当初为什么明知跟随奥丁会难免一死，但还是不顾一切，抛弃所有加入这个团队时，这些恩赫里亚大多这样作答：

“因为这是一份很有前途的职业。”

“虽然同样是靠武力掳掠，但跟随特维斯做这些事就很有成就感。”

“一看到特维斯我就虎躯一震，就抛下之前自己所拥有的财富、地位以及身边的朋友和下属跟他走了。”

特维斯指挥他的船队和勇士攻城略地，获取了不少土地和财物。但将战利品都打赏了手下，他看中的不是金银财宝，而是这些悍不畏死的灵魂。所以特维斯四处播撒战争的种子，挑起各国的战争，操纵敌我双方众多将士的命运，让这些英雄都殊途同归地战死沙场，再被瓦尔基丽雅们带到瓦哈拉神殿。因为奥丁在人间的活动只有一个目的，那就是向瓦哈拉神殿输送更多的英灵战士。

一段时间后，奥丁圆满地完成了自己的招兵计划，心里一直紧绷的弦松了下来，想游玩一下犒劳自己。他听说西兰岛的统治者是待字闺中的女王萨迦斯。萨迦斯是瓦纳斯神族的后裔，诗才琴艺造诣非凡，她的才华和美貌让阿斯加德的女神们都黯然失色。周围国家未婚的领主、王储或少年英雄皆因仰慕萨迦斯的才貌，络绎不绝地前来求亲。但她也有很多美女的特性，那就是生性极为傲慢，而且择偶标准颇高。她在拒绝一些她看不上眼的追求者时，还会顺带污辱一下对方，所以很多求婚者都被弄得丢盔弃甲，灰头土脸。特维斯听闻这个消息，好奇心和征服欲被激活，誓要将骄傲的萨迦斯变成自己的战利品。

特维斯挑选了一些心腹勇士连夜起航前往西兰岛。当他们到达萨迦斯的王宫后，女王的侍从都忍不住掩面偷笑，因为她们已经见过太多次这类不速之客了，等着看特维斯怎样被女王捉弄而出洋相。而萨迦斯则面挂微笑，心里却盘算着如何让这个号称“胜利之王”的特维斯在宾客面前狼狈不堪。要不是特维斯到访突然，她一定会提前通知更多的达官贵人前来赴宴。因为特维斯的大名在外面传播得比流感还快，她想要在尽可能多的人面前给他个下马威，这样才跟他显赫的声名相配。

在酒席上萨迦斯终于第一次见到了耳闻已久的特维斯。她对这位身形伟岸、体格壮硕、仪表堂堂的海盗头领有很不错的第一印象，但却并没有因此放弃要捉弄他的想法。而特维斯看到风华绝代的萨迦斯后，眼中神采飞扬。他按捺住自己几乎快要跳出喉咙的心脏，心中思量着如果女王捉弄自己应该如何应对。

萨迦斯女王在酒席上优雅地招呼仆役侍奉远道而来的海上英雄，自己挨着特维斯坐下。酒过三巡，菜过五味后，特维斯对萨迦斯说："听说女王现在还是单身？"

萨迦斯说："唉！还没碰到合适的人啊，现在有才有貌的成功人士太少了。"特维斯说："我是个直肠子人，就把此行目的开门见山地说了吧。我一直仰慕女王的美貌和气质，而且这几年在沿海做国际贸易也算是小有积蓄，得到的东西多了，自己一个人就觉得很孤独，很想在余下的时间内跟女王分享我的所有。"萨迦斯说道："我们第一次见面就谈婚论嫁，未免太仓促了吧？"特维斯说："萨迦斯女王，首先请你原谅我的冒昧。我之所以如此匆忙地赶来只因想快一点向你表白。可能这会让你没能来得及召集更多亲友来见证我的坦诚，但随我前来的都是跟我出生入死的战友，他们是我最亲密的伙伴。他们曾经见证过我在战场上的打拼，现在他们要见证我的求婚。而你请来的在座宾客想必也是你最亲近的人了，我相信他们会感受到我的真心诚意的。"萨迦斯说："你比起之前来这里的人在各方面都好了不少。看来他们都是给你暖场的，我拒绝他们是为了等你前来。"末了她想：特维斯怎么这么会哄单身女性，熟练得像已婚男人一样。就又追问一句："特维斯你还是单身吗？"

特维斯斩钉截铁地答道："我在人间真的还是单身，真的没有结过婚。"他心想：我跟芙丽嘉倒是结了婚，但那是在神界的事情，所以我在人界还是处于单身状态，女王啊，这点我是没有骗你的。萨迦斯听完此言，一反冰山美人之态，向奥丁投怀送抱，殷勤劝饮。奥丁虽然算是天上人间的豪饮之神，但这样一杯接一杯的美酒也让他吃不消，他酒来杯干，没多久眼前就出现了重影。酒席结束，他摇晃着进了女王的卧室。但一进门就扑倒在了床上，马上像风箱一样打着鼾睡着了。萨迦斯把他的头发全部剃光，并涂上松脂，然后把他装进一个黑色大袋中，再叫手下将其送回船上。第二天早晨，萨迦斯到大厅将仍处于宿醉中的特维斯手下唤醒，告诉他们，特维斯已经上船了，并叫他们马上返回自己的工作岗位，以便顺风起航。众海盗回到船上后，发现了甲板上的黑色袋子。以为是女王送给他们的礼物，谁知解开口袋后发现里面居然是特维斯。这时特维斯也酒醒了，在众人的围观下只能用诡异的微笑掩饰自己吃的哑巴亏。众海盗被他的反应弄得极其茫然，完全不知道昨晚大家酒醉后发生了什么事，慑于他的神威也不敢出言相问。

萨迦斯由于戏弄了特维斯，就愈加得意骄横，她还将此事编为歌谣派人四处传唱。这首歌吓走了所有的追求者，因为像特维斯这样的钻石王老五都被女王戏耍，谁还敢去求婚呢？从此恃才傲物的女王获得了她期待的清静，但随之所带来的副作用——冷清和寂寞却让女王日益消沉。没有了追求她的王公贵族和商界巨贾，女王也少了玩弄的对象，生活失去了重心。她这才意识到自己之前对那些爱慕自己的人做得太过火了。特别是对特维斯，她一直心有愧疚，觉得他是所有求亲者中条件最好的。虽然他比起其他人略显狂傲，但那是他战功显赫、财雄势大的体现。虽然他比正常人少了一只眼睛，但却比普通人多了几分大气。在他之前，没人能让女王看顺眼；在他之后，没人能入女王眼。

就在女王倍感失落之时，王宫外来了一个乞丐，他伺机接近了女王的一个仆役，与他攀谈起来，并神秘地对女王的仆役透露他在海边的树林中发现的一桩逸事。当女王的仆役被勾起好奇心要乞丐进一步详细讲述时，乞丐却闪烁其词地推说其实也没什么，而且说了你也不信。仆役刚知道了开头却无法获晓结果，异常难受，只好不停地哀求乞丐："接着说啊。你这不是吊我胃口吗？再怎么也得让我听完啊！"

乞丐于是公布答案："每逢月圆之夜，在海边的树林里会有神牛交配，事后会生出大堆的金银珠宝。我有次目睹了神牛繁殖珠宝的过程，等神牛们离开后将这些珠宝带回了自己的窝棚。"乞丐说着，从怀中拿出一块黄金作为证物。并说卑微的身份使自己不敢将这些金银财宝在市场上兑换以获利，怕遭来偷盗的罪名，所以想请仆役帮忙将这些财富在市场上兑换，并替他采办衣食，而余下的就作为活动经费和酬金让仆役自行支配。仆役拍着胸口答应，并发誓守口如瓶，决不走漏半点风声。

人越是答应保守重大的秘密就越有与人分享的冲动，没过几天，神牛产宝的事情就传到了萨迦斯耳中。她虽对金银珠宝毫不感兴趣，却对珠宝的源头和生产过程及工艺大感兴趣。她不相信神牛在交配后会产出贵重金属。

萨迦斯将仆役叫到面前问："听说你有朋友目睹了神牛交配，之后能生出金银珠宝？"仆役佯装不知："全知全能的女王啊，这都是外界的谣传啊！"萨迦斯怒道："知情不报已经有罪，现在我问你情况你还刻意隐瞒，就再加上一条欺君之罪，你到时候泡在水牢里慢慢去辟谣吧。"

仆役吓得磕头如捣蒜。他一边恳求女王息怒，一边不停求饶，还交出了身上剩下的珠宝，并答应带女王到事发现场勘察。在一个月圆之夜，萨迦斯随着那个仆役来到海边的树林中。在所谓神牛交配的地方，她什么都没看到，只有坐在一块巨石上的特维斯。特维斯点头向萨迦斯致意道："我尊贵的女王，真是人生何处不相逢啊！你平时都在深宫养尊处优，这次到海边来也是想寻些宝藏么？"

萨迦斯道："我作为西兰岛的女王，会眼馋宝藏么？"特维斯道："女王既然对财宝本身不感兴趣，那为什么还要到海边来呢？莫非是对财宝产生的过程感兴趣？"这一说让女王面红耳赤，因为说中了她的真实目的，当初逼问仆役就是因为对这件事好奇。虽然贵为女王，但除开其身份，她也与普通人无异。

特维斯凑近萨迦斯耳边说："女王，很高兴再次见到你。上次享受了女王的盛情款待，还未感谢呢。今天晚上我就在自己船上举办个宴会，还望女王陛下赏脸光临啊。"特维斯心想：你已经变相地收了我的金银珠宝。拿了我的东西手软，看你怎么推辞？萨迦斯发现自己走入了特维斯设好的局，感到尴尬和愧疚，便回答说："参加宴会倒是可以。但我是未婚女性，所以晚上必须早点回家。"特维斯："我向庇护我们的主神奥丁发誓，在宴会上肯定是礼尚往来，决不会对女王有任何逾越社交礼仪的行为，否则让奥丁惩罚我。"萨迦斯看对方抬出奥丁来发誓，不由得相信了他，于是放心大胆地携一众奴仆来到特维斯的船上赴宴。萨迦斯和奴仆前脚一进船舱，后脚特维斯就命水手起锚扬帆驶离西兰岛的港湾。

由于当天晚上海面平静，所以萨迦斯和随从丝毫没有感觉到船已慢慢航行到了公海。特维斯在席上跟萨迦斯推杯换盏。女王心存戒备，特维斯要她干杯她都是浅尝而止。特维斯见这招不奏效，马上拖萨迦斯和其随从一起玩游戏，掷骰子比大小，输家喝酒。深居皇宫的女王从未玩过这种布衣游戏，片刻间就连输几次，不得不干了好几杯酒。

不胜酒力的萨迦斯顿生退席之意。但特维斯说："参加游戏，人人平等。不能因为运势不好输了几盘就退场，这样很扫大家兴致。"萨迦斯正在犹豫时，又输了几次，几杯酒入喉后，女王胃中有了海啸的前兆。她担心这样下去在众人面前失态，便推说天色已晚，要起驾回宫。特维斯马上道："答应了你早些送你回家，我肯定说到做到。"

萨迦斯说："我觉得已经很晚了。怎么不见你船舱里有计时的沙漏呢？"特维斯道："我们这些以海为家、以浪为床的粗人，在海上都是以观测日月星辰的轨迹来掌握时间。这颠簸摇晃的海面不比四平八稳的陆地，沙漏很难在风浪中准确计时。"

战斗中的奥丁

为了壮大瓦哈拉神殿的力量，为诸神的黄昏做准备，奥丁经常在人间挑起战争。

萨迦斯站起来将头探出窗外以观天色，却只见海水浪打浪，她这才知道自己上了一条不能马上靠岸的船。一步步地进入特维斯所设的局中后，萨迦斯也意识到他们之间的过节非要用成年人独有的方式来解决不可了。是夜，船没有靠岸，酒席一直在继续，不停有人喝醉。而风平浪静的公海上，大船晃动得猛烈但却具韵律感，让人们尽享欢娱。

罗斯国王比林有一位独生爱女琳达，她艳若桃李，冷如冰霜。这位冰山美人有社交恐惧症，无论对谁都态度冷淡。如果有人询问她的感情问题，她就会板起脸。要是有人向她求婚，她就会发火，她的怒气会让壁炉中熊熊燃烧的火焰熄灭，所以本国的王公贵族和邻国的王子王孙都不敢向她求亲。

琳达公主也乐得一个人无拘无束地玩耍。即便是到了冰雪消融的夏季，琳达的寝宫中都冰封如故，周围连最耐寒的极地植物都无法生长。而到了呵气成冰的冬季，所有人都把自己包裹在严实的裘衣中，待在生火的房间里足不出户。琳达却穿着清凉的薄纱夏装在冰雪世界中闲庭信步。在最严寒的时候冰雕是她最爱的玩具，冷酷到底的她所用的家具皆用寒玉特制而成。

罗斯国的国境不断受到强邻和海盗的侵袭，国王比林年老体衰，无力率军抗击外来侵略者，举国上下也没有能担此重任的勇士。虽然比林没有重男轻女的观念，但这时候他还是想有个儿子或女婿能率军出征。

一天，比林的王宫里突然来了一位陌生人。他身穿灰色风衣，头戴掩盖了真实面目的阔檐帽子，而左眼的眼罩显示来者就是奥丁假扮的特维斯。他从三命运女神处得知自己的儿子光明之神博德将被谋杀，而能手刃杀子仇人的人就是他和琳达的儿子。但现在别说娶琳达为妻，他连琳达的面都没见过。所以得先下凡，想办法接近琳达。

特维斯提出可以替比林击退所有敌人，并让他们在数年内不敢再逾越国境线一步，而唯一条件就是要把琳达嫁给他。比林喜出望外，但还是告诉对方自己女儿孤傲的怪癖，让他考虑后再决定。特维斯拍着自己的胸脯说："只要国王能信守承诺，我保证一定能打败敌人。至于能不能获得琳达的芳心是我自己的事。"

特维斯在罗斯国内招募了很多精兵开赴前线。神领导的军队与人领导的军队对决，其战果可想而知。且不说奥丁的神矛冈尼尔的威力，光凭他的神圣光环就能为部队增加不少攻击和防御力。所以罗斯国军队所向披靡，无往不胜，捷报频传。特维斯班师回朝后，受到比林和臣民的夹道欢迎，但庆祝凯旋的人群中独不见琳达的身影。庆功

乔装打扮来到比林王宫的奥丁

罗斯国王比林的独生女琳达艳若桃李，冷如冰霜。奥丁从命运女神处得知，自己的儿子、光明之神博德将被谋杀，而能为之报仇的人，是他与琳达的儿子。为了娶琳达，奥丁乔装打扮来到了比林的王宫。

宴结束后，特维斯在比林的默许下步入了琳达的冰宫，琳达也知道像特维斯这样的男人的来意，就以礼节为表象，以刁难为目的，请他到寒冰椅上就座，好让他知难而退。内火极重的奥丁坐在彻骨冰冷的寒冰椅上居然泰然自若，这让琳达暗暗惊叹。特维斯直接道明来意："我已得到国王恩准，特来与公主完婚。"琳达听后大声斥责特维斯的胆大妄为，从她口中飞出的每一个字都化作冰凌袭向特维斯。而冰凌逼近特维斯时，都被其护身的炙热气场所融化。琳达勃然大怒，围绕特维斯高速旋转，从她体内透出的寒气形成了一股旋涡，像铁桶阵一样包围了特维斯。气旋中不断射出更多的冰刃霜箭，把特维斯全身的甲胄都撕成了碎片。然而特维斯仰天长笑几声后站起身来，缓缓走近琳达。他心跳加速，血液升温，全身发光发热。琳达射出的冰刃霜箭一靠近他炙热的能量场就顿时化作水蒸气。琳达第一次在自己主场有了热得冒汗的感觉。而特维斯每走近一步，琳达周围的气温就上升十度。琳达被热浪逼得退到了墙角，哈哈大笑的特维斯距她只有一臂之遥。

特维斯见将琳达逼得没有退路了，便得意地向琳达凑近。怒火中烧的琳达狠狠地给了他一记耳光，在特维斯还在发愣时随一股冷风跑出了屋外。特维斯心想，可能琳达不喜欢武夫这样的粗犷形象，以心细手巧的形象出现在她面前可能会好些。过了几天，他又化身为一个银匠向比林进献了许多精美的银饰。但这些银饰都是男式的。琳达看到父王和皇兄都佩戴上了工艺精良的银饰，便不停向父王催要。比林只能请这个银匠进宫量好琳达的尺寸定做。特维斯终于又趁机接近了琳达。但是，他一走进宫门，琳达就开始怀疑这个银匠的来历和身份了。一般人靠近她十米就会冻得不停颤抖，而这个工匠居然不着裘皮，凭一袭单衣就大踏步进宫，而且既不哆嗦，也不打喷嚏。当特维斯为做戒指量琳达手指尺寸时，琳达已经从他的言行、体温，特别是那只独眼察觉到这个银匠是特维斯装扮的。只听又是"啪"的一声，特维斯又挨了一耳光呆立在当场。

特维斯心想，匠人的身份确实太卑微了，这样悬殊的阶级差别给公主的第一印象不好。一定要以青春阳光且年少有为的杰出青年形象出现。于是特维斯第三次以英俊的青年武士的形象向琳达求婚，还特意隐去独眼以炯炯有神的双目示人。比林看到他特别喜欢，琳达迫于父亲的压力勉强跟特维斯成了婚，但在新婚之夜就一脚把这个武士踹下了床。

三次被拒绝后，特维斯恼羞成怒，念着鲁纳神咒，对着琳达额头一指。看到琳达昏过去后，他也拂袖而去。琳达醒来后就一直处于恍惚失忆状态中，觉得任何人都似曾相识但又记不起名字。比林请来各地名医甚至巫医，但他们都对琳达的病情束手无策。不懂鲁纳符文的凡人自然无法解开奥丁的神咒。正在比林束手无策之时，一个叫瓦克的江湖游医求见比林，声称自己能治好公主的病。

当然了，这个瓦克还是奥丁所扮。瓦克先将泡有极地苔藓的药油加热后给琳达泡脚，然后按摩其脚底穴位，琳达恢复了知觉，也感受到了奥丁的诚意，便将心交给了他。于是琳达成了奥丁第四任妻子，为他生下了瓦利。瓦利是主司园艺的欣欣向荣之神，他后来杀死了光明之神博德的孪生兄弟霍德，替博德报了仇。

奥丁和第一个妻子乔德生下了雷神索尔；和第二个妻子也就是正宫娘娘芙丽嘉生下了光明之神博德和黑暗之神霍德；和第三个妻子女巨人斯嘉蒂生下了战神铁尔；和第四个妻子大地女神琳达生下复仇与园艺之神瓦利；和第五个妻子甘绿特生下了美神及音乐诗歌之神布拉奇；与第七个妻子斯卡蒂生子西尔德，为丹麦皇室祖先；与第九位海中波涛女神共同生下守护神海姆达尔。

第三章
雷神索尔

雷神索尔是奥丁的长子，在十二位主神中坐第二把交椅，仅次于他的父亲。他在诸神中最威武勇猛，疾恶如仇，但宽宏大量，不拘小节。他脾气暴躁却极具人文关怀精神，能食善饮，爱发牢骚，是吃货也是酒仙。他在非战时期勤勉地进行农垦工作，经常与农民和手工业者打成一片，深受劳动人民的爱戴。索尔在阿斯加德拥有占地面积最大的特鲁德海姆宫，宫中共有五百四十个房间，用以接纳在人世间辛苦劳作一生但却贫困而死的人的灵魂。被奥丁征召进入瓦哈拉神殿的恩赫里亚们的奴仆，也会被召入索尔的宫殿享福。

索尔不仅法力高强，还有三件宝物。第一件是雷神之锤米奥尼尔①，它由黑侏儒打造，能最大限度地发挥索尔的法力。无论敌人离索尔有多远，无论他们怎么躲闪，只要索尔把米奥尼尔甩出去，这把神锤都能命中目标。在击中目标后，米奥尼尔还会

①北欧人将索尔的雷神之锤看得极神圣，他们经常以手做锤形来驱除不祥，邀引福佑，等于基督徒之画十字。婴儿初生时，大人亦在他身上做锤形，红白喜事时也以手做锤形作为必要的仪式。雷神之锤米奥尼尔与雷神的力量腰带金吉奥特时常会以道具的形式出现在很多游戏里，如《暗黑破坏神》和《魔兽争霸》。而《魔兽争霸》中山丘之王的形象几乎就脱胎于雷神索尔。

索尔的妻子西芙

索尔的妻子西芙有一头美丽的金发，这金发在风中会荡起灿烂的波浪，好比秋野中的麦浪，能给人间带来五谷丰登的好收成。索尔无比迷恋妻子的金发，劳碌一天，只要能将头埋入妻子的金发里，他所有的不快都会荡然无存。

自动飞回索尔手中。第二件宝物是能增加索尔力量的腰带金吉奥特。第三件宝物是增加战锤杀伤力的铁手套伊安格雷格。

索尔是诸神中唯一一位不骑马的，他的战车由两只山羊拉动。这两只神羊随时可供索尔食用，吃完它们的肉后，索尔只需将吃剩的骨头包在羊皮中一抖，两只山羊就会复活。索尔的妻子是金发女神西芙，他们育有一子一女。女儿斯洛特曾被一个黑侏儒追求，一天夜里，这个黑侏儒来到阿斯加德求亲。诸神为了阻止黑侏儒，给他布置了很多艰难的任务，结果黑侏儒一一完成。索尔又出了很多考验智力的问题给黑侏儒。为了证明自己学识渊博，黑侏儒一一回答，结果没注意天色渐渐发白，第一束阳光照了过来，就这样石化了。

说到雷神之锤的来历，得从索尔的妻子西芙说起。索尔的妻子西芙那颜色如蜂蜜一般的金发在风中会荡出灿烂的波浪，好比秋野中的麦浪，能给人间带来五谷丰登的好收成。索尔对娇妻金发的依恋已经达到了上瘾的地步。他劳碌一天后，只要将头埋进妻子的金发里，所有的不快就荡然无存。但有一天，索尔回家后发现在帷帐中酣眠的西芙变成了光头，那头能驱散他烦恼的金发不翼而飞。索尔气得差点拔光自己的红胡子。

不用说，这是恶作剧之神——洛基所为。英俊洒脱、能言善道的洛基是个很会讨女人欢心的不羁浪子。他趁索尔外出，用甜言蜜语获得了西芙的信任，然后殷勤劝饮把西芙灌醉，接着剃光了她的头发。

火神洛基虽为阿斯加德的十二位正神之一，却极好恶作剧，且由于诡计多端，他每每都能得手。洛基虽然敢作弄奥丁，但却最怕索尔，当索尔找上门来，要他恢复西芙的金发时，他也只好从命。这比让人死而复生还难。幸亏洛基交游甚广，跟三教九流都有交情。他思量一番后来到了地下宫殿寻求善后补救之人，因为那里有魔力超凡、手艺精良的黑侏儒。

洛基造访了黑侏儒中的佼佼者杜瓦林。杜瓦林热情地接待了这尊不速之神，一是害怕他使出花招来作弄自己，二也是见洛基来求他，大为好奇。

洛基说道：“你能帮我造出可以乱真的人工金发，安在头上就能生根并可自然生长么？”杜瓦林哈哈一笑，说：“这有何难？”然后马上开炉生火，用高温加热金块后念着魔咒将其拉成细丝。为了让洛基心服口服，他又趁热打铁制作了两件宝物：一

雷神因为体重不踏上彩虹桥，而是从桥下涉水进入神界

进入仙境阿斯加德的唯一通道是高悬在大地之上的彩虹桥碧芙斯特。此桥是由水、火和空气构成。雷神因为体重太大，进入阿斯加德时，并不踏上彩虹桥，而是从桥下涉水而过。

雷神之锤原型

雷神之锤米奥尼尔由黑侏儒打造，能最大限度地发挥索尔的法力。无论敌人距离多远，如何躲闪，只要索尔把米奥尼尔甩出去，这把神锤都能命中目标。

艘可折叠并变幻大小的如意顺风船，一把名为冈尼尔的可自动追击敌人的长矛。

洛基拿到这三件宝物后故意对围观人群说：“你们看，多精细的工艺啊！我敢打赌，这世上再没有谁有这样的巧手妙心了。”他之所以这样说是为了刺激人群中的布鲁克，他的哥哥辛德里也是地下城中手艺数一数二的人。

布鲁克听后很不服气，嚷道：“我愿意用项上人头做赌，我大哥辛德里能打造出比这些更神奇的宝物。”洛基听完此言，便马上和布鲁克一起来到辛德里面前赌咒发誓，说等辛德里完工后，他们会将两位工匠的作品拿到阿斯加德，让诸神无记名投票评选宝物等级。如果辛德里造出了超过杜瓦林的宝物，布鲁克可带走洛基的人头；如果辛德里的宝物落选，则洛基可把布鲁克的人头留下。而且事关家族荣誉，辛德里看见弟弟跟外人打赌，当然一口答应下来。

辛德里把金块投入火炉中，叮嘱布鲁克要不停拉动风箱：“为了保持炉温，风箱千万不能停，如果炉内温度降低，炼出来的就是次品了。”

布鲁克满口答应。

听着风箱咣当作响，看着布鲁克专注自信的神情，洛基不由得担心他们真的会做出更好的宝物。于是找借口溜出去变成一只巨型牛虻，飞到布鲁克拉风箱的手上叮咬。但布鲁克谨记大哥的吩咐，忍着疼痛继续拉着风箱。辛德里在外作法完毕后，从炉中取出了魔法臂圈乔普尼尔，每隔九天，它就会自我复制分裂出几只金环。

接着，辛德里把金块和猪皮绑在一起投入炉中，告诉弟弟，这次不仅不能在拉风箱时停手，还不能分神减缓速度。然后又出去为宝物作法。辛德里刚出门，那只牛虻又飞了过来，它这次停在布鲁克脸上使足吃奶的劲叮咬。布鲁克痛得减缓了速度，但却没有停手。等辛德里回来，打开炉门，里面跳出了一只硕大的金毛野猪，它可以在空中和水里飞速奔跑，是一头绝佳的坐骑。但由于布鲁克中途分神，让金猪有个小缺陷：无法繁育。

辛德里最后投入熔炉的是铁块，并叮嘱弟弟一定不能停手和减缓速度：“这次炉中冶炼的不是之前的金块，而是普通铁块，一有停缓就会前功尽弃。千万小心！”说完他继续出去在月光下施法。洛基心想：杜瓦林的顺风船只能航海，而辛德里的金毛野猪可在水中和云上驰骋，相较之下，金猪更胜一筹；杜瓦林的神矛冈尼尔虽然可以锁定追击敌人，但只能归一个人使用，而乔普尼尔却可无限再生，这样的话，辛德里又赢了一局。所以绝不能让这第三个宝物完美出炉，我必须给它制造重大瑕疵。

于是洛基飞到了布鲁克眼睛上，狠叮他的眼皮。但布鲁克不为所动，继续以先前的姿势拉动风箱。渐渐地，鲜血蒙住了布鲁克的眼睛，模糊了他的视线，他只得伸手驱打牛虻。辛德里回来打开炉子一看，大叫道："完了，我只做了个半成品。"原来炉中冶炼的是巨型战锤米尼奥尔，但由于炉温不恒定，锤柄短得几乎无法双手把握。

辛德里把三件宝物交给弟弟，又递给他一个铁质锁子甲手套叮嘱道："到时候，无论是我们的还是杜瓦林的宝物都会被贪婪的诸神选用，你不如主动将这些宝物献给众神以贿赂他们。另外，这手套能够弥补巨锤的不足，你把它送给选用巨锤的神，会为你加分不少，到时候定可以让洛基履行诺言。"

洛基和布鲁克到了阿斯加德，各自拿出宝物让奥丁、弗雷尔和索尔评判。洛基把无敌长矛冈尼尔送给了奥丁。让索尔将金色假发戴在西芙头上，假发立即在她头皮上生根，甚至比原来的真发更富有光泽感和弹性。最后洛基把那艘魔船送给了丰饶之神弗雷尔。

洛基献完宝后，布鲁克也将他的三件宝物呈现在众神面前一一介绍。他先将臂环献给奥丁，并介绍道："我全知全能的主神啊，为您奉上的这只臂环，每到第九天的夜里，会自体复制并分裂出八只同样大小、同样重量和成色的金环。这一周期会无限循环，您将会有取之不尽、用之不竭的金环。"

然后布鲁克将金毛野猪送给弗雷尔道："这只金毛公猪能上天入地，水火无阻，速度快过任何一匹快马。"奥丁听到居然有比八足神骏斯普莱尼尔速度还快的坐骑，不满地看了布鲁克一眼。布鲁克马上解释说："弗雷尔是农垦之神，是农民的守护者，骑猪非常符合他的身份。这只野猪可以入地潜行，身上金色的鬃毛闪现的霞光能将地下照得如同白昼一般。"

最后，布鲁克把战锤米奥尼尔送给了雷神索尔，对他说："无论什么样的神魔妖怪，哪怕是体型超过你数倍的霜巨人都会被这把战锤砸为肉泥。只要把它扔出去，它就会击中你想击中的目标，无论飞出多远，它都会飞回你手中。美玉微瑕的是它的柄太短不好把握。"说着他把铁手套递给索尔："戴上手套不仅可以弥补锤柄的短处，还能增加攻击力。"

最后，三位神都认为战锤是含金量最高、用处最大的宝物，因为它能增强索尔的法力，在对抗神族死敌霜巨人时发挥巨大作用。所以他们一致认定布鲁克获胜。

洛基见自己输了，慌忙表示愿意拿出所有的财宝给布鲁克以赎回自己的头颅。但布鲁克哪里肯答应，洛基之前的狂妄和对他们家族荣誉的蔑视已经让他怒火万丈，后来又卑劣地破坏公平的竞赛，还让他差点瞎了一只眼。所以他一定要提洛基的头回地下城。洛基见布鲁克不答应以钱换头，马上要起赖来，隐身飞走了。

布鲁克见状便破口大骂："我看粗蛮的霜巨人都比你们神界言而有信。"

索尔这种爱面子的神，既听不惯别人贬低神界，也看不惯洛基公然在神圣的阿斯加德毁约。他用闪电般的速度追回了洛基，把他带回布鲁克面前。他在布鲁克面前说了洛基教他说的话："按照誓约，你可以带走洛基的头，但不能伤到他的脖子。"原来这种钻合约空子的行为早已有之。[①]

布鲁克一头钻进了洛基设好的悖论圈套。他想带走洛基的头，也被允许带走它，但却无法割下。布鲁克气急败坏之下，持刀要将洛基这惹祸之口割成碎片，但那嘴唇竟刀切不动。布鲁克就拿出附着了魔法的骨针和铁丝，缝住了洛基的出祸之口，让他无法传播是非。就这样，黑侏儒和众神间又多了一笔冤仇。后来洛基消除了铁丝上附着的魔法，剪断了铁丝，又开始下套使绊，想坏点子，出馊主意。但附魔的铁丝却破了他的相，在他嘴边留下了一圈疤痕。

极北之地的霜巨人会不时将刺骨寒流刮到人类居住的中土世界，让谷物绝收，家畜冻毙。有一天，索尔叫上多谋的洛基前往霜巨人聚居的乔森海姆，准备给那些巨人一点颜色看看，让他们老实点。他想凭自己的神力和洛基的智力，一定能收拾目中无神的巨人。索尔驾驶他的双羊铜战车一路飞驰到了乔森海姆边界。多动的洛基被憋了许久，想活动活动。他们好不容易找到一户人家投宿。一位农夫热情地招待了这两位着便衣的神。但这两位神的食量太大了，很快就吃完了所有食物。只吃了个半饱的索尔只好把拉车的神羊牵出来杀掉，让农夫烧好端上桌，然后请农夫一家四口人一起享用。吃羊肉之前，索尔将两张羊皮铺在地上，要所有人将羊骨全都放在羊皮上，千万

---

①后来丹麦入侵英国，把这个故事带到了英国，于是莎士比亚的《威尼斯商人》中就有了类似情节。

驾驶公羊战车的雷神

索尔是诸神中唯一不骑马的，他的战车由两只公羊拉动。这两只神羊可随时供索尔食用。吃完它们的肉后，索尔只需将吃剩的骨头包在羊皮里一抖，两只山羊就会复活。

不能损坏。爱搞恶作剧的洛基唆使农夫的儿子瑟亚非偷偷将一根羊骨折断，并将其中的骨髓吸食干净。瑟亚非因此得到了神羊超强的耐力。次日早上，索尔念着鲁纳符文用战锤敲击羊皮，两只神羊便复活了。但他发现其中一只羊的后腿有些跛，索尔知道农夫家的人在吃羊肉时破坏了羊骨，气得红胡子直翘，大喝一声，举起战锤往地上一砸，砸出了个巨坑。农夫一家人被吓得伏地不起，求索尔宽恕。洛基怕瑟亚非招出他，便打圆场道：“不如这样，让老头的两个儿女做你的贴身侍卫。你跛了一只羊，却多了两个侍卫，岂不划算！”索尔发过了脾气后，也就慨然应允。瑟亚非跟随索尔，而农夫的女儿洛丝则侍奉西芙。

拉车的神羊跛了一条腿就相当于汽车爆了一个胎，只好停在农夫家里待回程时开走。索尔、洛基、瑟亚非和洛丝步行前往乔森海姆。一路上地势崎岖，但瑟亚非拜神羊骨髓所赐，背着洛基和索尔的行囊健步如飞。夜里，他们走到了一片黑森林中，发现一座超大的房子。索尔使劲敲门，无人应答。一整天的跋涉让他们疲惫不堪，于是他们就进屋席地而睡。到了半夜，他们被震天的雷声惊醒，地面也开始剧烈震动起来。索尔提着战锤出门查看情况，但周围漆黑一片。约莫一碗茶工夫后，雷声和余震消失了，但他们一行人再也无法入睡。次日天亮后，他们走出门外，发现面前睡着一个山似的巨人，鼾声如雷。原来夜里惊醒他们的是巨人的鼾声和巨人翻身时引起的剧烈震动。再回头看昨夜栖身的巨屋，不过是这个巨人的手套而已。虽然索尔和洛基见过不少巨人，但这个巨人的体型还是让他们无比惊讶。此时巨人醒了过来，看到他们四人后主动打招呼道：“你们好，我叫斯克米尼亚，有没有看到我的手套啊？”他们四个听到手套，觉得无比尴尬，都低头不语。巨人找到手套后疑惑道：“上面怎么有脚印啊？嗯，似乎里面还有怪味。”索尔窘得涨红了脸。斯克米尼亚把脸转向索尔：“不用问，这位就是大名鼎鼎的雷神了。这么早就起来赶路啊？昨晚睡得好吗？”一宿没睡好的雷神面对这样的问候，有口难言。

斯克米尼亚取出行李中的干粮，招呼索尔他们共进早餐。照往常，索尔是不屑与巨人一起用餐的，但被巨人的体型震慑后再加上确实饥肠辘辘，也只能接过来吃了。

斯克米尼亚吃完饭就扛起行李准备动身，临走前问他们：“你们准备到什么地方去啊？”

洛基答道：“去乌特加德堡。”

斯克米尼亚说："我也要去那里，你们可以跟我一道。"说完就大步流星地向前走。由于他人高腿长步子大，索尔一行人在后面疲于追随。

就这样，他们在黑森林中又奔波了一天。到了傍晚，斯克米尼亚在一棵高耸入云的大橡树下坐下。他将行李抛到索尔面前说："我累了，要先睡一觉。行李里有食物，你随便拿就是了。请慢用，我不奉陪了。"说完倒头就睡，同时响起了如雷般的鼾声。饥肠辘辘的索尔见他睡着了，就径直走向包袱，但他使出了吃奶的劲都解不开绳结，洛基和瑟亚非以及洛丝也来帮忙，但绳结还是纹丝不动。涨红了脸的索尔觉得很丢面子，举起手中的巨锤米奥尼尔对着斯克米尼亚的头狠狠砸了一下。

斯克米尼亚用手摸了下头，眯着睡眼问索尔："刚才是什么东西掉在我头上了？是树叶还是雨点？你吃过晚饭没有啊？怎么还不睡觉？"索尔哪好意思说自己因为解不开绳结而没吃晚饭？只好打肿脸充胖子地说："啊，刚才吃太饱睡不着，活动一下再睡。啊，时间差不多了，我也要睡了。"于是就睡在了另一棵橡树下。但想起刚才丢脸的事，他翻来覆去睡不着。本来就失眠了，这时候斯克米尼亚又打起了雷鼾，索尔听着这震耳欲聋的鼾声，忍无可忍，又走到斯克米尼亚身边，用尽全力用雷锤对着他的头砸去。谁知这巨人抓了一下头发迷迷糊糊地说："哪来的鸟往我头上大便啊？索尔你反正还没睡，麻烦你帮我赶一下鸟。"然后翻个身就又睡着了。索尔大吃一惊，眼前只有一个巨人就这么难搞了，明天还要到巨人聚居的城堡，怎么能有胜算？短暂的思索后，他决定先干掉眼前的巨人。如果这个巨人比明天城堡里的巨人强大，就等于为明天的战斗铲除了一个强敌；如果城堡里面的巨人更强大，就当是为以后跟巨人战斗热身就是了。

他面对巨人向后退，算准距离冲了过去。接近巨人时高高跃起，加速助跑，利用下落的重力加速度将战锤砸向巨人。索尔感觉自己的战锤已经深深陷进了巨人的头颅，这个巨无霸应该一命呜呼了，但巨人却只轻哼了一声，若无其事地伸了个懒腰坐起来，挠着头嘀咕道："刚才是橡树子掉在我头上了么？哇，天都要亮了，走吧，跟我去乌特加德堡吧。"

斯克米尼亚在路上对索尔说："听你们在我背后说我身材高大，超过你们以前见过的巨人。但我的身材在乌特加德堡里还算矮小的。虽然我们志不同道不合，但奉劝你们到时候不要在堡主罗契面前自恃过甚。好了，我要向北了，你们一直向东就可到

雷神面对巨人斯克米尼亚

索尔、洛基、瑟亚非和洛丝步行前往乔森海姆。在路上，他们遇到了巨人斯克米尼亚。原来他们夜间就栖身于斯克米尼亚的手套之中。雷神愤怒不已，用巨锤砸了斯克米尼亚一下，但对方毫发无伤。醒来后的斯克米尼亚，还以为自己是被橡树子打在了头上。

达乌特加德堡。”言毕他就朝北大踏步而去。

索尔一行沿巨人所指的方向一直向东，到了中午时分，他们看到了一个大冰原，中央有座由冰雪砌成的城堡，城堡高耸入云。索尔让另外三人尽量贴近他，然后用魔法护体，踩着万年冰川来到城门前。紧闭的城门被冰封着，索尔多次敲门也无人应答，只好用力推门。结果以他的神力，憋红了脸门还是纹丝不动。索尔推门的手融化了门缝间的冰，他们便从门缝进了城。进门后有一座冰雕的宫殿耸立在前。索尔带头昂然直入，毫不顾忌宫殿内两旁座位上的巨人，直接向宝座上的巨人国王罗契走去，不卑不亢地致以问候。但罗契态度傲慢，既不回礼，也不答话，甚至不拿正眼看他们，隔了半晌才抬了抬手算是向他们致意，并冷淡地说：“你们的来意和路上的经过不用说了，我也不想听。”他轻蔑地看了一眼索尔道：“拿锤子的红胡子是雷神索尔吧？还好，没我想象的那么虚弱。”这时，备受冷落的洛基忍不住高声嚷道：“天下哪有贵国这样的待客之道？让远道而来的客人饿着肚子站在这里，也不准备点吃的。我其他本事没有，就是很能吃，而且吃得很快。你们中有没有人要跟我来一场大胃王对决啊？”

“哦？爽快！不图开开眼，也图开开胃！”罗契马上让手下准备比赛事宜，并叫城堡中食量最大的罗尔出来应战。

片刻后，罗契的仆人抬了一具很长的食槽出来，并在其中堆满了食物。洛基和罗尔分别在食槽的两头开吃，然后在中间碰头。谁吃得多，吃得快，就获胜。洛基和罗尔俯下身开始狼吞虎咽。他们就像两个吸尘器，迅速清空了眼前的食物，最后在食槽正中间碰了头。表面上看他们平分秋色，但仔细一看，洛基虽吃光了食槽中的食物，但留下了肉中的骨头；而罗尔不仅连骨带肉吃完，而且将食槽中的汁水，甚至食槽本身都吃下了肚。无可否认，洛基稍逊一筹。“真是娇生惯养者中吃得最快的人！”罗契一句话让洛基无地自容。获胜的罗契对着瑟亚非一努嘴：“这个小鬼有没有特殊才艺要表演一下啊？”瑟亚非吸食了神羊骨髓后，脚力刚劲敏捷，矫健无比，便扬声答道：“我是雷神的实习仆役，只是腿脚灵便而已，不知可否值得一比？”

“哦？原来也是个追求速度的人。我倒想看看你有多快。”罗契站起来带大家走出城门，来到那片广袤无垠的冰原上。他招来一个尚未成年的小巨人胡基跟瑟亚非比赛：“你们两个比一比谁能最快从城门跑到冰原尽头。”可是当瑟亚非跑到冰原尽头时，胡基早已打了个来回。罗契冲索尔道：“阁下扬名天下，在神界也算是尽领风骚的天之骄子。有没有什么奇能异技证明阁下并非浪得虚名啊？”索尔虽然脾气火暴刚烈，但却不爱在人面前自我夸耀。面对狂妄嚣张的罗契，他淡然笑道：“所谓的天之骄子之名，不是靠炫技所得，而是以保卫自己的家园和信徒为职责，哪怕是遭遇失败我都不会忘记这一初衷。在下远道而来，干渴难耐，可否借堡中杯子痛饮一番啊？”索尔的一番话让罗契心生几分敬意，他叫人拿了一只盛满酒水的牛角杯递给索尔。索尔接过牛角杯仰头就喝，但杯中的酒居然源源不断地流入他口中。索尔只得停下来，端平酒杯，看自己喝了多少。他一看之下不禁奇怪，杯中的液面居然只下降了不到一厘米。这时罗契笑道：“阿瑟诸神中最善饮的索尔居然连一杯酒也喝不完。第二口应该能一饮而尽了吧？”索尔不理会罗契的冷嘲热讽，他知道不能意气用事，就将酒杯还回去，他心想如果巨人们真的这样强大，以他们的野心为何还会老老实实地待在这天寒地冻的北极圈内受苦？不是早就造反了？在估计巨人们可能都是纸老虎后，索尔决定展现自己的实力了，他撸起袖子：“阁下还想从我这里见识什么？指个方向便是。”罗契笑道：“好！爽快！既然你没我们高，我们就来玩一个小个子玩的游戏。看你能不能将我养的大猫提离地面。”正说着，一只灰色的大猫蹿到了索尔脚边。索尔将手放到猫肚子下，准备将它托离地面。但这猫顺着索尔使力的方向把背往上弓。索尔手举多高，猫就把腰弓多高，索尔使尽全力也只让它一只脚抬了一下。“看来你的力气和个子一样小。”罗契道。索尔怒道：“谁敢跟我在角力上一决高下？”“哈哈，角力？”罗契大笑，“别说我欺负你个小力薄啊。我给你安排一个跟你实力差不多的对手。如果你能胜过我的奶妈，我们还是尊你为英雄。”

罗契让人请出了自己的奶妈，并提醒索尔：“别看她老态龙钟，我可亲眼见过她把很多年轻力壮的小伙子给摔趴下了。”索尔用手搂着对手的腰，想把她摔倒。但无论索尔怎么使力，都无法让沉如泰山的老奶妈移动丝毫。而老奶妈一发力，索尔用尽全身力量都无法抗拒。他死命扛住，不让对方摔倒他，这时罗契过来将二人分开道：“不要再比试了，不然吃亏的是你。现在天色已晚，不妨在这里用些酒菜，稍事歇息。明日礼送诸位出境。至于以后大家是敌是友，以后再说吧。”

于是罗契下令大设宴席，大家摒除了分歧饮酒作乐，宾主尽兴。翌日一早，索尔一行向罗契辞别，准备返回阿斯加德。临行前，罗契问索尔：“你们在路上有没有碰到奇人异事？”“此次拜访，丢尽了颜面，但也算是开了不少眼界。”索尔从来都是

雷神一行进入霜巨人的城堡，面对巨人国国王罗契

索尔一行来到坐落于冰原中的霜巨人的城堡——乌特加德堡，见到了巨人国国王罗契，双方进行了一系列比赛，最终惺惺相惜。从此，索尔不敢再轻视巨人，而巨人也不敢冒犯神界和由神界保护的人间。

直言不讳，“虽然我知道你们很强，但我并不会就此怕了你们。如果双方交战，你切莫因为我身形小而轻视我，我绝对不会心慈手软，到时候你们会付出沉重的代价。”

罗契沉吟半晌后决心向这位敌人透露所有不为外界所知的秘密：“诸位不会再故地重游。既然无缘再会，我也无需隐瞒真相了。实不相瞒，在下认为阁下的神勇和法力举世无双。而我们不过是靠遮人耳目的障眼法在较技中侥幸占得上风而已。你们到达我国边境时我就知道了你们的来意。于是我使用了障眼法，让你们在黑森林中跟我的化身，也就是斯克米尼亚相遇。从那之后你们就一直陷于我的法术中，只不过你们不知道罢了。

“首先我用法术封住了行李之口让你们无法解开。后来你挥动巨锤砸了我三次，要真是砸在我头上，我定会命丧当场。好在我动用了乾坤大挪移之术，将你巨锤击打之力转移到其他地方，才得以保全性命。如果你们沿原路返回，定会看到当日宿营处一块巨石上的三个凹坑。

“你们在我城堡中较技，我同样以障眼法来取胜。第一场比赛，洛基吃食狼吞虎咽，我乔森海姆举国上下真没有谁的进食速度能超过他。但跟他比赛的罗尔（野火）非普通巨人，而是玉石俱焚的野火。所以他不仅能连骨带肉一起吞食，连食槽也一并吃下了。

“第二场与瑟亚非比试脚力的是胡基（思想）。一念之间，思绪可飞越千山万水。世间有什么东西的速度能快过思绪呢？

“第三场比赛，你手中的牛角杯看似普通，但它的角尖连着大海。杯中之酒其实就是海水，所以是不可能喝完的。而你到了海边就会发现，在你喝了三口后，连海平面都下降了十厘米。这样的海量着实举世无双。

“而第四次你所举之猫更是非同小可，它的脚下连着盘踞海底、环绕大地的伊门格尔大蛇。而你竟能将猫的一只脚抬离地面，与它相连的大蛇几乎被拖出了海面。如果这猫四脚腾空，大蛇也会随之被扯出，到时候整个大地都会坍塌，我们所有人都会遭受灭顶之灾。

“最后一场，与你角力的老奶妈是衰老。衰老是世间万物都无法抵抗的。所以你无法绊倒它，但衰老也只能让你单膝着地。你顽强的生命力会让你强于其他人。

“好了，我要说的都说完了。送君千里，终有一别。今后你们阿瑟神族也不要再来我们霜巨人的领地了。互不打扰，对大家都是幸事。”

雷神托猫

罗契和索尔打赌，说索尔无法把自己养的猫托离地面。索尔将手放到猫肚子下，用力托举。但他的手举多高，猫就把腰弓多高，索尔用尽全力，也只使猫的一只脚抬了一下。

索尔听了这些话，再也无法忍受自己被愚弄的事实。他正要对罗契甩出战锤，对方却消失了。索尔马上折返乌特加德堡，却见冰原上空空如也，之前的城堡显然只是一个虚像。自此以后，索尔再也不敢轻视巨人了。霜巨人也不敢冒犯神界和由神界保护的人间。两界保持和平状态，相安无事多年。

海上风雨之神伊吉尔有九个女儿，名为扬波之女。她们个个皮肤细嫩，海水般的蓝眼睛让你一看就会沦陷，玫瑰花瓣般的红唇无比勾魂，盈盈一握的小蛮腰就像柔柳。她们经常穿着半透明的纱衣在海边追逐嬉戏。

一天，这九名海的女儿戏水后，躺在海滩上日光浴。正好奥丁路过，他上前搭讪，凭借自己无往不利的硬汉形象赢得了海的女儿们的好感，九位仙女在春风一度后都珠胎暗结了，不久后九人都产下了男婴且这九个男婴合而为一，就是海姆达尔。奥丁把海姆达尔接上仙界，让他充当彩虹桥护卫。九位仙女的父亲伊吉尔闻听此事，勃然大怒，发誓要把跳过提亲、送礼这些步骤就让女儿产子的浪子奥丁打败。于是他让使者到阿斯加德给奥丁送了宣战书。奥丁一看事情闹大了，表示愿意承担责任。但多次协商无效后，他只好带着索尔、铁尔和洛基到海上应战。

后来伊吉尔在奥丁凌锐的气势和女儿们的劝说下同意和解。在举行了盛大的婚礼后，冤家变成了亲家。在洛基的怂恿之下，奥丁对伊吉尔说："岳父，我们何不每年都在你的水晶宫举办一次众神盛宴啊？"

伊吉尔听到此话后大为不满，但也不好当众回绝，他沉思片刻后说道："好主意！阿瑟诸神能光临寒舍，让我蓬荜生辉。但我缺一口能为众神酿造足够美酒的巨釜。倘若你能找来这样的巨釜，我设宴款待众神自然不在话下。"

伊吉尔提出的要求是个一箭三雕的绝妙方法：一来可以看看阿瑟诸神是否值得结盟；二来巨釜是他领海里无证捕鱼且不交管理费的巨人西摩之物，让阿瑟诸神取釜，必会与西摩相争，可以趁机除掉西摩；三来如果阿瑟诸神拿不到巨釜，自己当然就可推掉对方敲诈式的请求。

阿瑟诸神不知道去何处寻找如此巨釜。这时战神铁尔说："这片汪洋的东边住着威猛无比的巨人西摩，他是我的外祖父。我知道他有一口巨釜，里面所酿之酒饮之不尽。不知海神是否需要这口巨釜才肯设宴啊？"伊吉尔闻言笑道："正是！只要有了

海上风雨之神伊吉尔

伊吉尔有九个女儿，名为扬波之女。奥丁与她们生有一子，就是海姆达尔。伊吉尔为此勃然大怒。但双方最终和解。后来阿瑟诸神每年都会在伊吉尔的水晶宫豪饮。

它，宴饮之事就由我一人操办。”

奥丁命索尔和铁尔宴会结束后马上去取巨釜。在路上，索尔问弟弟铁尔：“你说我们能取回这东西吗？”铁尔答道：“我们不能为拿到巨釜而伤害我的外祖父，只能巧取，不能力夺。”片刻后，高速的双羊铜车就将他们拉到了西摩的庄园前。二人一下车就遇到了铁尔的外祖母，铁尔不喜欢她，因为她有一百个头，每个都会说话，而且还互相争吵，铁尔不知道该跟哪个头说话。铁尔刚向她问好后，这一百个头就吵了起来。

“我的乖外孙，我可想你了。”

“别自作多情，他刚才在向我问好。”

“你的眼睛和头都长在我背后怎么能看得见他向你问好？”

铁尔痛苦地闭上了眼睛，捂住了耳朵。索尔第一次见此情景，更是几近崩溃。等这一百个头吵够了，她们异口同声喊道：“宝贝女儿，你的乖儿子回来了。”一个女巨人闻讯从屋内飞奔出来，她就是铁尔的母亲斯嘉蒂。她一下就把铁尔抱离地面叫道：“臭小子，这么久都不来看我。跟了爹就忘了娘了么？”等她看到同来的索尔，怕儿子不好意思，就把他放下来，然后拿出酒菜招待儿子和索尔：“趁那老头没回来，赶快吃点东西。”铁尔说：“别急，我们也不急着走。你得把老爷子的巨釜借给我。”斯嘉蒂听说儿子不急着走，喜出望外：“太好了，你多待几天。借釜肯定是你那独眼老爹的主意。当初就是因为我认识他后生下了你，你祖父一直都对他心怀不满。”

铁尔也知道奥丁不亲自来是因为跟西摩有矛盾。当初西摩就是因为处处留情的奥丁勾引了自己女儿，还让她生下了孩子，而对他怀有刻骨仇恨。但斯嘉蒂不愿拒绝儿子的请求，她对儿子说道：“老头子以前为人和善，但我认识了你爹后，他的变化很大。现在他为人吝啬，跟人说话总是恶声恶气。他总认为其他人会像当年你爹得到我那样抢走他的东西。对了，他马上就要回来了，一看到你们，一定会很生气。你们先藏到他的宝贝酒釜后面。等到时机合适，我会叫你们出来。”为达目的，两位阿瑟神就像小偷一样躲在酒釜后，直到他俩快睡着了，西摩才回家。斯嘉蒂见父亲回家，就迎上去替他掸去身上的冰霜，问道：“想不想听好消息？”

“你把奥丁五花大绑送到我面前才是好消息。要是让我结结实实、舒舒服服地揍他一顿，我比什么都高兴。”西摩哼道。

斯嘉蒂说："我儿子来看我们了。你可别吓着他啊。他住那么远，我很难见他一面。他还带了一位友善的朋友来拜访我们。"

西摩怒道："这叫什么好消息？还不是来骗吃骗喝的？"

斯嘉蒂知道西摩发怒后一眼看到的物体会被他那炽热如炬的目光洞穿，就声东击西地对着墙角努了努嘴说："他们在那根柱子后面。"西摩对着柱子瞪了一眼，石柱就被击穿了一个大洞。这时，斯嘉蒂才让两位阿瑟神从酒釜后现身。老巨人用他那已经黯然失色的眼睛盯着两位神，对方向他问好致意，他也不予回礼。晚饭时，斯嘉蒂给大家准备了三头炖熟的牛。索尔为了不在西摩面前示弱，就故意说自己本来食量最大，但由于自己不能吃牛肉，所以不用浪费这么多牛肉，便施法使其中两头煮熟的牛复活。西摩见状又喜又恼，喜的是省了两头牛，恼的是这客人着实嘴刁挑食。另一方面，他也对索尔的魔法心存畏惧，于是说："招待你这种客人还真不容易，既然你来做客，我作为主人也不能让你饿肚子。等我明天到海上给你打捞些对你胃口的东西。"

索尔说："你不知道我喜欢吃什么，明天我还是跟你一起出海吧。"

西摩怕索尔会帮倒忙，就说："我要航行到深海之上，那里风大浪高，我怕你会晕船。"听到有人轻视自己，索尔很不服气："到时候谁先晕船还说不定呢。你只要给我鱼饵，我也可以钓鱼。"西摩说："明早你自己到我牛群中找鱼饵吧。"第二天凌晨，在西摩为出海打鱼做准备的同时，索尔到牛群中寻找鱼饵。他选中一头浑身漆黑，体型超大的牛，潜行过去，抓住它的两只牛角奋力一拧，扭下了牛头，提到了西摩船上。

西摩看见索尔手中的黑牛头大吃一惊："你怎么独独挑中这头牛当鱼饵啊？它是由污秽邪恶的腐尸气息凝结而成的。用它当鱼饵，只会引来盘踞在海底的伊门格尔大蛇，到时候我们就麻烦了。"

但索尔不理会他的警告，自己摇桨直往深海划去。在西摩面前显示了自己足够的耐力后，索尔才停了下来。这时西摩开始钓鱼了，他那鱼线粗如儿臂，鱼钩大如船锚。钓的其实也是鲸这样的巨物。片刻工夫，西摩就钓上了几条巨鲸。而索尔则将黑牛头绑在他的鱼钩上，抛入了海中。黑牛头独有的血腥味让海底的伊门格尔大蛇胃口大开，它一口就咬住了这个恶臭扑鼻的诱饵，但也立即被如船锚般大的巨型鱼饵钩住了嘴，痛得拼命挣扎。大蛇挣扎的力道几乎将紧握鱼绳的索尔拖下海。索尔踏稳船底，发足神力，将大蛇的头拉出了水面。大蛇拼命挣扎，激起了滔天巨浪，西摩的渔船像风中的蜡烛一样摇曳不定。如果大蛇被全部拉出海面，大地就会在颤抖中覆灭。见多了大风大浪的西摩看到这翻江倒海的情景，不由得胆战心惊。这时索尔慢慢地将蛇头拖到船边，举起战锤要砸过去。西摩赶紧举起屠鲸刀砍断了勒在船舷上的鱼绳，大蛇这才趁机带着鱼钩沉入了海底。索尔觉得西摩破坏了他垂钓的乐趣，一时火起，一拳打在老巨人头上，然后提起他的脚踝，将他头朝下浸在刺骨的海水中，火气消了才提上船。

返航途中，西摩一直阴沉着脸生闷气。上岸时，他对索尔说："你有本事就把船拖上岸，再把捕获的巨鲸都背回去。"西摩捕获了好几条巨鲸。只见索尔一手抓住船舷，一手托住船底，连同船上的猎物一起扛在肩上，走回了西摩的院子。晚饭时，西摩找起了索尔的茬："划船快，能钓大蛇，扛起我的渔船和猎物有什么了不起？"他拍了拍手中装酒的巨觥，"有本事把它砸碎。"索尔不由分说夺过巨觥就往地上摔去，冻土被砸了一个深坑，但巨觥丝毫无损。索尔再挥拳猛砸，它还是不碎。他又奋力把巨觥掷向巨石雕成的廊柱，柱子倒是被打穿了，巨觥依然完好无损。西摩笑得前仰后合。这时,铁尔的母亲过去低声对索尔耳语了一番。索尔走到仍在大笑不止的西摩面前问道:"给你一个选择题，你答出来我们马上就消失。请问，你的头和你的觥，哪个硬？""这巨觥是我年轻时以自己的头当刻刀，在极地陨石上凿出来的。当然是我的头硬了。"

索尔听完，抡圆了胳膊把酒觥向西摩头上砸去。顿时火星四溅，灰尘弥漫，其中还夹杂着一声惨叫。尘埃落定后，索尔发现碎的是酒觥而不是西摩的头。西摩正蹲在地上捡酒觥碎片，还老泪纵横地号叫起来："完了，我的酒觥不见了。以后我用什么东西来盛酒啊？"

哀叹了一阵，西摩不耐烦地挥了挥手道："没了酒觥，还要这酒釜何用？罢了！罢了！你们这两个灾星现在就在我面前消失，顺便把这酒釜抬出去扔掉。反正我也用不着它了。"如此轻易就拿到巨釜，索尔大喜过望，忙跑去搬巨釜，但他使了九牛二虎之力都无法抬起它。于是他双手抓住巨釜边沿，猛一用力，将巨釜举过头顶。但由于用力过猛，他双脚深陷地里，巨釜像帽子一样倒扣过来，把他整个人从头到脚罩了起来，釜沿直垂到脚踝。由于怕西摩改变主意追回巨釜，索尔便顶着巨斧叮叮当当地仓皇向外跑去。刚跑了没多远，就有很多头巨人追上来了。铁尔只好负责断后，与自己的巨人亲戚们打一阵，逃一阵。等索尔扛着巨釜上了双羊飞车后，他也跳上车，策羊离开了外祖父的家。由于拿来了巨釜，阿瑟诸神每年都会在伊吉尔的大厅豪饮巨釜

古籍中索尔钓伊门格尔大蛇

索尔与铁尔前往铁尔的外祖父西摩处寻找巨釜。在与西摩打鱼时，索尔用一头由污秽邪恶的腐尸气息凝结而成的黑牛，将海底的伊门格尔大蛇钓了上来。幸好西摩及时砍断了鱼绳，否则，大地就会在颤抖中沉没。

中酿出的蜜酒。

霜巨人霍格尼尔有匹宝马古法克西，常在比赛中拔得头筹，这使他渐渐地开始目中无人了，不时夸耀除却此马，别无良驹。一天，奥丁骑着斯普莱尼尔在空中赶路，正好被狂妄的霍格尼尔瞧见。他指着奥丁喝道:“你乃何人？怎么骑着马在我头上飞？”他刚说完就看到了斯普莱尼尔，还未等奥丁回答就惊道：“你的马倒是比你这个人神气多了。”奥丁便有意逗他道：“那当然了，你们巨人国无论如何也找不出比它提速更快，比它时速更高的马。”霍格尼尔不服气地答道：“我倒要跟你比一比。我这个人最受不了有人速度比我快了。”“来啊，你追到我，我请你参加宴会。”奥丁说完就策马狂奔。霍格尼尔翻身跨上古法克西，纵马直追奥丁。但奥丁的马越跑越快，把霍格尼尔越甩越远。争强好胜的霍格尼尔急得俯身紧贴在马背上，紧追不舍，好胜心使他没注意对方的行进方向。

他越过了彩虹桥，穿过了阿斯加德的大门，看见奥丁已经下了马站在瓦哈拉神殿等他。这时候，霍格尼尔才知道自己闯入了世敌的地盘。但霍格尼尔毫无畏惧之色，反而翻身下马，大模大样地叉着腰站在阿斯加德的土地上，气定神闲地欣赏那里的景色。他的胆色让阿瑟诸神大为佩服。尽管霍格尼尔输了赛马，但却赢了气势。阿瑟诸神非常欣赏他的气度风范，破天荒地热情邀请这个死对头一起宴饮。霍格尼尔毫不畏惧地接受了邀请，他随诸神来到宴会大厅后就毫不客气地吃喝起来。阿瑟诸神将霍格尼尔当成上宾，礼数周全地款待他，不停给他添食奉酒。霍格尼尔自然也是酒来杯干。但霍格尼尔并非阿瑟诸神所想象的那种品行端正的客人。几杯酒下肚后，这个巨人便有些得意忘形，竟然举着空杯朝众神呼来喝去：“倒酒！倒酒！在众神所居的阿斯加德居然让客人杯中无酒，真是徒有虚名，华而不实。”霍格尼尔的狂妄本性随着酒劲的上涌显露无遗，他开始口无遮拦起来：“这瓦哈拉神殿很豪华嘛，到时候我要把它搬到我们巨人的家园去。至于其他一无是处的建筑我会统一拆掉，在座的诸位对我礼数如此不周，留着也无用，干脆都杀掉。”众神开始只是把他当成一个酒后失言的醉汉，不把他的话放在心上。但他却越讲越不像话，大家就不理他了。但霍格尼尔居然出言调戏爱神芙丽雅和索尔的妻子西芙。这一幕正好被索尔看到，索尔怒喝道：“要不是众神当初建造这里时就立誓不能让这里流血，我会马上砍下你的头。”索尔知道在阿斯加德圣地是永不许流血的，即便是仇人之血也不行，否则杀无赦，斩立决。霍格尼尔看清面前之人是巨人克星雷神时，酒已醒了大半。虽然他已被雷神的气势吓得浑身都软了，但还是继续嘴硬道：“这里的主人奥丁都没有站出来说话，你在我面前嚷嚷什么？不懂规矩！”索尔怒道：“不需要他开口，我就可以杀了你。”霍格尼尔有恃无恐地说：“奥丁请我来喝酒，我就是客人，你有本事就马上杀了我。我倒想看看你们的待客之道。”

索尔气得暴跳如雷，喝道：“好个泼皮！我就让你再多活三天！三天后，我不砸烂你的头，我就自贬为凡人！”

霍格尼尔回去后，在众巨人面前把自己如何鄙视戏辱诸神、挑衅雷神的事情添油加醋地大肆渲染一番，族人们闻后无不拍手称快。虽然如此，但霍格尼尔也不敢掉以轻心。他知道雷神的厉害，晓得自己和族人跟阿瑟诸神还是有差距的，不然也不会龟缩在北极圈不敢与其对抗，所以他召集族人商量决战对策。最后，他们用泥土塑了一个身高九里、肩宽三里的巨人，将一颗马的心脏置于它胸腔中，再用魔法赋予这个巨人生命，打算用这个泥人对付索尔的亲随瑟亚非。泥人虽然高大剽悍，但其心太小，很难灵活控制粗壮的四肢。

到了决战那天，霍格尼尔提着他那面厚重结实、可护住半身的巨盾，扛着他那如擎天之柱一般的大棒，带着泥巨人到了决战之地。索尔的急先锋瑟亚非疾驰而来，老远就冲霍格尼尔喊道：“你这盾看上去倒是挺结实，但你只遮住了上半身，下半身却毫无防护。到时候我只需打你的腿就能破坏你的防御。你真是个战场白痴！”霍格尼尔马上把护在胸前的巨盾放在地上，自己缩身躲在盾后。瑟亚非又说：“你这样倒是保证了防护能力但丢掉了移动性，且全身缩在盾后，只守不攻，你怎么跟我家主人作战啊？被动挨打的蠢货啊！”

霍格尼尔只好站起来，用巨盾挡住下半身，用燧石大棒横在面前防护头胸。他以为这样既能防止瑟亚非偷袭下三路，自己又不会失去作战力。正在他手忙脚乱时，电闪雷鸣中，索尔已经驾着双羊战车风驰而至。索尔一声怒吼，奋力掷出了米奥尼尔。这把雷神之锤夹杂着闪电、炸雷、烈焰直取霍格尼尔的天灵盖。霍格尼尔叫泥巨人上前抵挡，但泥巨人已被索尔的声威吓得呆立当场，一丝也无法动弹。

霍格尼尔只好双手托着燧石大棒欲挡住砸下来的巨锤。但雷神以巨力掷出的米奥尼尔来势太过凶猛，一下就砸碎了燧石棒，然后余势未减地又砸在了霍格尼尔的天灵盖上，将他砸得脑浆迸裂、命丧当场。

瑟亚非快步来到被雷神的闪电惊雷吓得浑身发抖、屁滚尿流的泥巨人面前，用食指对着摇摇欲坠的泥巨人一戳，便把它打翻在地，使它碎成了粉末。

某天早晨当你从梦中醒来，却发现自己片刻不离身的东西像晨雾一样消失了，这会让你心里很不踏实。对于这种安全感的缺失，雷神索尔感同身受。因为他就是在某天早晨起床时不见了放在枕头边的战锤米奥尼尔的。他地毯式搜索了自己宫内的每寸土地，不仅没找着，甚至连一点可疑的指纹脚印都没有见到。手足无措之下，索尔冲进了洛基宫中，一把将还在沉睡的洛基抓了起来。还未等对方睁开眼睛，索尔就摇晃着洛基说："告诉你一个天大的秘密，你现在是第一时间知情的人。我的米奥尼尔不见了！"

洛基愣了半晌后才摇着头说："这可不是我干的啊！"

"谁怀疑你啊？我是来找你商量对策的。"索尔知道洛基虽然平时爱搞恶作剧、开玩笑，却从不掩饰自己的行为，甚至还要四处宣扬，唯恐别人不知是他所为。所以他相信战锤失窃一事不是洛基所为，他之所以来找洛基，是想让他为寻回自己的武器出谋划策。

洛基说道："米奥尼尔虽然是你的私人物品，但它现在被盗就跟诸神的安危相关了。这么大的事可不能私下慢慢想办法解决，一旦因此引发了任何情况你我均担当不起，所以最好是召集诸神明议，不能我们二人在此暗商。"于是他们将诸神召集起来，向他们宣布了这起失窃案，诸神莫不大惊失色。洛基见奥丁看着自己，马上辩解："别看我，这次真不是我干的。偷锤者的用意很明显，不是为了攻打阿斯加德，而是要向我们进行敲诈勒索。他所要的东西应该比雷神之锤更难下手，不然他就会直接偷那个东西。他偷雷神之锤的目的是为了跟我们交换而不是交战。这盗锤之人神不知鬼不觉地成功作案，必定精通隐身术或变身术等魔法。"

洛基转向彩虹桥守护神海姆达尔问："最近你在关口有没有看到可疑人等出入啊？"海姆达尔想了一会儿，说道："前几天在阿斯加德郊外伊芬格河附近的树林里有不明人物出没。"

洛基站起来说了句事不宜迟，就匆匆而去。洛基来到了爱神芙丽雅宫中，向她借来鹰羽衣，然后披上鹰羽衣化作一只鹰飞了出去。他飞过了阿斯加德边境，来到伊芬格河上空，沿着河道一边飞行一边查看。后来他看到一座山顶上坐着巨人苏里姆，正出神地望着河对面的阿斯加德长吁短叹，于是就降落在山顶。洛基问道："老伙计，怎么独自坐在这里发呆啊？"

苏里姆看到是洛基，笑道："这边风景独好，我只是过来赏玩一番。你在神界待得好好的，怎么也跑这里来了？"洛基坐在苏里姆旁边，极目远眺，赞道："嗯，这里的景色很不错。真是英雄所见略同啊！但做个英雄做个神有什么用？还不是被人怀疑，被人排斥！"

"哦？此话怎讲？"苏里姆不禁好奇。洛基仰头叹道："唉！一言难尽啊！"仿佛心中有无尽的烦恼。"反正我们现在都没事，不妨说来听听。说不定我还可以帮你支招呢。"洛基越是欲言又止，苏里姆就越是好奇。

洛基叹道："不知道是谁把雷神之锤给偷了，众神都认为是我干的。说我一贯偷鸡摸狗，手脚不干净，还把我逐了出来。你说我冤不冤？"

苏里姆哈哈一笑："冤，但也不冤。凭你的个性本来就不应该跟那些所谓的神同流合污。"

洛基已经从苏里姆的笑声中得到了答案，他突然问苏里姆："你把雷神之锤藏哪儿了？"

苏里姆先是一愣，继而又笑道："我把雷神之锤放在一个谁都找不到的地方。我要拿它去换一个美女。""这还不好办？你把雷神之锤给我，我拿着它一定能帮你抢回世上任何一个美女！""这个美女要是能抢来，我早就自己去抢了，还用得着费力去偷雷神之锤么？"苏里姆脸上开始有了痛苦的表情。"那这个让你铤而走险，不惜为其得罪众神的美女是谁啊？"洛基忍不住想知道答案。

"唉，她就是让我一见钟情、朝思暮想的爱神芙丽雅。"苏里姆揭开了谜底。

洛基闻言惊讶得倒退了几步，心想这可真不是用偷抢就能得到的女人啊，因为她是女神。

他说道："你喜欢她关雷神之锤什么事啊？诸神是不会用她来交换雷神之锤的。再说她是有夫之妇，也不会答应你的。"

苏里姆说：“如果芙丽雅答应做我的新娘，我就把雷神之锤当定情之物送给她。否则，即便是众神把我杀了，我也不会交出来。芙丽雅的丈夫多年没回家，她应该算是自由身了。”

洛基知道芙丽雅虽然风流，但眼光甚高，可能不会看上苏里姆这样丑陋粗糙的巨人。

苏里姆又对洛基说：“请你帮我转告奥丁和索尔，让他们想办法劝说芙丽雅嫁给我，这样也好让你摆脱他们对你不公正且无根据的指控。”洛基只好答应了。洛基一飞回阿斯加德，还未来得及脱下鹰羽衣，就被索尔一把抓住一阵摇晃：“怎么样？有着落了没？”

洛基看见索尔的急相，就想捉弄他，于是喊道：“别摇了，我记性不好，再摇就忘光了。”

索尔吓得马上缩回了手。洛基可是不会放过任何能捉弄人的机会的，他脱下鹰羽衣后直嚷飞得太累无力将其收拾好，让索尔帮他折好。然后又说累出了一身汗，口很渴，让索尔帮他拿毛巾、端茶送水，索尔都一一照办。洛基见把雷神戏弄够了，就说：“你的米奥尼尔是被巨人苏里姆偷走的。但他把它藏在一个不为人知的地方，除非芙丽雅能嫁给他，否则没人能让他交出雷神之锤。”

索尔听到战锤的下落后兴奋无比，觉得是个好消息。但后面的话对他来说是个比丢失战锤更恐怖的噩耗，他长叹一声，垂头丧气地瘫坐下去。洛基却开导他：“无须担心，车到山前必有路。至少我们现在获知了两条好消息。第一，他不会来攻打我们，因为他要勒索我们。第二，他不会把事态扩大化，不会把你的锤子交给任何人，也不会告诉他的巨人同伴。因为那样他就失去了勒索的筹码。”

“但是你也知道苏里姆的要求几乎没有一点可能性。芙丽雅不会跟丑陋的霜巨人在一起。”索尔一筹莫展。

“你好歹也要去试试啊？你去问了芙丽雅才知道她会不会答应，试过后被拒绝比不去试好。”洛基不愿意一开始就放弃。

索尔觉得要在芙丽雅面前开口说这个事比让他到巨人国屠城还困难，他拍了拍洛基的肩膀说道：“我历来不善言辞，只善征战。而你一向都能言善道，要不你去吧？”

“我刚借了她的鹰羽衣，还没道谢呢。你要我一见她面就说这些，太不合情理了

雷神砸中霍格尼尔的天灵盖

巨人霍格尼尔在阿斯加德无礼，索尔大怒。两人相约决斗。三天后，索尔驾着双羊战车风驰而至，一声怒吼，奋力掷出雷神之锤，瞬间将霍格尼尔砸得脑浆迸裂，命丧当场。

洛基把雷神装扮为芙丽雅的样子嫁给苏里姆

巨人苏里姆偷走雷神之锤，想以此胁迫诸神将爱神芙丽雅嫁给他。洛基将雷神装扮为芙丽雅的样子，嫁给了苏里姆，以此计夺回了雷神之锤。

吧？估计我刚一开口就会被她赶出来。你平时就很威武，就算她不答应你，也不至于把你赶出来吧。”

于是，索尔只得硬着头皮来到芙丽雅宫中，斟字酌句地对她说：“为了阿斯加德的安危，我们准备让你当一天新娘，请你嫁给巨人苏里姆，这样他才会把战锤还给我。”

芙丽雅闻言既惊讶又羞愤，她哭道：“雷神之锤不是我的私物，也不是我弄丢它的。虽然我很愿意出力帮忙找回它，但为什么我要当宿敌霜巨人的新娘？我丈夫奥多尔不在家，你们就这么排挤敌视我？我为什么要承担雷神之锤丢失的后果？为什么要委身于丑陋的巨人？！”说完便把索尔赶了出去。索尔只得找到洛基，让他再想办法。过了好一会儿，洛基估摸着芙丽雅已经不在气头上时，才借口还鹰羽衣，来到她宫中。芙丽雅一见洛基就说：“你眼神飘忽不定，难不成又有什么不可告人的目的啊？有话快说，不然我要送客了！”

洛基把单相思的苏里姆无比憔悴的样子、索尔担心战锤下落失魂落魄的言行，绘声绘色、添油加醋地描述给芙丽雅。无论女人还是女神，一旦知道有人为自己倾倒，就会无比满足，芙丽雅也一样，想到苏里姆那癞蛤蟆想吃天鹅肉但又吃不到的心情，她便难掩笑容。

洛基见芙丽雅已经不再生气，就旧事重提：“其实用你那销魂的姿色帮我们骗骗他又何妨啊？雷神之锤一到手，索尔还不是马上就把他给干掉了。”

“你少来，我坚决不干！那种讨厌的巨人，想着就恶心，更别说跟他过日子了。你要再提一个字，我就把你轰出去。”芙丽雅毫不让步。洛基无可奈何地从芙丽雅宫中走出来。没走多远，就被一直守候在外面的索尔一把拉住：“有戏吗？”

洛基轻叹一声：“毫无希望，我们还是再另想办法吧。”

索尔召集众神商议对策，但大家你一言我一句，仍然商量不出解决方案来。最后人群中传出一阵大笑，众神一看，原来是海姆达尔。海姆达尔笑着指着索尔说：“求人不如求己，芙丽雅不愿意当新娘，你装扮成新娘到苏里姆那儿去，这样就能取回你的米奥尼尔了。”索尔摆手道：“不行不行，我这么五大三粗怎么能扮成芙丽雅那样的女神？苏里姆会看不出来么？”海姆达尔劝道：“你用法术缩小身形，把自己用婚纱包装起来，把兵器哄到手就行了。”索尔虽然百般推拒，但无可奈何之下，也只好同意了这个方法。他缩小身形，再裹上婚纱。

洛基说：“你要记住不要做两件事，苏里姆就绝对不会发现你是冒牌芙丽雅。第一，不要开口说话。第二，不要脱衣服。”接着，洛基又对索尔说：“你是新娘，我就是你的侍女。”然后他和诸神出去牵马套车，还安排了很多瓦尔基丽雅在送亲队伍中以壮声威。一切妥当后，一行人就起程前往苏里姆的庄园。

苏里姆听到礼乐声由远及近，兴奋得马上踢醒了正在打瞌睡和偷懒的仆人，让他们摆酒设宴。婚车进了庄园，假新娘被扶出了车，安排入席。苏里姆哈哈大笑道：“芙丽雅一来，我这里就什么都不缺了。我庄园里有数不清的牛，箱子里装满了奇珍异宝，厨房里有喝不完的美酒和吃不完的山珍海味。她在这儿有大群的仆人和财物供她差遣使用。”苏里姆准备了许多酒食，邀请了很多宾客前来赴宴。当天晚宴上，假新娘索尔吃了一头牛，喝了三桶蜜酒。这让苏里姆目瞪口呆：“还没见过这么能吃的女神呢。吃下的食物体积都超过她本体了！”洛基假扮的侍女尖着声音圆场道：“芙丽雅的食量之大在神界是出了名的。而且她听说你如此仰慕她，高兴得吃不下饭，所以今天在婚宴上食量自然大涨。再说你要不喜欢，可以悔婚啊。”苏里姆忙不迭道：“哪里会不喜欢？我家大业大还怕她吃得多养不起她吗？”他兴奋得要马上一睹芳容，但刚掀起头纱就被索尔凌厉的目光吓了一跳。苏里姆惊问道：“为什么女神眼冒火花？”

洛基随机应变答道：“普通人眼中都会燃起爱情之火，更何况爱神芙丽雅了。”苏里姆激动得想马上拉起新娘入洞房，但新娘却不起身，而苏里姆也根本拉不动她。苏里姆惊道：“我的新娘力气好大。”洛基赶紧在苏里姆耳边说：“新娘在等你的定情信物呢。”苏里姆急忙对身边侍从说：“快将神锤给新娘，这样我就好入洞房了。”谁知新娘一接过神锤就马上现出原形，吼道：“你偷我兵器还逼我装女人！”一下砸翻了苏里姆。其他参加婚礼的客人和仆役本来是无罪且不该死的，但因为见证了索尔浓妆艳抹并异装出嫁苏里姆的场景，所以他们都带着这个秘密下阴间了。

洛基酷爱猎奇冒险，但也因此经常闯祸。一旦捅出了娄子，他就会把祸事转嫁到诸神身上或让他们帮自己了结恩怨。而众多被他拖下水的神中，雷神最为厚道。有一次，洛基从芙丽雅那里借得鹰羽衣，化作一只大鸟飞去乔森海姆历险。他得知巨人盖若特的女儿姬洛普姿色非凡，决定一探究竟。洛基深知这个霜巨人不是个好对付的角色，所以事先把他家的情况侦察得一清二楚。

洛基身披鹰羽衣闯进乔森海姆

洛基听说巨人盖若特的女儿姿色非凡，便从爱神芙丽雅处借得鹰羽衣，化作一只大鸟闯入乔森海姆，结果被盖若特用计捉了起来。

有一天天刚黑，他就披上鹰羽衣，飞入盖若特的庄园。发现一巨人女仆提了一桶水推开了一扇房门。而在房门洞开时，里面冒出了滚滚热气。洛基估计在里面沐浴的就是姬洛普，于是马上降落到了房顶上。洛基透过天窗一看，兴奋得差点掉了下去。他觉得这个女巨人的身材、相貌都不在阿瑟的众女神之下。色胆包天的洛基马上化作一只怪鸟飞进屋中，降落在女巨人的肩头。女巨人把怪鸟捧在手上，爱抚着它那身光亮的羽毛轻叹道："小鸟啊小鸟，如果你是个俊朗伟岸的男人该多好啊！"

洛基暗笑着怪声说道："如果你能缩小些，我再变大些，这样你就可以如愿。"两人就此一拍即合。后来洛基方知这个女巨人并非姬洛普，而是盖若特孀居的妹妹，她的容貌比姬洛普有过之而无不及。

时间长了，盖若特对妹妹房间中这只早出晚归的怪鸟产生了怀疑。他估计这只怪鸟是某位神伪装的，而且一定在跟自己丧夫的妹妹偷情，于是他对妹妹说可以帮她把这个神留下来永远陪她。盖若特的妹妹很高兴，于是就依哥哥所说，在一次幽会后用哥哥所给的附魔细线拴住了洛基的脚。盖若特随后破门而入，冲向洛基。洛基马上披上鹰羽衣化作大鸟准备从天窗冲出去，结果被拴住脚的魔线拖回了地面。

盖若特抓住这只怪鸟后，问他是什么人，从哪里来，要干什么，但洛基一直保持沉默。盖若特就把他关在笼中，不给他滴水粒米。洛基被饿得形神憔悴，只好现出原形。随后在盖若特的食物诱惑下，他回答了一切问题。

在弄清这个人是洛基后，盖若特说："只要你把那个雷神索尔骗得空手前来，我就恢复你的自由，而且还把妹妹送给你做老婆。不然就把你一直关在这受尽饥渴。"洛基无奈之下，只好答应。洛基回宫后思索怎样骗索尔跟自己去盖若特处，他知道如果真心欺骗索尔会后患无穷，所以他把事实略作删节，向索尔请求："索尔，你能不能帮我个忙？我最近在跟一个漂亮的女巨人交往，可是如果我不能满足她一个非常苛刻的条件，她就要跟我分手。"索尔深知火神拈花惹草的习性，只是不明白为何这次他的情事会跟自己有关系，于是迷惑地问道："这跟我有什么关系？我该如何帮你？"洛基道："有一天，这个女巨人对我说，诸天神中只有雷神索尔的法力最为高强，她族中的男人听见你的名号就会虎躯一震。我告诉她自己跟你的关系最铁，互相之间都是有求必应。谁知她一定要我带你去见她以做证明。更过分的是，她说很害怕你的战锤和手套，要你不带任何武器空手前往，不然就表示我和你的关系不够铁。唉，我怎么好意思要求你这么做啊？”

索尔觉得空手去见一个几乎没有杀伤力而且跟洛基相好的女巨人，根本没有什么问题，就马上答应了。在二人去见女巨人的路上，他们遇见了奥丁众多妻子中一个名叫甘绿特的女巨人。此女极为机智，心知洛基的狡诈，便提醒索尔：“与洛基相好的女巨人生性温柔多情，并不可怕，但她哥哥却是个有心机的猛巨人，赤手空拳的你可能很难对付他。”甘绿特对奥丁的长子道：“我这里有些东西，威力虽不及你的雷神之锤，但应该可以对付得了盖若特。”说完把自己的腰带、铁手套和拐杖借给了索尔。

他们别过甘绿特不久，就来到一条奔腾的大河旁。索尔将甘绿特的腰带系上，并叫洛基抓住它跟在身后，然后拄着拐杖在急流中一步一个脚印地涉往对岸。当他们行至中央时，忽觉一道飞瀑从天而降，淋在他们的头上。索尔很惊奇，便抬头寻找瀑布源头，发现河对面的小山坡上蹲了个漂亮妖娆的女巨人，正冲着他们撒尿，同时还得意忘形地狂笑。洛基认出这就是盖若特之女姬洛普，对她剽悍狂野的迎客方式气愤不已，他转头对索尔道：“这就是盖若特之女姬洛普，作风非常豪放啊！”从不打女人，即便对死敌中的女巨人也手下留情的索尔怎受得了这样放肆的行为？他火从心起，顺手拾起一块巨石掷向高处，正好塞住女巨人腿间出水之处。姬洛普被打得尖叫一声，叉开双腿就飞逃而去。洛基和索尔笑得直不起腰来。

索尔和洛基来到了盖若特的庄园。盖若特对他们非常无礼，根本不让他们进入客厅，只把索尔请入肮脏的马厩中，拖出一张椅子让他坐下。索尔刚坐上去，就觉得椅子像电梯一样开始上升。他马上用拐杖在马厩顶梁上一撑，身子顺势往下一沉。只听得椅子下传来噗噗爆响和一声惨叫。原来姬洛普对索尔怀恨在心，盖若特就用法术缩小她，让她贴在椅子下面，企图等索尔坐上去后，她再恢复原形把索尔顶死在厩顶上。结果索尔借助魔力手杖之力，压得她脊骨碎裂而死。

盖若特偷鸡不成蚀把米，只好强压怒火请索尔到大厅用餐。走到一个大火炉前，拿铁棍插入炉中将烧得赤红的马蹄铁使劲一挑，只见一道炽流直奔索尔胸口。索尔眼疾手快，用戴了铁手套的右手将烧红的马蹄铁凌空接住，然后马上奋力掷向看呆了的盖若特。铁块将盖若特庞大的身躯击穿，留下了一个马蹄铁独有的 U 形大洞，铁块穿过他身体后仍余势未减，穿过了好几面墙壁。盖若特的尸体则变成了一块巨石，如同一座无字丰碑，歌颂着索尔的神勇。

第四章

战神铁尔

铁尔是奥丁和巨人西摩之女斯嘉蒂的儿子。他是一个独臂战神，那么他的另一条胳膊哪儿去了呢？这又得从神界祸根洛基说起了，向来风流倜傥的洛基在跟一个女巨人数度春风后，生下了三个奇形怪状的私生子。分别是小狼焚尼尔，半面红粉佳人、半面狰狞骷髅的女儿海拉，一条见风即长的毒蛇伊门格尔。洛基见自己的后代完全没有其父之风，怕被自己作弄过的众神趁机取笑他，就没有像其他神一样把后代带回阿斯加德。但他也不愿抛弃他们，就让女巨人抚养他们。

洛基的这三个后代，长势极为迅猛，而且开始肆意胡闹起来，女巨人已经无力独自抚养他们了。此时在宝座上俯览人神魔三界的奥丁也看到了这三个孩子，担心本性邪恶的他们在巨人国会变得更坏，以后惹出弥天大祸。于是他赶到巨人国乔森海姆，带走了他们。奥丁看到幽灵整日在人间四处游荡，觉得需要有人来管理他们。于是他任命三人中相对理智的海拉为死亡女神，在深渊尼夫尔海姆深处的冥界中管理亡灵。接着他一把提起毒蛇伊门格尔，扔到海里，用法术将它封印在海底。但令奥丁始料未及的是，伊门格尔在海底生活得无比滋润，海底丰富的鱼类资源让贪婪的它饱食终日。后来伊门格尔越长越大，很快就能将海底的大地根基盘绕起来。它稍一活动就会地动山摇，巨浪翻滚。

毛茸茸的小狼焚尼尔因为看上去比较可爱，被带到了阿斯加德。奥丁想把它驯服后为众神服务，但是众神看到焚尼尔那野性十足、凶狠贪婪的目光后，都不愿意喂养它。只有铁尔主动喂养它，后来他就成了焚尼尔的主人。但焚尼尔，身躯一天比一天强壮，力气随着体型渐长，而且越来越贪食凶猛。它时常在夜里对着胆小的月神曼尼发出凄厉的号叫，吓得曼尼脸色苍白。众神对焚尼尔日渐肆无忌惮的咆哮异常厌烦，于是开会商讨怎样处理它。碍于洛基的情面，他们不便宰杀焚尼尔，但一致认为应该把它囚禁起来，以免它长大后惹出不可预测的祸事。

众神去地下城找手艺精良的黑侏儒定做了一根极其粗大坚固的铁链，引诱焚尼尔道："你不是经常夸耀自己力气大么？但我们觉得你肯定无法挣脱这根铁链。"焚尼尔对自己的力量很有信心，它让众神用铁链锁住自己，稍一用力，铁链就寸断了。众神极力掩饰住内心的恐惧和懊恼，连声称赞它神力非凡，但仍不甘心，于是趁焚尼尔得意忘形时，试图用更粗的铁链将其困住，但都禁不住焚尼尔的巨力。不怀好意的黑侏儒知道这件事后，为了显示他们的实力，便为焚尼尔量身定做了一根魔法绳。这根绳子是用六种不可思议且极难得到的材料制成，分别是猫的脚步声、女人的胡须、岩石中的树根、熊的肌腱、鱼的肺、鸟的唾液。黑侏儒用这六样东西打造出一根比丝还细、比绸还滑、比光纤还透明的绳子，它看似柔软纤细，却坚韧无比，而且会越拽越紧。①但是黑侏儒出于对众神给他们安排的生活的不满，在这根绳子上施了魔法，设定了一个时间期限，诅咒它会在诸神的黄昏时断裂。

众神得到这根魔绳后将焚尼尔引到了一个岛上。他们拿出细如发丝的魔绳说："本来今天准备让你试试能不能挣脱这根绳索的，但后来我们一致认为以你现在的力量不可能挣断它，因为它确实比以前我们所见过的任何绳索都要坚固。所以我们还是在这里游玩一番就回去算了。"

众神的激将法起了作用，焚尼尔觉得自己被小看了，变得异常冲动。但天生狡猾多疑的它感到今天这件事不简单。为什么众神会把它带离阿斯加德来测试绳子的牢固程度？它越看这根细细的绳索心里就越没谱，于是说："这根绳子这么细，我挣脱了

①因为造这根绳子用去了所有的材料，所以世界上从此就不再有猫的脚步声、女人的胡须、岩石中的树根、熊的肌腱、鱼的肺、鸟的唾液。

洛基的三个怪胎后代

洛基与一个女巨人生下了三名私生子。一是小狼焚尼尔，二是半面红粉佳人、半面狰狞骷髅的海拉，三是见风即长的毒蛇伊门格尔。奥丁选海拉为死亡女神，将伊门格尔扔到海里，用法术封印，又将焚尼尔带入阿斯加德。

它也没什么好处。能带来很好的名声吗？你们会给我颁发奖状奖章奖杯奖金吗？而且我觉得你们似乎在绳子上施加了魔法来加害我。”众神一致说：“我们要施魔法、要手腕来加害你的话，只需要让雷神砸你一锤就行了，用得着这么麻烦地花钱请人打铁链造绳索吗？”焚尼尔还是很怀疑众神的动机和目的：“要是我无法挣脱这根绳索，你们又不给我解开，我该怎么办？”众神马上就交头接耳：“这家伙向来胆小如鼠啊，之前奥丁还说它长大后是有用之才。看来他看走眼了。”

焚尼尔受不了众神如此鄙视它，便说道：“我可以让你们把我缚住，但如果我挣脱不了，你们一定要帮我解开。而且你们中必须有一人将手臂放入我的嘴里做担保，以证明你们不是施计害我。要是没人敢把手放进我的嘴里，我也不用试了。因为那样的话，你们多半心里有鬼。”众神面面相觑，都知道不伸手是绑不住它的。可谁会在明知要变成独臂的情况下伸出手去呢？他们都不敢冒险。刚才是众神因焚尼尔胆小而嘲笑挑衅它，现在焚尼尔张大了嘴反过来用眼神来挑衅众神了。

这时，无畏的铁尔站出来说：“我把自己的手放进你嘴里作保好了。”说着就把右手伸进了焚尼尔口中。焚尼尔一见喂养自己的铁尔伸手作保，遂不再生疑，任由众神用细绳把它捆了个结实。绳结一打好，它马上使劲一挣，结果不仅没能挣脱，反而被越缠越紧。试过几次后，它正要开口认输，让众神解开绳子，却看到众神脸上得意诡秘的笑容，这才知道自己中了圈套。于是它马上翻脸，一口就把铁尔的手臂给咬断了。然后它狂吼乱叫地张开血盆大口想咬靠它最近的其他神。众神便合力把魔绳的另一头拴在一块深陷地中的巨石之上，让焚尼尔无法脱身。然后把一把长剑插在它口中，撑住它的上下颌，让它的巨口再也无法咬合。

铁尔为了众神的利益，无私地奉献了自己的一条手臂，但这丝毫不影响他的战斗力，他依靠剩下的独臂照样可以灵活有力地持刀斩妖除魔。而焚尼尔则一直被魔绳缚住，无法脱身，直到世界末日的号角吹响时，它才会挣脱魔绳，到阿斯加德复仇。[①]

①北欧神话对西方的习俗影响深远，其中星期二（Tuesday）以战神铁尔的英语名字 Tyr 命名；星期三（Wednesday）这个名字来自古代祭祀主神奥丁的日子（Woden ' s day，Woden 是古英语中对奥丁的称呼）；星期四（Thursday）取自神话中雷神索尔的英文名字 Thor，这是古日耳曼人一星期中最神圣的一天，会议通常在这天举行，且议员中午前未出现，就会被取消资格，所以索尔也是会议的守护神；星期五（Friday）来自神后芙丽嘉的古英语名 Frigedaeg。

被长剑撑开上下颌的焚尼尔

焚尼尔越来越残暴，众神决定将它囚禁起来。他们找黑侏儒打造了一根魔法绳，设计将焚尼尔绑住，并把一柄长剑插入它口中，撑住它的上下颌，让它的巨口再也无法咬合。

铁尔当初在阿斯加德是靠使一手漂亮的双刀而成为战神。跟众神的兵器一样，铁尔的双刀也是由黑侏儒精心打造的，具有很强的威力和能量场，如同所有附魔注灵的神器一样，它具有自主意识。它会自己挑选主人。但自从焚尼尔让铁尔断臂后，他就只能单手持刀了。铁尔把剩下的一把刀送给了人类，并对世人说："谁得到这把刀，谁就能所向披靡于战场，战胜所有的敌人。"①

人间的祭司将铁尔之刀深藏在铁尔神殿中严密看守。但有一天夜里，这柄圣刀失窃了。祭司们只能去找一位资深的女先知，向她打听圣刀的下落。女先知凄然说道："此刀已经流落到了神庙之外世人聚集之处，人间开始永无宁日了。"

祭司们惊恐万分，问："先知为何出此不祥之言啊？"女先知道："生命之树下面的预言女神说了，无论谁得到圣刀，都将无敌于世，但代价是最后必死于此刀之下。"祭司们好奇地追问："是谁偷了这刀啊？他拿去干什么用啊？到哪里可以找回圣刀啊？"但无论祭司们怎么恳求，女先知都不再说一个字了。过了一段时间，一位身材高大、气质尊贵的独臂人来到了罗马帝国在科隆的军营中。当时罗马帝国的日耳曼行省总督维特利亚斯正在那里参加一个庆功宴会。这位陌生人把维特利亚斯从酒席上叫到一边，将一柄长刀交给他道："此刀乃神界战神铁尔所使的佩刀，能为阁下带来无穷无尽、至高无上的战功，还有荣誉和权势，最后可把你推上人生的顶峰，把你送上皇帝的宝座。但你一定要好好看护这把刀，片刻不可离身。"

维特利亚斯出身名门，靠着血统和父辈的荫庇才混到了高位。他才疏学浅，没多少军事指挥能力，但他用极好的收益分配策略来管理自己的军队。他跟士兵和军官同甘共苦，打成一片，而对战利品都是很公平地论功行赏，不像其他将领那样独吞或鲸吞大部分。在他的军队里面每个人都是自由平等的，但都很拥戴他。他的部将经常向他提议应该攻打某个国家或城市，他就会马上下令攻打。由于士兵卖力，基本上攻无不克。

获得这把宝刀后维特利亚斯一路烧杀掠夺攻陷了罗马城。一夜醒来后，发现自己

①北欧的勇士常常在交战之前向战神铁尔祈祷。由于铁尔的武器是刀，所以刀在北欧武士眼中是非常神圣的，他们常向刀尖发誓。他们有所谓的"刀之舞"，即勇士们举刀向天，呈刀尖之山，让最勇敢者从上面跳过去；或以刀尖拼成轮形或玫瑰形，让他们的首领站立于上，共抬之游行。

铁尔自断手臂图

铁尔是奥丁和巨人西摩之女斯嘉蒂的儿子。为了束缚小狼焚尼尔，铁尔付出了一条手臂的代价，成为独臂战神。

居然黄袍加身，被部下拥立为罗马皇帝。他登上帝位后，一如既往地倡导部下和他一起吃喝玩乐。但维特利亚斯的皇位还没坐热，就传来有叛军要向罗马城进攻，准备推翻他的消息。这股叛军一路上攻城略地、所向披靡，向着罗马城冲来。维特利亚斯想起那把带给他好运的铁尔长刀，准备拿出来捍卫自己的皇位。这时他才发现不知何时圣刀已被调包。他一下就心里没底了，不安和恐惧让他连率军抗击的勇气都没有了。胆小怕事、贪生怕死的他想宣布退位，以逃避杀身之祸。但当他当众宣布自己准备辞去皇帝之位时，被群情激愤的众臣民骂回了宫。罗马城的人恨透了这个懦夫和胆小鬼，他们怎能容许自己的皇帝如此没骨气？维特利亚斯现在骑虎难下，既没有勇气保卫罗马，也没有办法甩手不当皇帝，只好躲在宫中。愤怒的罗马市民对这样的窝囊皇帝已经忍无可忍，他们冲进皇宫，将维特利亚斯拖到了皇宫门口。在那里，预言得到了证实，维特利亚斯被偷刀的日耳曼近卫军士掀翻在地，被圣刀砍掉了头。

由于圣刀在手，这个军士成了常胜将军。但当他赢得很多荣誉和功勋后，他没有选择登上皇位，而是金盆洗手，回到老家多瑙河地区隐居。他怕预言应验，在隐居后再也不敢使用圣刀，将其深埋在地下，并在埋刀处的土地上修了一座小屋，居住于此。他对圣刀的秘密守口如瓶，直至临死之时也未提及圣刀的下落。亲人央求他说出圣刀所在，他只是说："圣刀自会选择主人。非英勇善战者不能被选中。命中注定要征服全世界的人才会得到此刀，不过得到越多也会失去越多，他也无法逃脱此刀带给他的厄运。"

许多年过去了，铁蹄踏到多瑙河畔，号称"上帝之鞭"的阿提拉率匈奴大军征服了这片土地。一天，他策马巡游多瑙河畔时坐骑突然长嘶一声，他下马查看坐骑的脚掌，发现马蹄似乎被利器所伤。马上令人在周围翻查土地，发现一柄长刀的刀尖露了出来，刀尖反射的刺眼光芒让人不寒而栗。阿提拉上前亲手挖出了它。当他捧起这把长刀时，不由得赞叹："这就是传说中的铁尔之刀啊！"然后高举长刀，兴奋地狂叫道："我也将会像传说中那样要征服世界了！"

此后的数年内，阿提拉佩带着这把长刀身经百战，无往不利，把半个罗马帝国都置于自己的版图中。在建立了匈牙利国后，阿提拉开始进入极度成功后的疲软期。他厌倦了战争，决定不事征讨，休养生息，开始在布达佩斯享受起了宫廷生活的乐趣。

后来，年老的阿提拉娶了自己领地内高卢的勃艮第公主为妻。这位公主怀着杀父之仇和这位匈奴王完婚。新婚之夜，她趁阿提拉酒后酣睡之际，用他身边的铁尔圣刀，割下了他的首级后自杀。这个关于权力、诱惑与死亡的预言又一次得到了应验。得到了别人轻易无法得到的，就必然会失去别人理应不会失去的东西。

第五章
美神及音乐诗歌之神布拉奇

布拉奇是奥丁与女巨人甘绿特之子，是美神及音乐诗歌之神。奥丁在喝了智慧泉水后，掌握了一切知识和智慧，变成了全知全能的众神之王，任何头衔都可以加在他头上。奥丁是诗人，也是自己作词作曲的创作型歌手。而布拉奇和其他正神一样，只是奥丁某一方面才能的专门执行者。北欧人认为诗歌和音乐等艺术之美不是由某个造物主创造的，而是本来就存在于宇宙间的。布拉奇这样的神只是这种力量的操纵者，而奥丁则是发现者，至于人间的诗人、音乐家等艺术家则是被布拉奇赋予力量去挖掘这种美的人。当年阿瑟神族和瓦纳斯神族用和平谈判的方式来解决冲突，双方缔结和约时往一口大缸中吐一口自己的唾液，以示庄严神圣地宣誓。为了纪念这次具有跨时代意义的和解，众神把这口大缸中的唾液变成了一个叫科瓦修的小精灵。

科瓦修集众神之精华而诞生，所以智慧非凡。他经常在人间帮助尚处于半蛮荒状态的人类认识和改造世界，这让一直都自认为聪明绝顶的黑侏儒们十分嫉妒。科瓦修的智慧源自他的好学好问，他的求知欲和好奇心让他随时都在四处奔走学习各种知识和技能。无处不见他忙碌奔波的身影，无处不闻他刨根问底、精灵古怪的提问求教声。

一天，他来到地下的黑侏儒城，途经盖劳尔和费劳尔兄弟门口，两个黑侏儒跟他

布拉奇

布拉奇是奥丁与女巨人甘绿特之子，是美神及音乐诗歌之神。北欧人认为，诗歌与音乐等艺术之美不是由某个造物主创造的，而是本来就存在于宇宙之间的。布拉奇这样的神只是这种力量的操纵者。

打招呼："嗨，十万个为什么，你到哪儿去啊？"科瓦修谦逊地答道："我想来这里学点手艺。"两兄弟一直嫉妒心灵手巧的科瓦修，顿时心生歹意，便说道："我们黑侏儒的手艺可是祖传的，而且对外保密的。再说你会的东西够多了，已经远超过我们，还来拜师学艺，这完全是在跟我们恶性竞争啊！以后谁还会找我们来打造宝物？要不这样，咱们优势互补，我们可以传授给你任何技艺，但你也必须把自己所学的知识授予我们。为表示诚意，你先跟我们进屋，我们先来展示。"

科瓦修不疑有他，就跟着两兄弟进屋。结果不仅没学到一点技艺还被两兄弟给杀了。他的血被他们勾兑到蜂蜜中调成蜜醪，装进两只壶和一个碗里面，谁要是尝了一点蜜醪就能成为人人崇拜的大诗人。

阿瑟诸神发现科瓦修失踪后，四处寻找。

但由于劳尔兄弟杀害科瓦修时没有目击证人，且因为整个地下城的黑侏儒都嫉妒科瓦修的才能，所以没人愿意配合众神调查，这使科瓦修之死成了悬案。于是劳尔两兄弟越发胆大起来，开始跟神魔两道作对。一天，霜巨人吉陵带着妻子到这两兄弟家里打造武器和首饰。两兄弟看吉陵身上带了不少金银，遂起了歹心。他们提议吉陵跟他们出海打鱼做晚餐。返航时，二人故意将船撞向了礁石，两兄弟因为早有准备所以安然无恙，但吉陵这样的巨人太高且重心不稳，再加上没有防备，一下就被掀翻到海里。不会游泳的他迅速就被溺毙了。兄弟二人藏好了吉陵留在船舱的包裹，装作很伤心的样子回到家中，告诉在那里等候的吉陵妻子她丈夫落水身亡的噩耗。吉陵的妻子闻讯便号啕大哭。

这让两兄弟不堪其扰，于是决定斩草除根，交头接耳几句后，费劳尔走到院里对吉陵的妻子说："你丈夫意外过世，我们两兄弟也深表遗憾。你如此痛苦，看得我们也很难受。这样吧，我带你到你丈夫遇难的地方去缅怀一下他，这样多少能让你心里好受些。"

吉陵的妻子也觉得言之有理，就跟着费劳尔走出门。谁知她刚走到门口，站在屋檐上的盖劳尔就把抱在怀中的石碾丢了下去，正好砸在女巨人头上，吉陵两口子就这样成了亡命鸳鸯。

吉陵的弟弟苏顿得知哥嫂在劳尔兄弟家失踪的消息后，马上赶到了地下城。他不由分说就把哥嫂失踪前见过的最后两个人拖到了海边。他凭直觉感到哥嫂已经遇害，这两兄弟就是凶手。黑侏儒虽然能靠阴谋诡计要得霜巨人团团转，但直接冲突起来，他们完全不是霜巨人的对手。苏顿把劳尔兄弟绑在一块即将被潮水淹没的岩石上，拷问他们：“倘若你们不把我哥嫂蒙难的情由从实招来，一会儿你们就慢慢在水里吐泡泡吧。”

心狠手辣的人也会怕死，还没等海水涨到胸口，两兄弟就招供求饶了：“人是我们杀的，他们的遗产会返还给你。你就解开这绳索吧。”

“我兄嫂跟你们无冤无仇，你们为何下此毒手？你们拿命来抵。”苏顿咬牙切齿道。

“就算你淹死我们两兄弟，也无法让你的哥嫂复活。你只是出了一口气，却没有什么实质性的好处啊。莫若放我们一马，我们兄弟愿意把自己收藏的奇珍异宝分一些给你作为赔偿。”两兄弟痛哭流涕道。黑侏儒工于心计，知道怎么在要紧时刻即时止损并与对方谈判。

“你们都收藏些什么珍宝，先把名单列出来。”苏顿心动了，他知道这两兄弟有不少好东西。两兄弟见有一线生机，马上七嘴八舌地展示自己的家当，但没有一样能让苏顿满意。最后他们心一横说：“我们有一件最宝贵的东西，就是用科瓦修的血调和的蜜醪。谁喝了它，就会成为受众人崇拜的诗人和音乐家。”于是苏顿以全部蜜醪和两兄弟的一半家当为条件才释放了他们。

苏顿回到家中，将蜜醪交给女儿甘绿特珍藏。甘绿特对这罕见的仙醪至为珍惜，待在一个秘密的山洞中日夜守护它。劳尔兄弟不甘心自己的宝物和蜜醪就这样被苏顿获取，于是四处宣扬苏顿获得蜜醪的事情。他们知道奥丁一定会去找苏顿的，这样就能借刀杀人。

果然，不久后奥丁就听说了蜜醪的事情，来到了苏顿的家园。在苏顿家的一处农场上，奥丁看见九个巨人仆役在割牧草，他们的刀太钝了，以至于不是在割草而是在锯草。奥丁见他们干活这么没效率，不禁问：“磨刀不误砍柴工，你们的刀都这么钝了，为什么不磨呢？”其中一个仆役抬头看了看这个问奇怪问题的路人，没好气地说：“你问得倒是奇怪。我们要是有磨刀石还用得着这样么？”奥丁说：“要不要我帮你们磨刀子啊？”说着掏出一块精制的磨刀石。几个巨人奴仆看见磨刀石后都围过来，要求奥丁帮自己磨刀。但奥丁却把磨刀石往回一收，说：“我可以帮你们磨刀，但磨

苏顿和黑侏儒

霜巨人吉陵带妻子到黑侏儒劳尔兄弟处打造武器和首饰，遭劳尔兄弟杀害。吉陵之弟苏顿前去追查，劳尔兄弟献出科瓦修鲜血制成的蜜醪，才得以苟活。

完后你们要告诉我你们的主人是谁？还要告诉我一个叫苏顿的巨人家住何处？”仆役们都毫不犹豫地答应了。于是奥丁很快地磨利了他们的割草刀。

这九个仆役试过磨好的刀子，觉得很锋利，又好用又省力，便七嘴八舌地回答起奥丁的问题：“我们的主人是鲍尔。”

“苏顿是我们主人的哥哥，他有个天仙般漂亮的女儿甘绿特。她在山洞中守着父亲的宝贝，从不露面。”

“你能不能把你的磨刀石卖给我啊？”

“对啊，你开个价吧。”

“卖给我，我出最高价。”

奥丁有意要为难这些霜巨人，就开了个高得很不合理的价钱。可是九个人全都接受了这个价格。奥丁不愿意浪费时间跟这些人开拍卖会，于是把磨刀石向这九个人头上抛去。那九个人都想得到磨刀石，便跳起来像抢篮板球一样争抢起来。但他们都忘了自己手中还拿着刚磨过的刀，瞬间，无比锋利的刀把对方划得皮开肉绽。落地后他们为了刚才受的伤互相砍杀起来。就这样，九个人自相残杀，都去了冥界向海拉报到。

奥丁不知道苏顿藏宝的位置，知道直接找苏顿要也是不可能的，就准备从他弟弟鲍尔身上下手。到了晚上，奥丁化名为一个名叫鲍沃克的寻宝者来到鲍尔家投宿。鲍尔也是个热情好客的巨人，邀请奥丁进来共进晚餐。在喝酒闲聊时，鲍尔对奥丁抱怨：“真是奇怪。我家的几个仆人，今天早上都还有说有笑地出门割草，后来相互砍杀，都死了。这下可好了，一个帮手都没有，哪来足够的草料过冬？我一个人哪能干九个人的活？”

奥丁装作不知道地说：“没事，反正我也闲着，可以帮你一把。我一个人就能做完这九个人的活。”

听到有人愿意帮忙，鲍尔高兴得马上为奥丁斟酒道：“太好了，我会付给你比九个人加起来还多的工钱的。”

奥丁摇头道：“我要你的工钱干吗？我又不缺钱。我听说你哥哥那里有神奇的蜜醪，我想尝一尝。就以此为给我的报酬吧。”鲍尔觉得对方的条件很为难他，但又不想放走这个愿做帮手的彪形大汉，于是说：“这件事很有难度啊。蜜醪不在我这儿，我哥把它藏在一个密不透风的山洞里面，而且让自己的女儿寸步不离地看守着。但我可以陪你去那里，试试看能不能帮你搞到一点。”

就这样，众神之主奥丁为了能得到科瓦修的遗物，也就是蜜醪，不惜放下领导者的身份降尊纡贵地以一顶九干了一个夏天的短工。干完该干的活后，奥丁依约向鲍尔索取蜜醪。鲍尔就带他去苏顿家协商。苏顿也是个豪爽耿直的好客巨人，见弟弟带客人来访，二话不说就请他们落座奉饮。鲍尔还未等哥哥向他发问，就开门见山地说了自己和鲍沃克的约定。然后苦苦哀求哥哥道：“看在人家为我干了一个夏天农活的分上，你就把那仙醪给他尝一口吧？反正你也不在乎那么一点。”苏顿马上一口回绝：“绝对不行！这种东西如此珍贵，我和女儿都舍不得喝一口，更别说外人了。别说让他尝一口，就是看一眼都不行。”鲍尔磨破了嘴皮，说尽了好话，但苏顿就是不答应。

无奈之下，他们只好离开苏顿的家园。

一出了苏顿家门，奥丁紧追不舍，对鲍尔说：“普通人允诺都是一言九鼎，你作为块头大的巨人，应该是一言十八鼎了。你欠我的人情和酬劳，不能就这么算了。”

鲍尔无可奈何地对这个难以打发的短工说：“不是我要食言，你也看到哥哥那不可商量的态度了，我还能有什么办法啊？”

奥丁仍不松口：“你哥哥给不给我不管，但你答应我的事绝对不能不兑现，你就是偷也要偷来给我喝一口。方案由我来想，但你得帮我实施。”鲍尔虽然觉得这个恶客实在难缠，但也只好答应到时候按奥丁所说的方法去做。因为他是个重信守诺的人，认为为了履约即使是去偷去抢也比背信弃义高尚得多。

第二天，鲍尔领着奥丁来到甘绿特藏宝的山上，但他找遍了整座山都没有找到一个可以进去的洞口。鲍尔冲奥丁双手一摊说：“别说门了，连一条缝都没有。我怎么替你去偷去抢啊？我看你还是死了这份心吧？”“没门，我们就给它开扇窗。没缝，我们就给它钻个眼。都到了宝山了，怎么能空手而回？”奥丁拿出一把钻子，交给鲍尔说：“你只需要帮我把岩石钻个洞，咱们的账就两清了。余下的事情我来干。”鲍尔只好拿着钻子钻起山岩，好一阵之后，他停下来说：“完工了，岩石已经钻通了，剩下的事就看你的造化了。”说完转身就要走。

奥丁一把拽住他，往石孔中吹了一口气。石孔中的碎石粉尘飞了鲍尔一脸。奥丁说：“钻通了的话是吹不出这些的，你别偷懒，继续钻吧。”鲍尔见他如此精明，知道在他面前无法耍小聪明，只得老老实实地继续钻。直到往里面吹气后，粉尘不再倒

奥丁被苏顿追赶，口中滴下蜜醪

苏顿发现奥丁得到蜜醪后，紧追不舍。奥丁穿上鹰羽衣，苏顿也化作一只鹰追赶。慌乱中，奥丁口中滴下一些蜜醪，飘落到人间，于是人间就有了一些杰出的诗人。

奥丁钻孔偷蜜醪

为了得到科瓦修鲜血制成的蜜醪，奥丁在苏顿的弟弟鲍尔家干了一个夏天的短工，终于得知蜜醪被苏顿藏在一个山洞里。于是奥丁拿出一把钻子，在岩石上钻洞，钻入了岩洞中，最终得到了蜜醪。

飞，奥丁才让他收工。然后奥丁摇身一变，化作一条小蛇，从刚才钻出的孔中进入山岩中，刚好掉到了甘绿特的乳间。熟睡中的甘绿特被惊醒，小蛇这时变成一个身形伟岸的男人。甘绿特问：“你是谁啊？”

奥丁直言道：“我是阿瑟主神奥丁，是你命中注定的丈夫。”

命中注定，上天安排的当然最大了。再说自己为了替父亲守护仙醪，别说男人或男神，连奇丑无比的男巨人都见不到一个。现在来了个又美又壮的男神，自然是好生喜欢。于是甘绿特与奥丁在山洞里缠绵了三天三夜，美神布拉奇就是在那里孕育的。

沉醉在爱情中的甘绿特把父亲交给她守护的最珍贵的仙醪拿给奥丁喝，并说：“这是任何人都享受不到的东西，但你却可以喝到。”“我还得到了比这仙醪更宝贵的东西。”奥丁一口气喝完了所有的仙醪，然后摸着甘绿特的腹部说：“这些仙醪我是留给他的。”

言毕，奥丁披上鹰羽衣往阿斯加德飞去。恰巧被苏顿看见，因为之前这极北之地从来没有这样的猛禽飞过，苏顿料想仙醪已经被盗，便使出法术也变成一只鹰追了上去。好几次他都差点抓到了奥丁，在慌乱中奥丁口中溢出一些仙醪，飘落到了人间，于是人间就有了一些杰出的诗人。

阿瑟诸神看见奥丁从远处飞来，后面还有追兵，就在彩虹桥上堆起了高如城墙的柴火。等奥丁一飞过彩虹桥，他们马上点燃柴火，冲天大火将来不及停止的苏顿点燃，他惨叫一声，跌落在火堆中化为灰烬。奥丁一落地就把仙醪吐在一口缸中，封存起来，并向众神宣布：“这些蜜醪是留给我在甘绿特腹中的那个孩子的。”

甘绿特产下一个男婴后，奥丁为其取名为布拉奇，并把仙醪交给甘绿特，让她用仙醪喂养布拉奇。布拉奇出世后，劳尔兄弟为了赔罪，送给布拉奇一架黄金制造的竖琴，并用一条船把他送到了外面的广阔天地。布拉奇在船航行时弹起黄金竖琴，吟唱生命之曲、命运之歌。歌声响彻云霄，传到了众神居住的阿斯加德；下及寒泉，直至死亡女神统管的冥界。连一向冷漠无情的海拉也躬身离座，侧耳倾听。

布拉奇后来让船靠岸，弃舟登陆，弹琴穿过枯萎的树林。他所弹奏的优美旋律让枯枝回春，绽发新生的苞芽，所过之处一派生机盎然的景象。而就在这片树林中，布拉奇遇到了青春女神伊童。当她来到地面时，所有的花草树木都会露出最纯真的面孔。这样一对志同道合的少男少女，一见钟情，相互追逐嬉戏，大地上顿时百花齐放，鸟语花香，万物争春。他们携手来到阿斯加德，受到了众神最热烈的欢迎。

奥丁翻看了布拉奇舌头上鲁纳文的纹理后，说布拉奇将成为天上众神之中的诗人和音乐家，会歌颂天上众神及瓦哈拉神殿中恩赫里亚的功绩。

第六章

青春女神伊童

青春女神伊童是地下城魔法最强大的黑侏儒依法尔德的女儿，她身材高挑，皮肤白皙，貌美如花，跟其他黑侏儒判若两族人。更奇特的是，她不会像其他黑侏儒一样见光石化。

在她妙龄花季时，他父亲担心女儿会像常人一样因日晒而出现细纹，因地心引力而肌肉松弛下垂。为了永葆女儿的绝世姿容，他对伊童施以天魔大法，让她得以青春永驻。伊童和布拉奇成婚来到阿斯加德后，她的清纯甜美连命运三女神也为之倾倒，破天荒地一致为她祝福，并将生命之树顶枝所结的青春之果交由她掌管。只有伊童的纤纤玉手，才能采摘下青春之果，而且青春之果必须装在命运女神施过咒的篮子中后服用方能生效。对青春之果来说，伊童之手和这个金丝篮缺一不可，否则它离枝后会化作烟尘。凡服用青春之果者，能常葆青春的美丽与活力。

自从伊童开始采摘青春之果后，众神拜她所赐，时常享用青春之果而得以长生不老。这样的宝贝，自然让黑侏儒和巨人时常觊觎。

一天，奥丁、洛基和弗雷尔结伴到人间漫游。他们在空中飞驰良久后降落在一片广袤的旷野上，这片土地的原始粗犷之美让他们流连忘返。等他们感到饥渴来袭时才意识到已经离开阿斯加德太远，于是他们决定狩猎。

没费多大力，他们就猎到了一头肥壮的野牛，于是在地上刨了个坑，在里面聚柴生火，又在上面铺上石板。待石板被火苗烤得冒烟时，他们将肥牛切成薄片，铺在石板上炙烤。三位饥肠辘辘的神舔着嘴唇，咽着口水等着吃嗞嗞冒油、香气四溢的肥牛。但过了很久，肥牛还是没有传来嗞嗞的冒油声，更没有散发出香气。他们仔细查看那些摊平的牛肉，居然还都没有冒烟，伸手去摸摸牛肉，连一点儿温度都没有。他们以为火还不够旺，就又添了柴火以加高炉温。可是过了良久，牛肉依然像刚铺上去那样鲜生如故。这烤肉时最麻烦的两种情况都被他们遇到了，那就是肉跟他们装熟，火跟他们装酷。很显然有人在旁边施魔法破坏他们的晚餐。

这时，他们耳边传来一阵得意的笑声，声音传来之处，一只硕大的灰鹰在距他们数十丈的地方对他们说："是我的结界让牛肉烤不熟的。如果你们答应让我饱餐一顿烤肥牛的话，我就可以解除结界的魔法禁制。"

三位神不想破坏这份野餐的乐趣，再说牛肉也多得是，于是就爽快地答应了灰鹰的要求。果然，肉很快就熟了，肥油直冒、香气四溢。可还未等神们伸手，那鹰就从树上直扑下来，一口就叼走了一半牛肉。三位神连忙护住剩下的牛肉各抓一块在手大吃起来。洛基边吃牛肉边紧盯着抢了肉的巨鹰。当他看到这鹰又来抓肉时，气得一把抓住了鹰爪下的肉，冲它嚷道："你一头鹰吃得比我们三个人还多，还没吃饱啊？该知足了吧！"

那巨鹰回口道："我吃饱没有是由我的肚子决定的，不是由你决定的。再说你们答应让我饱餐一顿的。快松手！"

"你太能吃了。肉都让你吃了，我们吃啥？"洛基火了。

"别忘了，是我让牛肉烤熟的。要不然你们现在还饿着肚子呢。"鹰口气越来越大。

"要没我们捕猎，你难道会有肉吃？要没我们生火，你再会魔法还不是一样地吃生肉？"洛基嘲讽道。

他们就这样争吵着，让洛基一时间忘了面前这鹰会魔法。他一手拽着肉不放，另一只手抓起一根木棍就向它打去。那鹰用爪子抓牢了木棍后振翅飞了起来，而洛基的手被粘在棍上，无论怎么死命挣扎都无法脱手，他怕掉下来，只好丢下肉抓紧木棍不敢松手。

伊童采摘青春果

青春女神伊童是地下城魔法最强大的黑侏儒依法尔德的女儿。她是布拉奇的妻子。命运三女神喜欢她的清纯，将生命之树顶枝所结的青春之果交给她掌管。

这只鹰带着洛基忽而一飞冲天，高入云霄；忽而直落千丈，贴地飞行。这让洛基剧烈眩晕，把刚才吃下的牛肉全部吐了出来。这鹰又拖着洛基飞过犬牙交错的岩石丛，拖撞的疼痛让他撕心裂肺。洛基被折腾了好长时间，痛得忍不住求饶。他说尽好话，那鹰却打断他的话道：“住嘴，你这个油腔滑调的懦夫，除非你发誓答应我的条件，否则我就把你吊死、拖死！”

洛基此刻只求脱身，什么条件都会答应，所以忙不迭地叫道：“什么条件，我全部答应你便是。”

鹰冷哼道：“如果你不答应把伊童和她的青春之果带出阿斯加德，那么你的手就会永远粘在木棍上。”

在极度痛苦下，洛基赌咒发誓地答应了这个苛刻的条件。原来这鹰是暴风雨巨人瑟亚西的化身，洛基掉进了他布好的局中。现在洛基只得绞尽脑汁地想办法去骗伊童和青春之果，至于后果怎样，他完全没有考虑。因为洛基做事从来都不考虑后果。

回到阿斯加德后，已思得良策的洛基，一直在等着机会。随着与瑟亚西约定的日子来临，平时天不怕、地不怕的洛基也焦虑起来。信口开河的承诺说出来容易，但如果弃信背誓，哪怕贵为天神也无法逃脱报应。但如果在时机不成熟的情况下贸然下手，跟遭报应的下场也差不多。洛基就在既不敢轻举妄动，又害怕违约的双重折磨下等来了机会。

布拉奇每年都有一段时间要离开娇妻伊童，下凡吟游一段时间。这时，青春女神伊童便蜗居深宫不出，于是人间就进入了冬天，大地一片萧条，了无生机，这对洛基来说可是大好时机。等到了与瑟亚西约定的那一天，洛基就来到伊童宫中。稍事寒暄后，洛基对伊童说：“最近我遇到一件怪事，想向你请教。”

本来正在思念丈夫的伊童对洛基的到来心不在焉，但听到他这段欲擒故纵的开场白后，她一下来了精神：“居然有连你这智多星都不知道的事情？但这又和我有什么关系啊？”

“这事跟你关系可大了！”洛基看伊童已经入了局，就添油加醋起来，“我前几天到伊芬河对面的树林中去了一次，发现那里有棵树上结的果实跟你的青春之果一模一样。而且我还摘下来尝了尝，发觉味道也跟你的青春之果一模一样。更奇怪的是它除了跟你的好果子在外形和口味上一样外，所具备的功效也一样。我摘下几个给人间的几位老人吃了后，他们居然返老还童了！你说这事怪不怪？”

伊童大为吃惊：“这不可能！”

洛基说：“是啊，我当时也不敢相信，因为我也是吃过青春之果的人啊。但那些能甩掉拐杖行走的老人让我不得不相信。我来你这里就是想问问，这究竟是怎么回事？”

洛基几句话唬得伊童一愣一愣的，她略加思索，肯定地说：“你肯定是在骗我！”

洛基见伊童虽然语气坚定，但眼神中闪烁着迷茫，便拍着胸口，不容置疑地说：“我敢跟你打赌！不信，你可以带上你的青春之果随我前去对比一下。”伊童当然不会相信，但却在好奇心的驱使下答应了洛基，挽着金丝篮带着青春之果跟洛基去了阿斯加德外的伊芬河畔。天真无邪的她哪里知道这是一个早就设好的骗局。他们刚走出阿斯加德的边界围墙不远，瑟亚西就变成巨鹰从空中俯冲下来，伸出两只巨爪将吓得目瞪口呆的伊童抓住，然后就展翅飞回了自己在北方的庄园。

瑟亚西把青春女神抓回家后，恢复了他庞大丑陋的巨人之形。他把伊童放在金椅子上，轻言细语地对吓得缩成一团的伊童说：“别害怕，我不会伤害你的。把你的青春之果给我吃一粒吧。”

伊童知道巨人只是想吃她的果子，反倒不怕了，她摊开双手说：“本来我出门时带了一粒，但刚才被你抓在空中，吓得丢掉了。”瑟亚西不信：“外界不是传言你的青春之果取之不尽么？怎会只有一粒？休要骗我！”

伊童直言道：“青春之果要装在我的篮子里才会取之不尽，而现在这篮子也不在我身边啊。刚才你抓住我飞行时，被你颠掉了。”

瑟亚西索取未果，顿时火冒三丈。于是他威胁道：“我先把你娶了做老婆，然后你回去帮我取来。”伊童闻言先是大惊，尔后笑道：“天地间只有布拉奇能做我丈夫，其他人只要一沾我的身体，就会变成一堆枯骨。否则如我这般年轻漂亮的弱女子，岂不是人人皆可强抢去做老婆？来啊，来抱着我啊。”说着扭动娇躯直往巨人迎去。

瑟亚西吓得退到了墙角，叫道：“别过来！”在性命与美色面前，瑟亚西还是觉得生命可贵。因为他想起传闻说，在地下城的时候，有人趁伊童父亲不在，杀死她哥哥后想强迫她春风一度，但马上就变成了一堆白骨。“但如果你不发誓把好果子取来给我，我也不会放你走的。”瑟亚西放弃美色后，坚定了长寿的愿望。

伊童给诸神分发青春果

只有伊童的手采摘且放在金丝篮中的青春之果，享用后才能让人拥有青春和活力。伊童会定期采摘青春果，并分发给阿斯加德的诸神，诸神因此得以长生不老。

伊童见自己骗了这个呆巨人，哈哈大笑，更是不答应他，还讥讽他：“你胆子这么小，我凭什么给你好果子吃？”瑟亚西气得暴跳如雷，但却又无可奈何，只能把伊童软禁起来。

这边的阿瑟众神多日未见伊童身影，觉得大有蹊跷。于是奥丁召集众神，让大家回忆一下，谁最后见到伊童，见到她时她在什么地方，和什么人在一起。众神仔细回忆后都说最后一次看到伊童时，她正和洛基一起步出阿斯加德。众神便扭住洛基，要他马上找到伊童，并毫发无损地带回来。

洛基知道伊童关系到众神利益，所以他披上芙丽雅的鹰羽衣飞到了瑟亚西的庄园。恰好瑟亚西出海打鱼去了，洛基找到了囚禁伊童的房间。看到她在里面安然无恙，洛基也松了一口气。他把伊童变成一只榛果，以便鹰爪能将其抓牢但又不至于伤及她的身体，然后展翅飞向阿斯加德。

瑟亚西回家后发现伊童不见了，想起归途中看到的那只疾飞的鹰很可疑。他马上披上自己的鹰羽衣，开足马力向洛基追去。凭借天赋神力，他在空中以快过洛基很多倍的速度追赶洛基。众神在阿斯加德看见洛基所变的鹰抓着一只榛果，而其身后有另一只更大的苍鹰像箭一样射向洛基，于是按照他们制定的国际惯例来迎接霜巨人。他们在阿斯加德围墙处堆起山一样高的柴火，等洛基飞进了阿斯加德，他们就点燃这堆易燃物品。冲天的火焰刚好将随后飞到的瑟亚西的鹰羽衣点燃，他马上就掉进了火堆。

第七章

夏冬之神

夏神就是加盟到阿斯加德的瓦纳斯神族首领——海洋之神和风神尼尔德。他风华正茂，头戴贝壳与海草编织成的桂冠，或戴缀以鹰羽的阔檐帽。他经常送来温暖的和风化解坚冰，平息拍向岸边的惊涛骇浪。无论是渔夫商人还是海盗都要依赖他的庇护。尼尔德的第一任妻子娜瑟斯在他加盟到阿斯加德后就跟他离婚了，他们的儿子弗雷尔和女儿芙丽雅都跟随尼尔德来到了阿斯加德。尼尔德的第二任妻子是上一章提到的巨人瑟亚西的女儿斯卡蒂。

在瑟亚西为了追回被洛基营救的青春女神伊童，被众神燃起的大火烧死后不久，一个全副武装，顶盔戴甲、披挂整齐的女巨人骑马来到阿斯加德。她声称自己是瑟亚西的女儿，来向众神讨还公道。

秉承霜巨人男丑女美的物种特性，斯卡蒂也出奇的美丽。而她手持的金镶玉嵌的盾牌和寒光点点的长矛，背负的鹿角弯弓和铁矢翎箭也让她格外英姿飒爽。好一位硬朗中透出性感的红粉战士！众神都看呆了。对于这样一位美女，众神当然是不可能向她开战的。虽然斯卡蒂向众神宣战，要他们选个人出来单挑，但众神皆不应战，因为胜之不武，弑之可惜。众神主动让步，愿意给她赔偿作为和解。可斯卡蒂就是不肯，非要一命偿一命。

奥丁真诚地对斯卡蒂说：“对于你过世的父亲，我们是很敬重的。尽管在这次纠纷中，我们的行为造成了他的不幸，但这都是由他引起的。他对此也有不可推卸的责任，用计让洛基入局的是他，抢走伊童的也是他，而最后看到我们燃起火堆仍然继续追赶的也是他。自始至终我们都不想伤害他，没有主动对他动刀动枪，所以我们也不希望这样的事情在你身上重演。当然，我完全理解你失去父亲的悲痛。为此，我可以把他的眼睛化作天上的星宿，让人神都引以为戒。考虑到你现在独身一人的难处，我们可以为你在阿斯加德建造一座寝宫，并享受与众神同级的待遇。希望你能接受。”说着，奥丁就取出瑟亚西残骸中的眼珠，放到北方的天空成为一个星座，并指着那两颗星给斯卡蒂看，希望借此抚平她心中的痛楚。斯卡蒂感到了奥丁对自己父亲的敬重，也觉得他很通情达理，心中怨恨略有缓解，表情也不再那么冰冷，只是对奥丁的和解协议不置可否。洛基看到斯卡蒂面色缓和了下来，知道只要再开出一个偏向斯卡蒂的条件，和解就有望了。但双方碍于面子沉吟不决，所以谈判现场的气氛还是很尴尬。

在瑟亚西事件中，洛基也是当事人之一，所以他决定打破沉默。他找来一只猫放在大家面前，自己却变成一只老鼠。等这猫追来追去快追上老鼠时，老鼠突然转身对猫大叫一声，结果把猫吓得弹得老高并倒退不已。众神见状无不大笑，斯卡蒂虽然没笑，但脸色也平和了一些。洛基马上恢复人形，把猫放进自己的袍子中，然后对着猫猛拍一把。猫吓得在袍子里面上蹿下跳，只见袍子里面一团隆起的东西跑来跑去。众神大笑不已，这时斯卡蒂虽然没笑，但脸上已经没有一丝敌意了。趁着这个机会，众神再次劝说斯卡蒂和解，并表示愿意以后像亲人一样照顾她。斯卡蒂刚因众神的好意有点感动，这时洛基又开始唯恐天下不乱了：“你说我们欠了你一条人命，要一命换一命，这很简单啊，这里有这么多人，你随便挑一个，把他拴到你的石榴裙下，然后为你造一条人命不就得了？这样我们就算还了你一条人命了！”

众神闻言都对洛基怒目而视，生怕他胡言乱语惹火了这位刚阴转晴的女煞星。不过斯卡蒂可能受了洛基的启发，低着头，红着脸说：“如果失去一个亲人的话，当然最好的弥补办法就是再得到一个亲人。如果能从未婚的阿瑟众神中选一个做自己的丈夫的话，我可以不要其他赔偿而和解。”

众神听她这么一说，便爽快地答应了，当然笑得最开心的是那些未婚的神了。洛基又当众提出一个鬼点子："我们可以让你任选一个，但不能让你看脸挑选。我们要蒙住备选者全身，只露出脚，而你也只能看脚来挑选，这样才是命中注定的姻缘。"

众神之中最让斯卡蒂动心的是俊朗帅气的光明之神博德，她心想最顺她眼的人，脚也应该是无比出众的，所以就答应了洛基这个荒诞刺激的条件。于是未婚的阿瑟诸神排成一行，用一大块幕布遮住了他们脚以外的所有地方。斯卡蒂挑来挑去，把这一双双长短不一、燕瘦环肥的脚看来看去，最后她指着自己认为最完美的脚说："这一位。"她认为这一定是博德的脚。

蒙着的帷幕拉开，斯卡蒂选择的丈夫显露出来，不是博德，而是海洋之神和风神尼尔德。尼尔德由于常年待在海边，双脚被海浪冲洗得无比洁白，所以脚特别光嫩。

斯卡蒂虽然有点失望，但对这个结果也比较满意。尼尔德只不过年长一点，但相比年轻的博德，他那股成熟包容体贴的暖男的感觉让她觉得安全，而且他也是神中不可多得的美男子。尼尔德也心花怒放，他一看到斯卡蒂就很喜欢。

出于对洛基提出苛刻择偶条件的报复，斯卡蒂对他说："在婚礼前如果你不能让我开怀一笑，我就不让你参加我的婚礼。"洛基没想到这位女煞星这么快就来报复自己，如果被排除在众神之外无法参加婚礼可就丢脸了。对洛基来说，丢脸比丢命更难以接受。所以洛基绞尽脑汁，终于想到一个办法。他牵来给索尔拖车的山羊，把绳子的一头系在山羊的胡子上，另一头绑在自己的生命之根上，然后跟山羊拔河。洛基就这样和这头神羊拉来扯去，每拽一下都会让双方痛得大叫。随后洛基假装拉不过神羊，痛得大叫一声，捂着双腿之间扑倒在斯卡蒂脚下。斯卡蒂也吓得大叫了一声，本来刚才她是强忍着才没笑，现在自己的叫声掺杂在洛基和神羊的叫声里，她终于憋不住笑起来了。

斯卡蒂和尼尔德双栖双宿在阿斯加德度了蜜月，然后就回到了尼尔德海边的宫殿中。斯卡蒂在那儿住了几天就极不习惯，虽然这里有无敌海景，但没有她喜欢的冰雪世界，无法滑雪，无法打猎。潮湿的空气和无时不在的波涛声、海鸥的鸣噪声时常打扰她的酣梦。生长于密林的斯卡蒂惯于倾听野兽的吼叫和百鸟的啼唱，她开始渴望回到自己北方的老家。尼尔德对妻子百依百顺，便跟她回到了北方老家居住。这回轮到尼尔德不适应了，这里不见海水和帆影，不闻浪涛之声，看不到飞翔的海鸟和日落日出的辉煌，更无法驾船航行。干燥的空气让他流鼻血，刺骨的寒风让这位夏神遭受无

斯卡蒂选夫

众神为了营救青春女神伊童，烧死了霜巨人瑟西亚。瑟西亚的女儿斯卡蒂前来阿斯加德报仇，奥丁答应斯卡蒂在阿斯加德挑选一神作为自己的丈夫，斯卡蒂选中了海洋之神和风神尼尔德。

比折磨。而冰川塌崩的轰鸣和狼群的惨嚎让他神经衰弱，辗转难眠。后来夫妻俩商定在南方海边住三天，在北方森林住九天。但两人仍痛苦不堪，最后，两人一致同意分手，斯卡蒂从此一直住在北方老家，继续着踏雪狩猎的生活，成了冬天女神，她指引那些航行在冰天雪地中的人安然抵达目的地。

斯卡蒂后来成为另一位男性冬神乌雷尔的妻子，共同的习性让他们琴瑟和谐，生活极为融洽。

乌雷尔是金发女神西芙的儿子，曾因趁奥丁不在家时邀其妻子芙丽嘉喝酒的罪名被放逐到北方不毛之地。乌雷尔住在一片茂密的紫杉林中，因为紫杉木是他制作弓箭的上好材料。他时常背着满壶的箭矢，划着雪橇在森林中张弓狩猎。他行动敏捷，健步如飞，有百步穿杨的本领，也是狩猎之神。

一次乌雷尔在狩猎时，碰到一个披着兽皮的女巨人。她似乎刚从海里登陆，身上还滴着水。她皮肤黑得像矿工，样子也丑得很影响市容。于是乌雷尔冲她喊道："你这么丑还在白天出来？不怕被嘲笑吗？"

女巨人说："原来妈妈说白天不能出来是怕遇见你这种怪物啊！你还长得真反常，跟我们很不一样。"

乌雷尔继续调侃道："你叫什么名字啊？"

她回答："我叫斐亚特，你叫什么名字？"

乌雷尔答："我名字太长了，连我自己都记不住。"

斐亚特怒道："名字都记不清楚就背着弓箭到处晃悠？"

乌雷尔道："但是我要出来觅食啊。"

斐亚特逼近他道："我来帮你做饭，先把你丢进锅里，一会你就能喝汤了。"

乌雷尔应道："好！"马上就弯弓搭箭向着她射去。斐亚特胸口中箭受伤后变成了一条鲸，逃入了海中。乌雷尔追到海边，却只看见浪花和涟漪。于是他就刻舟求剑地在此搭了一个窝棚，一定要等到女巨人再次出现。

一天夜里，他被雪地上的动静惊醒，便跑出窝棚，夜色下隐约看见一个高大的女巨人走来。他以为是那天被他射伤的女巨人，便喊道："你来了？终于知道要在晚上出来了？"

一个脆嫩娇美的声音传来："咦？你认识我？"

斯卡蒂不习惯无敌海景，旁边的尼尔德在酣睡

尼尔德在雪原失眠，枕边的斯卡蒂恬然入睡

尼尔德与斯卡蒂成婚后，两人商定，在南方的海边住三天，然后搬去北方的森林中住九天。但生活习惯的不同让两人都痛苦不堪，最后两人一致同意分手，尼尔德回到他在海边的宫殿，斯卡蒂从此一直住雪原，成为冬天女神。

“哦？认错人了。”乌雷尔在来人走近后才发现她是位美丽的女巨人，便有点不好意思地说：“我还以为是那天吃了我一箭的女巨人呢。”

两位冬神就这么认识了。此后他们时常一起游历打猎，彼此都觉得很投缘。不过虽然他们都喜欢在低温下游猎，但是也有分歧：一个喜欢广漠的雪原不喜欢阴森的林地，一个不愿意离开随手取材为箭的紫杉林。所以两个人寂寞时就抽空聚一下，然后各归其所，他们都对这种若即若离的状态很满意。

但是有一次，乌雷尔很多天都没有等到斯卡蒂，于是前去找她，家里没人，他以为斯卡蒂外出游猎了，就在门口守候，结果守了很多天，都快冻成冰雕了，斯卡蒂也没回来。乌雷尔觉得情况不妙，就去找一个女预言家询问斯卡蒂的下落。女预言家说斯卡蒂因为跟神交往通婚而中了巨人族同类的魔咒，现在被禁锢在一个丑陋的躯壳中，除非有男人像爱自己美貌的心上人一样爱她，否则就会被永远禁锢。

乌雷尔极度后悔，于是满世界地寻找斯卡蒂。一天，他来到一处海边，准备猎海豹当作食物，却在海滩上看见一条搁浅的鲸，胸鳍的位置还插着刻有自己名字的箭。他知道这是上次被他射中的女妖，伤重不治倒在了这里，就用斧头从它身上砍了一块肉下来，生火烤着吃。刚吃了一半，来了十二个巨人对他嚷道：“你为什么偷吃我们的猎物？”

乌雷尔怒道：“明明是我射杀的，箭上还有我的名字，怎么变成你们的猎物了？”他看见这些斯卡蒂的族人就来火，再加上这些巨人还很蛮横，一言不合，双方打斗起来。乌雷尔一人面对十二个巨人，箭射完后又挥斧肉搏。虽然最后把巨人全部杀死，但他自己也体力耗尽，身负重伤，倒地不起。这时过来了一个女人，她和人类女性一般高低，却有着男性巨人一样的体格和相貌。她的腰跟肩膀一样宽，皮肤也跟树皮一样粗糙。她很不友善地对乌雷尔说：“嗨呀！冬神也会受伤？要不要我帮你一把啊？”

“哇！”乌雷尔被她的丑样吓了一跳，低着头不敢直视她：“请你帮我一把，我会付给你足够的报酬。”这女巨人力气很大，她把乌雷尔挟在腋下，夹得乌雷尔快透不过气来了。女巨人将乌雷尔带到一个山洞，把他往地上一放，说：“我已经把你带到安全的地方了，在我家里你不会有事的。现在先付我一部分报酬，吻我吧。”

乌雷尔觉得这女巨人也太难看了，自己简直下不了口。但不吻她，她肯定不会给自己疗伤。想到这里，他就闭上眼，吻了她一下。

女冬神斯卡蒂

男冬神乌雷尔

斯卡蒂后来成为男冬神乌雷尔的妻子，共同的生活习惯让他们琴瑟和谐。两位冬神一起生活在北方的丛林之中，感情极为融洽。

女巨人给乌雷尔拿来食物和水，让他恢复体力。天黑了，女巨人铺好了草床，问乌雷尔："想不想过来跟我一起睡？"

乌雷尔推脱道："两个人睡会挤痛我的伤口，我还是睡地上好了。"

"好吧，我也不必费事给你疗伤了。看来你也给不了多少报酬。"女巨人冷哼了一声。

乌雷尔无可奈何，只好答应了女巨人的要求。

这女巨人也爽快，看冬神答应了她的要求，就马上替他擦洗伤口并包扎妥当。虽然她的手指那么粗糙丑陋，但抚过伤口时，乌雷尔觉得无比舒适，疼痛也消失了。

第二天早上，乌雷尔醒来后感觉全身充满活力。转头一看那个为自己疗伤的女人，发觉她居然变成了自己朝思暮想、苦苦寻觅的斯卡蒂。乌雷尔忍不住在斯卡蒂唇上吻了一下，但吻完后她并没有像睡美人一样苏醒过来。乌雷尔用手指轻轻在她身上挠了几下，她没反应，又捏住她的鼻子，她还是没有睁开眼睛。乌雷尔吓了一跳，一下站了起来，突然发现床边有一堆蛇蜕一样的东西。他拎起来一看，正是昨天他看到的斯卡蒂丑陋的外壳。他厌恶地将这蜕下来的皮投入篝火中，又跑到外面雪地抓了一把雪，像在蛋糕上撒白糖一样撒在斯卡蒂脸上。斯卡蒂立刻睁开了眼睛。爱人失而复得让乌雷尔激动万分，一下紧紧抱住了自己的女人。斯卡蒂也像藤蔓缠大树一样紧搂住乌雷尔，在他耳边说："我就知道你会给我爱情，驱除魔咒，让我化茧为蝶的。我们再也不分开了！"

这一年的冬天格外柔和，如羽绒一样的瑞雪给了北国一个丰收的兆头。人们都说这是两位冬神柔情蜜意的体现。

第八章

光明之神博德与黑暗之神霍都

光明之神博德和黑暗之神霍都是奥丁与芙丽嘉所生的一对孪生兄弟。这对双生子在形体相貌、言行举止上的差别就像光与暗一样截然不同。霍都一生下来就双目失明，自闭、冷漠、抑郁，整天独自一人躲在黑暗的角落里。他是一个有社交恐惧症和失语症的神，就像在潜伏期内的病毒一样，众神平时很难看到他的身影。而他的兄弟光明之神博德则是众神之中最具亲和力、最宽厚仁慈、最帅气善良的神。在人、神、魔三界中没有谁不崇敬他，没有谁对他有一丝敌意。他浑身散发着至柔至圣的光芒，他用博爱润泽世间万物，他爱人人，而人人亦爱他。

俊美的博德总是无忧无虑，随时都面带温和纯真的微笑。但不知从什么时候起，他变得闷闷不乐起来，神采奕奕的眼睛变得黯淡无光，脸色也无比憔悴，原本轻快的步伐也变得滞重起来。乐天派的他的反常举动让众神开始不安和担心起来。

奥丁和芙丽嘉看到爱子形神憔悴，就亲切地询问他为何忧郁沮丧。博德为了不让父母被不安困扰，就将实情相告："过去每天晚上我都睡得很踏实。但近来我入睡后老是连续不断地做噩梦。虽然醒来后记不清噩梦的细节，但平时心中总充斥着从噩梦中延续而来的恐怖感。这种感觉我无法用言语形容，它让我魂不守舍，焦躁不安，精神萎靡。虽然我如此爱世间万物，但我总觉得会被什么东西伤害。”

奥丁和芙丽嘉听了爱子无奈痛苦的诉说，顿时也不安起来，但还是宽慰博德道：“你是世界万物之至喜至爱，怎么可能会有什么东西伤害你啊？有我们保护你，你就不要再担心了。”

奥丁夫妇听了博德所说，认为博德的生命正受到威胁，于是决定尽早采取预防措施，防患于未然。芙丽嘉派她所有的侍女奔赴寰宇之四面八方，从接近宇宙空间的大气层边沿到深不可测的海底，她们要所有生物立下誓言绝不伤害博德。由于世间万物都敬爱博德，在侍女们要它们立誓时，它们都照做了。只有瓦哈拉神殿外一棵橡树上的寄生植物槲寄生是个例外，因为侍女们觉得如此柔弱稚嫩的植物不可能伤害体格强健的博德，所以就没让它立誓。而芙丽嘉在侍女汇报工作后，也觉得很放心，不再担心爱子会遭受伤害。

虽然万物都宣誓不伤害博德，但光明之神每晚依然遭受着噩梦的折磨。奥丁觉得事情绝没这么简单，便决定去冥界请教一位已死的女预言家。他骑上八足神骏斯普莱尼尔，来到了死亡女神海拉的地盘，准备找长眠于此的女预言家瓦拉询问儿子的命运。

奥丁经过冥王海拉宫殿前时，这里正在大摆宴席。宴席的规格和排场是超豪华的，桌椅上铺着绒绣，饰着金环，金樽玉盏，水陆杂陈，果蔬齐备，似乎在等待某位贵客。奥丁看在眼里，但没有为此停留，连跟海拉都未碰面就直奔瓦拉的墓地。瓦拉已经在此长眠多年，从来没有人敢来打扰她。奥丁念起了鲁纳文的咒语，瓦拉从棺材中缓缓坐起来，惊问道：“是谁惊扰了我的漫漫长梦？”

奥丁隐瞒自己的身份答道：“我叫维克坦，是一个粗通鲁纳文的凡夫。请问死亡女神海拉在此大摆盛宴是要款待谁啊？”

瓦拉毫不犹豫地答：“海拉要款待的这个贵宾就是光明之神博德！他命中注定要被自己的孪生兄弟——那盲目的霍都杀死！可惜啊！无奈啊！”虽然瓦拉的回答证实了奥丁所担心的事，但奥丁还是如被雷劈了一样震惊。他压住自己强烈的情绪问道：“那谁会为博德报仇啊？”

瓦拉答道：“严冰大地之女神琳达将和奥丁生下一个复仇之子瓦利。他出世后就不洗脸，不洗澡，不梳头，直到身怀利刃在神殿中报了博德之仇。”奥丁认为霍都双目失明，没有能力弑兄，背后必有人指使。他很想问谁是幕后主谋，但他怕这样问后

光明之神博德

光明之神博德是奥丁与芙丽嘉之子。他是众神之中最有亲和力、最宽厚仁慈、最帅气善良的神。他用博爱润泽世间万物，他爱人人，而人人亦爱他。

自己的身份会被识破，就旁敲侧击道：“那谁将不愿为博德之死哭泣啊？”

但瓦拉还是对这个自称维克坦的人产生了怀疑，她仔细推算，知道了来人就是众神之王奥丁。于是瓦拉猛然睁开眼睛，念出一段长长的预言诗。她在诗中讲述了奥丁出世前世界的格局，还讲述了世界的发展走向，并预言了这个世界的毁灭和重生，说世界的毁灭是因为洛基带领他的三个异形子女和霜巨人向众神开战。她没有说谁是杀死博德的幕后真凶，但却预言了博德会随着新世界而重生。

瓦拉吟唱完后道：“今后再也没有人能让我复活了，我要在这里躺着等待世界末日的到来。”说完就不发一言地躺回了棺材里。

奥丁听罢预言，知道一切都是命中注定之事，不可违抗，只好回到了阿斯加德。虽然他知道爱子不久将从他眼前逝去，此生无缘再见，但想到博德会在未来获得重生，心里又稍微好受了一点。奥丁一踏入阿斯加德的大门，芙丽嘉就兴冲冲地告诉他：“世间万物已经发誓不伤害博德了！”

阿斯加德的诸神有一度也失去了玩游戏的闲心。芙丽嘉的预防计划成功实施后，欣喜万分的众神们又开始奔赴游乐场玩起掷金饼来。

于是有人提议，既然博德不会被任何东西伤害，何不拿他当靶子试试。博德也觉得这个新玩法很刺激，便欣然同意了。他独自一人站在游乐场中间，众神用各种武器和物体向他投掷，但无论他们瞄得多么准，投得多么有力，这些武器和物体都无法击中博德。众神发现这比掷金饼好玩多了，就乐此不疲地找来各种物体向博德投去。

芙丽嘉坐在自己宫中听到外面一浪又一浪的笑声，觉得非常奇怪。这时，她看到窗前有个侍女经过，就叫住她问道：“众神为何而笑啊？”这位侍女正是洛基的化身。洛基很反常地没有在游乐场和博德玩耍，因为他十分嫉妒受众神欢迎的博德。洛基见芙丽嘉问及此事，便答：“众神在向博德投掷刀、枪、剑、矛，但博德微笑着站在那里任凭他们瞄准发射。任何武器都无法碰到他，所以众神大笑不已。”

芙丽嘉听了很满意，一边编织云彩一边笑道：“那当然了，万物都需要光明，而博德是光明之神，他是这世间不可或缺的神。世上的一切都已发誓不伤害他，投他不中是很自然的事。”

洛基假装关心地问道：“博德的性命关系到世间万物能否被光明泽被，如有闪失可不是儿戏啊！你真的确定万物都立誓不伤害他？”

洛基唆使霍都杀死博德

洛基把槲寄生变成杀死博德的利器

芙丽嘉要求世间万物都发誓不会伤害博德，众神便以此为游戏，找来各种物体向博德投去。洛基嫉妒博德，探知只有槲寄生没有发誓不伤害博德，便用魔法改变了槲寄生，将它交给博德的孪生弟弟——黑暗之神霍都。不知情的霍都用槲寄生向博德投去，当场杀死了博德。

芙丽嘉答道："那是当然，我已得到万物的庄严宣誓。唯一没有立誓的是瓦哈拉神殿前那棵大橡树上的槲寄生。它太过柔嫩纤小，根本不可能伤着博德，倒也不必在意它。"

洛基探到了他要的秘密，不由得心花怒放。一离开芙丽嘉的视野，他马上恢复原形，跑到瓦哈拉神殿外面，找到那棵橡树上的槲寄生，把它摘了下来，用魔法将其变得坚硬粗壮，洛基把它削成了一支投枪，拿着它走入了游乐场。众神还在那里向博德投掷武器，只有失明的黑暗之神霍都独自靠在角落的树上闷闷不乐。洛基走过去故作关心地问："干吗不拿武器往你兄弟身上扔啊？"霍都没好气地说："你不知道我是瞎子吗？我连他的方位都看不到，怎么去瞄准，怎么去投啊？而且我用什么武器投啊？"

洛基说："你也应该像其他神一样以投掷武器来向你兄弟博德致意啊！来，拿着这支小投枪，我给你指定方位，帮你瞄准。"说着就把槲寄生交到霍都手中，把他带到了游乐场。洛基推着霍都的肩膀，让他面对博德，然后对他说："用尽你生平所有的力气，使劲把手中的投枪向前丢过去吧！"霍都按照洛基指给他的方向，将洛基递给他的投枪投向了博德。他满心期待听到周围一阵哄笑，但却出乎意料地听到一声惨叫。槲寄生飞向博德后，刺穿了他的心脏，博德晃了两下就倒地身亡。在场众神无不呆若木鸡，片刻后他们都抚尸痛哭起来。若非阿斯加德圣地不能流血的神誓，众神就会把霍都和洛基剁为肉泥。

众神的号哭声惊动了芙丽嘉，她来到现场，抚尸痛哭好一阵后，当众宣称："你们之中谁愿意得到我更多的疼爱？如果有人愿挺身而出，奔赴死域将赎金献给海拉，求她把博德放回阿斯加德，我以后会格外疼爱他！"

奥丁的侍从哈默德站出来说愿意担此重任。芙丽嘉大为赞许，叫人牵来了奥丁的八足神骏斯普莱尼尔给哈默德做坐骑。哈默德飞身上马，策马狂奔，绝尘而去。

奥丁随后命众神到森林中伐木，准备为博德在海边举行庄严的火葬。众神砍倒了很多参天大树，放在博德战船的甲板上，博德的遗体就被安放在堆满柴薪的船上。众神为了表示对博德的爱，把各式各样的武器、珍宝、饰品都搁在博德遗体旁。奥丁则把他魔法戒指克隆出来的指环放在了博德胸前。众神逐一上船向博德遗体告别。博德的妻子南娜伏在丈夫遗体上哭得心碎而亡。众神将南娜安放在丈夫身边，让他们在冥界也能相依相偎，又将博德的坐骑和猎犬及生平所使用过的所有器物，比如剑矛甲胄等都围绕在博德夫妇身边。最后又用荆棘枝[1]围住了柴堆。

一切都准备妥当后，这艘用于火葬的战船就要下水了。这时，普天下的神、人、精灵、侏儒甚至巨人都来到这个海滩，参加这场天地间最壮美凄凉的火葬仪式，博德的战船本来就是众神的船中最大的一只，现在由于堆满了殉葬品，重得要现场所有人合力才能将其推下水。

雷神索尔站在海岸边，高举着他的战锤不停挥舞，为兄弟举行最后的祭礼。这时一个名叫利特尔的黑侏儒从地下钻出来，而且正好冒头在索尔双腿之间。索尔一下火冒三丈，叫道："你在这种重要严肃的场合迟到都已经不对了，现在还从我胯下冒出来干扰我做法事！？"悲怒至极的索尔像个守门员一样一脚将利特尔踢到船上的积薪上，又从雷神之锤上将一个炸雷甩到火葬船上，让利特尔当了祭品来殉葬。刹那间，船上积薪俱焚，火光将天空和海面映成血红色。慢慢地这船漂流渐远，变成了一个亮点消失在了海平面。

失去了光明之神的阿斯加德处处是凄凉的景象，犹如诸神的黄昏已经提前到来。只有芙丽嘉还满怀希望，她认为哈默德会不辱使命，尽快返回。此时哈默德正马不停蹄地在死域的幽冥之路上日夜兼程。他所过之处黑暗一片，什么都看不见。到了第十天，他终于来到了海拉的城堡。他翻身下马来到海拉的大厅中，看到博德神色如常地高踞在主座上，他的妻子南娜依偎在他身旁。哈默德拜见了死亡女神海拉，恳求她将博德放回神界，并告诉她："众神和世间万物在博德死后都哭得很伤心，无心日常事务。连丰饶之神弗雷尔都不事农垦，这样人间会饿死更多的人。到时候你这里会魂满为患，挤得你连开晚宴的场地都没有。"海拉喜欢死人，而且越多越好，但毕竟冥界的面积有限，涌入太多的亡灵必然会缩减人均居住面积，长此以往会给她的管理带来很多问题。于是海拉说道："好吧，你可以回去进行调查，如果世间万物皆如你所说这样爱戴和哀悼博德，我就可以放他回去。但如果有一人一物说他不好或不为他哭泣，他就只能永远待在我这儿了。"

哈默德得到这个答复非常高兴，马上向海拉辞行，并把这些话向博德转告。谁知博德却不愿离开冥界，他要顺应命运的安排一直住在冥界，直到诸神的黄昏来临。尽

---

①荆棘枝是睡眠的象征，众神希望博德能安息长眠。

管博德的态度消极悲观，但哈默德还是开足马力，风驰电掣地赶回阿斯加德，将海拉的答复带给了奥丁夫妇。众神立即派遣了众多使者前往世界各地，向万物说明海拉的条件。

使者们走遍了东西南北中，所到之处，花草树木无不为博德落泪，土地也渗出水珠。人人都用铁石心肠来形容冷酷无情，但即使是石头和金属都为博德潮湿。使者们得到了世间万物的眼泪后，在返回阿斯加德途中，看到一个女巨人正走出一个深不可测的洞穴。当使者们向她要一点眼泪时，这个女巨人讥笑着走进了山洞："我不会落泪，海拉不妨把博德留在她那里永远做客，我没一点意见。"瓦拉的预言得到了应验，博德从此只能待在冥界。后来奥丁历经挫折，与罗斯国的琳达公主结婚（内容见本书第二章），这位严冰女神生下了命中注定要为博德报仇的瓦利。瓦利后来用他的弓箭射杀了霍都。霍都受洛基唆使杀死了自己的兄弟，也用自己的血偿还了这桩血债。

第九章
丰饶之神费雷尔

弗雷尔是瓦纳神族首领尼尔德的儿子，他和父亲以及妹妹加盟到阿斯加德，受到阿瑟众神的欢迎，被封为丰饶之神。弗雷尔执掌和役使阳光、雨水，让人间的农作物得以生长，让牲畜得以繁殖。他泽被苍生，是直接施予人类最多恩惠的神。他同时也是白侏儒的主管。这些白侏儒被弗雷尔调教为对人类有益的小精灵，他们会指导蜜蜂传花授粉，让谷物果树开花结果。尽管弗雷尔主司播种、收获、牧养和繁殖等和平事务，但这种和平是要靠武力来维护的。他对人类的关爱是建立在他勇敢的战士品德上的。为了不让野蛮的霜巨人破坏和平与他的事业，他经常跟霜巨人作战。弗雷尔对霜巨人的刻骨仇恨不亚于雷神，阿斯加德的众神因此送给他一把无敌如意金刀。

心灵手巧的黑侏儒还送给弗雷尔两件宝贝：一只浑身金色鬃毛的阉野公猪，它的嘴可以快速垦荒，它的金毛放射出来的光芒能让人间五谷丰登；另外一个宝物就是，可以在水上和空中航行的如意神船。这船可大可小，大时可装下全副武装的阿瑟众神，小时可以折叠后放入衣袋中。弗雷尔的野猪的金毛，一方面象征金色的阳光，另一方面则象征着地面成熟的五谷，弗雷尔的战车便由这野猪提供动力。当这战车在清晨的天空奔驰时，野猪的黄金鬃毛便成为耀眼的曙光。因为弗雷尔是保佑五谷生长成熟的神，野猪通过嘴拱地教人类耕耘，弗雷尔夫妇也被视为肥料之神。弗雷尔的妻子是霜巨人吉米尔的女儿婕尔黛，绚丽迷人的北极光就是婕尔黛所焕发出的青春荣光。

奥丁的宝座只有他自己和妻子芙丽嘉才有资格入座，但不仅人有好奇心和逆反心，神亦如此，对没有权力和机会坐上宝座的神来说，奥丁的宝座充满了致命的诱惑力。有一天，奥丁离开了阿斯加德。弗雷尔就抱着为什么只能他们两口子坐，而我们不能坐，我倒偏要坐坐看的心理，斗胆爬上了这个宝座。坐在这个宝座上极目远眺，可以像气象卫星一样看到人、神、魔三界的一切事物。起初弗雷尔浏览九天十地，觉得除了眼界特别开阔外没有什么稀奇好玩的景观。他正纳闷为什么奥丁经常一坐上宝座就痴痴地到处看，这时他的目光转向了极北的霜巨人之国。谁知这一看，弗雷尔竟在巨人吉米尔的庄园内看到了一位曼妙的女巨人在散步。美丽的她不知正在对谁微笑着，她的微笑就像春天的阳光一样让弗雷尔感觉无比温暖、舒畅。

弗雷尔对她一见钟情，爱上了这个娇艳的丽人。可当他打听到这个美女是霜巨人吉米尔的女儿婕尔黛，而且还是被众神架火烧死的瑟亚西的亲戚时，弗雷尔知道自己的这段感情可能是有缘无分的了。本来他还想请与婕尔黛同辈的继母斯卡蒂牵线搭桥，但那时候斯卡蒂又与父亲尼尔德离婚了。

弗雷尔明知感情无望，但却无法逐去心中婕尔黛的丽影，相思之苦让他患上了严重的失眠症和厌食症，他无精打采，形神憔悴。于是五谷歉收，牲畜不繁殖，人间顿时陷入了粮食减产的灾荒。

尼尔德为爱子的郁郁寡欢担忧不已，他追问了多次，但儿子什么都不肯讲。尼尔德不忍心看到儿子这样闷闷不乐，就叫来弗雷尔的随从斯基尼尔，要他日夜跟随弗雷尔以弄清他魂不守舍，甚至不愿跟父亲明言的原因。

弗雷尔叹道："唉！不是我不给你们吐露自己的心事，而是说出来也无济于事啊！"斯基尼尔真诚地对主人说："我们是一起长大的，从小到大彼此间没有不能说的秘密。到底是什么事情，让你对我这样情同手足的人都不相信呢？有难事就说出来吧，我能帮你分担的。"在斯基尼尔再三的追问下，弗雷尔终于对侍从显露出了平常不可见的脆弱一面。"我看见巨人吉米尔的庄园中有位漂亮姑娘，她的笑容能照亮天空、大地和海洋。她带走了我所有的热情和活力！她的绝世面容和万种风情充斥在我脑海中！我对她的爱胜过一切，没有她，我完全感觉不到一丝生活的乐趣，做什么事都没有动

手持金刀的弗雷尔

弗雷尔是瓦纳神族首领尼尔德的儿子。他是丰饶之神，支配阳光和雨水，让人间的农作物得以生长、让牲畜得以繁殖。弗雷尔是直接施予人类最多恩惠的神。

力。不能跟她在一起，我生而无味。”

斯基尼尔终于明白了主人的真实想法，他鼓励道：“你可以向她提亲，把她娶过来啊。”弗雷尔痛苦地揪着自己的头发说：“我们放火烧死了她的舅舅瑟亚西，他父亲一定不会答应她嫁给我的。而且众神也会反对这门亲事。再说我怎能冒昧前往向她表白呢？”斯基尼尔见主人这样痛苦，慨然道：“主人，我很愿意为你效劳，前往求婚。但我要一匹能飞越巨人庄园魔法围墙的宝马，以及你那把出手后就能自动攻击巨人的宝刀。”

弗雷尔见斯基尼尔如此忠勇，便毫不犹豫地给了他一匹宝马，并把黑侏儒送给他的如意无敌金刀也交给了他，还交给斯基尼尔十二枚金苹果和可自我克隆的魔法戒指作为聘礼和定情之物，并将自己在泉水中深情的面影映在了一块水晶中，让斯基尼尔带给心上人。斯基尼尔马上就策马起程前往吉米尔的庄园。

斯基尼尔日夜兼程，来到了吉米尔的庄园。在庄园的鹿角围栏边，有一只用铁链锁住的老狼对着他狂吠。斯基尼尔勒住马对围栏内冰塔上的守卫道：“怎样才能越过这条凶恶的狗找到里面的姑娘说话？”

守卫见来客口气不小，便毫不客气地骂道：“哪里来的泼皮跑到这儿撒野？想跟我们主人的女儿搭话，绝无可能！”

斯基尼尔哈哈一笑道：“好奴才，你我均有主人使命在身，各不相让，看来只有拼死一搏了！你要知道我身怀使命，为了完成任务是不惜任何代价的。”

婕尔黛听到了外面的叫骂声，出来对守卫说：“此人既然有使命在身，请他进来也无妨。”

片刻后，斯基尼尔被迎进了吉米尔的客厅。婕尔黛问道：“壮士尊姓大名？怎么跨越种族隔阂，越过乔森海姆的魔法围墙，单枪匹马到了我们庄园啊？”

斯基尼尔答道：“我是丰饶之神弗雷尔的使者斯基尼尔，不远万里前来向美丽的姑娘奉献我主人的一腔爱慕之情和他略表寸心的礼物。”说完便将十二枚金苹果奉给婕尔黛。

谁知婕尔黛笑着婉拒了金苹果：“我不会为了金苹果而交出爱情的！”斯基尼尔又取出那枚魔法戒指递给婕尔黛道：“这是我主人送给你的定情之物，它跟奥丁在博德火葬时献祭的戒指一样，每过九昼夜就会克隆出八个同等重量的戒指。”

弗雷尔在奥丁王座上看到婕尔黛

弗雷尔单相思婕尔黛

弗雷尔趁奥丁不在，坐上了奥丁的王座，极目远眺，看到了极北之地的霜巨人之国。在巨人吉米尔的庄园里，他看到正在散步的婕尔黛，从此患上了单相思。

婕尔黛不为一般女性都会为之兴奋不已的珠宝所动："尽管这戒指是无价之宝，但我们家也不缺这点黄金！"

斯基尼尔见婕尔黛如此决绝，便失去了耐心。他一把抽出弗雷尔给的无敌金刀，在手里晃来晃去道："我手中这把刀可是削铁如泥啊！"

婕尔黛冷笑一声："我对任何形式的武力威胁都是免疫的。如果我父亲看你这样无礼，一定会收缴并把你关押起来的！"

斯基尼尔怒道："那我会为了完成使命跟他决斗，让他伏尸刀下，做个无头巨人鬼。"

婕尔黛哼了一声，转过头去，不理不睬。

斯基尼尔见婕尔黛有如此高贵的气节与胆识，不由得暗中佩服主人的眼力和品位。这更坚定了他誓死也要为主人把这个美女娶回家的决心。于是他高声说道："如果我的主人不能赢得你的爱情，我也不会让其他人得到你的爱情！我要用鲁纳符文封住你的情感和正常生活！"

于是斯基尼尔高声叫道："我要让这位姑娘永远得不到爱情的滋润！我要让男性对她望而却步！我要让她一直与痛苦悲伤的泪水为伍！我要让她遭受命运的折磨每天被邪恶和不幸困扰！我要让她遭受欲求不满的困扰！让丑陋和衰老永远伴随她！让疾病折磨她！让人们都躲着她！"然后他说："婕尔黛，我的鲁纳符文的诅咒马上就会生效。"看到婕尔黛被自己装模作样念出的鲁纳符文吓得目瞪口呆后，他知道对方已经在魔法的恐吓下动摇了。

于是斯基尼尔马上掏出映有弗雷尔面容的水晶给婕尔黛看，并说："你看，这是俊逸帅气的弗雷尔，他冷俊中暗含感性，落寞中夹杂忧伤，是我们神界公认的最酷的型男。他时常面对你所在的北方，仰望天空以寄托对你的思念。你看这水晶上他眼中的倾慕，你看他脸上的深情！如果你能给我主人一个肯定的答复，我马上就驱除施在你身上的符咒。"斯基尼尔攻心为上，使用了胡萝卜加大棒的利诱威慑战术。婕尔黛非常害怕衰老，更害怕不能享受爱情的甜蜜，再加上她看到弗雷尔强健俊美的容貌，不由得有点心动脸红。她拿来一个酒角，盛满蜜醪，请斯基尼尔品尝，并收下了弗雷尔的定情信物——无敌金刀，表示可以跟弗雷尔见面看看是否可以进一步交往。

斯基尼尔心满意足地喝了一口蜜醪后，马上就逼问道："那你现在必须答复我，什么时候跟我的主人会面。"

婕尔黛羞红了脸道：“有一片名叫普利的密林，那里恬美幽静。再过九个夜晚，我们可以在那相会。”

斯基尼尔闻言一口饮尽酒角中的蜜醪，辞别了婕尔黛，马上策马回赶，给主人带去好消息。

斯基尼尔返回时，弗雷尔正在院子里六神无主地踱来踱去，一看到仆人回来，还没等斯基尼尔下马，远远地就高声问道：“先别忙下马洗澡换衣服，快点告诉我，提亲的事成了没有？”

斯基尼尔哈哈一笑，翻身下马道：“侥幸不辱使命。她答应九天之后在普利的密林中跟你见面。这几天你还是好好准备一下吧。”

弗雷尔叫道：“一夜已经无边，两夜更是漫漫！我怎么能熬得过九宿？现在我觉得要度过半个夜晚也比往常的一月要难！”

九天之后，弗雷尔终于见到了他朝思暮想的婕尔黛。而对方看到他也觉得本人比照片上更帅。二人就这样喜结良缘，但弗雷尔付出的代价就是自己趁手的武器。弗雷尔这把作为定情信物的神刀，被留在了极北的巨人国，这也让众神在诸神的黄昏跟巨人交战时，少了一件极具威力的武器，少了一分胜算。

弗雷尔是仁慈博爱的神，他对崇拜他的世人普降恩泽，把丰饶、食物、和平和财富赐给人类。他有一具黑侏儒献上的魔法磨子，只要在推磨的同时唱歌，你唱什么，就会磨出什么东西。你不停地唱，不停地磨，就会一直源源不断地出现你唱的东西。但是如同很多黑侏儒奉上的附有诅咒的宝物一样，这个磨子也有个很显著的缺点，就是非常沉重，即使是力大无比的霜巨人也只能推几圈而已。

如果弗雷尔对人类是仁慈博爱的话，那他对霜巨人则是严厉冷酷的。因为他认为人们的生活太艰难困苦，离他为人类勾画的蓝图差太远了。所以为了让人类早日迈入丰衣足食的小康社会，他经常将战争中俘虏的霜巨人拉来推磨。弗雷尔总是希望能给人类更多的恩惠，这迫切的心愿已接近了贪婪，他强硬的行为可谓残酷。很多巨人都因为弗雷尔责令他们不停推磨而活活累死。即便这样弗雷尔还为磨子经常停转而苦恼，他想要不眠不休不请假的巨人来为他推磨。一次，他从祈求他福佑的商船上得到了两个力大无穷的女妖。这两个体型巨大的女妖其实是比霜巨人族还强大还历史悠久的古老魔族的后裔，但包括众神都不知道她们的出身来历。弗雷尔把她们绑在魔法磨上，命令她们要像永动机一样不停运转。为了不让她们有些许停歇，他让斯基尼尔在一旁当监工。他对斯基尼尔说：“如果她们不边磨边按要求唱歌，就用鞭子狠狠抽打这些懒骨头！”

刚开始时，弗雷尔要为世人磨出丰衣足食的幸福日子。两个巨型女妖就边推磨边唱道：“磨呀磨，我们为世人磨出幸福生活，让他们天天如庆典，蜜酒成坛，美味成桌。”

然后她们就停下来道：“弗雷尔，我们已经按你的要求推过磨了。这磨子这么重，我们也磨了这么久，让我们歇息一下吧？”弗雷尔认为还远远不够，于是继续催促她们：“磨得还不够，你们还要为世人磨出丰收，让他们从温饱迈入小康。”

两个女妖只好继续推动石磨，边转边唱：“磨呀磨，磨出五谷丰登，蔬菜茁壮，果树成林，牛羊成群，鱼虾满舱，儿女成行。”就这样艰难地边磨边唱了很久后，两个女妖累得受不了，停了下来，弗雷尔马上命斯基尼尔用蘸了冷水和盐粒的皮鞭抽打女妖的背，让她们接着为世人磨出和平来。

于是两个女妖只得又推起磨来，唱道：“磨啊，磨啊，我们为弗雷尔和世人磨出和平。磨得人世间没有仇恨，没有敌人，没有战争。让大家都安居乐业，无人会因为争端而仇杀报复。”她们停了下来说：“弗雷尔，我们把人类能享到的福和他们所有想要的东西都磨出来了，我们也该退休了吧？”

但不管她们磨了多长时间，弗雷尔都不觉得她们磨够了，还是以同一动机下的不同目的让两个女妖不停地推磨。直磨得两个女妖腰酸背痛，手脚酥麻，嗓子嘶哑。到最后女妖实在没力气了，就背靠石磨瘫坐在地上，任凭斯基尼尔怎样用皮鞭抽打都不起来了。其中一个有气无力地说：“弗雷尔，我们已经磨得够多了。能有我们这样力大无穷的人给你推磨实在是你的幸运，世人也因此而更幸运。你不要以为能一直奴役我们来推磨，既然我们能将如此沉重的石磨推动这么多圈，你就应该知道我们比你们神族强壮得多。”

另外一个接着说：“我们是比你们阿瑟神族和瓦纳神族甚至比霜巨人都还早的魔族后裔，比你们神族更早来到这个世界的霜巨人和火巨人原本都只是我们族人的仆役。我们的凶悍和强大是你们这三个种族联合起来都无可匹敌的，只是当年我族违反了自己的誓言，用石磨制造了非本族生物，也就是从冰盐中舔出了奥丁父亲布里的巨型母

弗雷尔强迫两个女妖推磨

黑侏儒献给弗雷尔一具魔法磨，能够源源不断地磨出丰饶、食物、和平和财富。弗雷尔强迫两个力大无穷的女妖推磨，以便让人类过上丰衣足食的日子。

牛奥德姆布拉，才遭了天谴，使我们现在被你们这些弱小得多的种族奴役。

“弗雷尔你知道这个磨子是从哪儿来的吗？我们也不知道，但我们比你们更早使用它达数万年之久。创世之初的‘雾国’尼夫尔海姆、‘烈焰之国’穆斯贝尔海姆以及相关的一切，都是我们用它磨出来的。后来我们遭天谴，随石磨一起陷入了地下，黑侏儒又把这石磨发掘了出来。但他们不知道怎么使用，在我们的提醒下他们才知道使用方法。但地下城的空间有限，黑侏儒不能放置太多石磨磨出来的东西，就把它献给了你。弗雷尔，你不要吃惊，黑侏儒没给你们说的事情还有很多。后来我们在黑侏儒的帮助下回到了地面，人类的战争让我们手痒。凭着自己的天生神力，我们身着戎装，成了雇佣兵，只不过后来我军战败后我们成了俘虏，被商船船长像送礼一样送给了你，结果我们一来就看到了这磨子，而且你还强迫我们推这破玩意儿。现在我们的手磨破了，脚长茧了，该让我们歇息了。”

但弗雷尔不为所动他依然要女妖继续推磨。他说在世人没有进入按需分配的顶级社会模式前，一定不能停止推磨。于是两个女妖愤愤然地抓起磨杆，咬着牙唱道：“磨呀磨，弗雷尔让我们磨出了人类所有该有的东西。现在所有的好东西都让我们磨完了，他还要让我们磨，我们就磨出人类不该有的东西。我们就磨出所有的坏东西。我们要磨出推倒弗雷尔神像的人来！我们要磨出血流成河的战争来！我们要磨出穷奢极欲来！我们要磨出手足相残来！我们要磨出饥荒来！……”

弗雷尔大怒，正要抽出腰间的金刀劈向女妖，却发现宝刀作为定情信物被留在巨人国了。于是他举拳砸向女妖。但两个女妖一闪，弗雷尔的拳头击中了石磨。石磨滚进了大海，两个女妖狂笑着飞逝，她们的话也顺风传来：“这下解脱了。刚才的言语刺激终于让你出招了。我们虽然力大无穷，但由于宿命的原因，只能推磨但无法让石磨移位。现在你将石磨打入大海，我们也就解放了，能在大海中到处漂流了。因为我们命中注定是要跟随在石磨周围的。弗雷尔，你知足了吧，我们已经为你磨出太多好东西了。”

后来，石磨和这两个女妖落入了一群强大的海盗手中。海盗们当然也听过石磨的传说，他们要两个女妖推磨磨出当时市场上最昂贵最畅销的东西，那就是盐。海盗们的贪婪和严厉更甚于弗雷尔。弗雷尔只是把两个女妖当健壮的男人一样驱使，但海盗们是把她们当牲口一样驱使。她们在海盗船上磨出了太多的盐，以至于船不堪负重沉入了海底。所以自那以后，海水也变咸了。

第十章
森林之神威达尔

威达尔是奥丁与女巨人格瑞德之子。他高大壮硕，披甲戴胄，佩一把阔背大刀，戴一双铁手套，穿碎革拼成的皮靴。正因如此，北欧的皮匠在下料时，都会舍弃边角皮革奉献给威达尔做靴子。

威达尔的母亲格瑞德独自居住在北方旷野的山洞中，无人知道她为什么住在山洞中，更无人知道她的族谱先祖。一次奥丁追逐猎物闯入了格瑞德栖身的山洞，他没有为猎物逃逸无踪而懊恼，因为他为洞中裸睡的美人所倾倒。格瑞德被奥丁的脚步声惊醒，在这个时刻，这位绿野仙子被奥丁狂放不羁的热情目光和粗犷悍猛的男子气概点燃了心中的火。二人相爱的结晶就是威达尔。威达尔长大成人后就全盘接管了母亲的森林看护工作，成为森林之神。

威达尔初到阿斯加德时，众神都很欢迎他。大家都觉得有了这样一个孔武有力的神加盟，神界实力提升了不少。奥丁也对这个儿子分外恩宠，特地带他到沃达尔圣泉旁，请命运三女神为他预测命运。

沃德说："威达尔无视自己成为英雄的副产品——寂寞和孤独，他是孤胆英雄。他一生命犯孤星，独寂与沉默是他的妻儿！"

维尔丹尼："不鸣则已，一鸣惊人；不飞则已，一飞冲天！他会击败连你奥丁都无法对付的敌人！"

斯科德："威达尔将在诸神的黄昏中浴火重生，点燃新世界的生命之光，成为新世界的主宰！"

奥丁听后非常高兴，但一旁的威达尔却面无表情，一言不发。后来众神在阿斯加德就再也没有见过他开口说话。因此威达尔被众神称为"沉默之神"，成了守口如瓶的代名词。以至于像铁尔这样沉默寡言的神，都被称为"沉默的威达尔"。

威达尔平时不喜欢居住在阿斯加德，整日宴饮嬉戏的奢华生活让他无法适应。相比森林的幽静，神界过于喧嚣。众神穷奢极欲的生活方式让他极度厌倦，后来威达尔就隐居在广袤无垠的原始森林中。相比其他神们以金银珠宝等高档建材搭建的宫殿，他的兰德维迪宫则洗尽铅华，返璞归真，是崇尚自然的全木结构，于无声之中透出生命的真谛。威达尔是个追求生活质量但不喜浮奢的神，他喜欢跟大自然进行沟通和交流，在老树吐芽、风吹叶瑟的环境中倾听森林的心跳。他与芳树为邻，吞吐清芬绿意。他时常坐在原木宝座上一声不吭地冥想，就像一尊沉默的雕像。他是在做命运的沉思，也在独享幽静的乐趣。

后来在诸神的黄昏到来时，焚尼尔这头恶狼已经长得硕大无朋，它一口就吞下了奥丁。威达尔见状马上丢下自己面对的霜巨人，转而扑向焚尼尔。他一脚踩住焚尼尔的下颌，双手抓住焚尼尔的上颌，集聚一生之力，身形如同弹簧一样暴长，将焚尼尔撕成了两半。在末日之战结束后，威达尔在充斥世界的地狱魔水中淬炼重生，与博德等重生的神成为新世界的主宰。[①]

---

①跟其他神话体系迥异，北欧神话传达了极强的关于灭亡与重生的观点。北欧神话中的神是不完美的，其本身也要面临毁灭的命运。但另一方面，北欧神话相信当万物消亡后，新的生命将再次形成，世界上的一切都是可循环再生的，而威达尔则被视为不灭的自然力的拟人化存在。

第十一章
爱与美之神芙丽雅

芙丽雅是爱与美之神，是海神与夏神尼尔德的女儿。当她和父兄一起加盟到阿斯加德时，众神对她的美貌、性感和热情极为赞赏，把超豪华宫殿斯灵尼尔分给她做寝宫。虽然芙丽雅是美色与恋爱之神，但她不只播爱种情，还是一位出色的女战士，经常和奥丁手下的美少女战士瓦尔基丽雅们驰骋疆场，在那里挑选英灵。其中一些英灵会被美少女战士们带往瓦哈拉神殿，而另一些年轻并未恋爱过的英灵就会被带到斯灵尼尔宫。他们会与宫内因思春病殇的怨女播云种雨，以慰其心灵。这些被芙丽雅带入斯灵尼尔宫的恩赫里亚的待遇跟瓦哈拉神殿中的英雄毫无二致，而享受到的温柔浪漫则有过之而无不及。

在斯灵尼尔宫中还有像少年维特一样受爱情折磨而死的殉情者，和一同赴死的情侣伉俪。在死后能与爱人团圆是北欧女子所醉心的圆满境界。所以当丈夫、情人或暗恋对象升天后，北欧女子多会选择殉情。甚至很多女奴隶为了改变命运也会为男主人殉葬。

芙丽雅非常眷恋丈夫奥多尔，但奥多尔对爱情却不像芙丽雅那样专注，他对旅游和探险的兴趣远远超过了对芙丽雅的感情。虽然芙丽雅的性感、温柔和多情让众多神魔为之垂涎不已，但她却不能让丈夫与自己长相厮守。奥多尔只要和芙丽雅同居时间稍微长一点，便会对这种一成不变的固态家庭生活感到厌倦，常常不跟妻子打招呼就出门远游。至于他什么时候离开，到什么地方去，什么时候才回来，芙丽雅都不知道。芙丽雅最难忍耐的是丈夫外出后那种孤寂感，为此她时常伤心坠泪。她的相思之泪滴在石上，石为之软；滴在土中，会陷入地下化为金沙；滴在海上，则化为琥珀[①]。奥多尔出门漫游的时间太长时，芙丽雅就会驾上她那两只猫拉的金车出门寻找丈夫。她满世界地找啊找，且寻且哭，把金子带到世界各地的地下。有时她会特别想要有个人陪，就会逢场作戏，诱惑青年武士与她春风一度。能跟女神发生一夜情是世人所追求的，所以那些青年武士也乐于为她效命。

芙丽雅找到奥多尔后，两个人会在一起待几天。但当芙丽雅以为丈夫会因为自己的辛苦寻觅而收心时，奥多尔就会再度离家出走。哭过痛过后，芙丽雅只得再次寻夫。她出门驾驶的交通工具有两样，一是她心爱的宠物——猫拉的金车；二是鹰羽衣，披上它可以化为鹰隼在天上飞行。女人是需要有人爱、有人陪的，女神也不例外，经常受丈夫冷落的芙丽雅跟阿瑟诸神都有过超亲密、零距离的接触。虽然芙丽雅身边一直没有缺过男人和男神，但他们都只是她生命中的短暂过客，她只对丈夫追逐不舍。

有一次，芙丽雅在普利密林的安石榴树下[②]找到了丈夫奥多尔。久别重逢后的欢乐是胜过洞房花烛的，担当芙丽雅在绿草如茵、繁花似锦的草地上醒来，却发现奥多尔还是离开了。

芙丽雅痛苦万分，她如同行尸走肉般漫无目的地走了很久，突然听到了叮叮当当的敲打声，才知道自己不知不觉走到了地下城。她好奇地朝声音传来的地方走去。她知道黑侏儒历来心灵手巧，却从来没有亲眼见过。他们是不是真的很黑，很矮，很丑？她来到了一个岩洞前，看见四个黑侏儒正围着冶炉打制一条精致的金项链，还在讨论着如何使这条金项链精美绝伦，怎样能让佩戴它的女人更加妩媚。并且他们打造这一条项链，请了名师设计，耗费了不少精力和时间，以后再也没有精力来打造这样的极品了。

---

①琥珀是北欧的一大珍宝，北欧最早的海上贸易也因此开始。北欧人将最美的琥珀称为“爱神泪”“相思泪”“芙丽雅之泪”等。

②北欧人直到现在都有在新娘头上佩戴安石榴花的习俗。

芙丽雅与众神

芙丽雅是爱与美之神，她不只播爱种情，还是一位出色的女战士。她经常和奥丁手下的美少女战士瓦尔基丽雅们一起驰骋疆场，挑选英灵。

天下没有不喜爱珠宝和华服的女人，这位美色和恋爱之神也不例外。无法从丈夫那得到精神享受，难道不能从珠宝上得到物质享受？如果能得到这件黑侏儒制作的金项链，至少可以填补一下丈夫出走给自己带来的空虚失落。想到这，芙丽雅就坚定了要成为这条金项链的主人的决心。于是她咳了一声算作招呼，大大方方地走进岩洞，娇笑着问道:“嗨,大家好。这里好热闹啊！这么晚了你们还不睡觉,是有什么活动吗？”

漂亮性感的芙丽雅一进来就让四个黑侏儒看得当场傻掉。片刻后，他们才清醒过来，八只眼睛对视了一下就明白了来者何人，也猜到了她的来意。这么美貌的女人只可能是爱神芙丽雅，能让她进屋的只能是这刚出炉的首饰。一个黑侏儒开口道：“刚才我们还说这么漂亮的首饰太难找到主人了。现在看来，首饰是有自己的能量场的，能自行选择并吸引它的主人。”第二个黑侏儒则盯着芙丽雅如天鹅一般纤秀优雅的脖子说：“这样线条优美的脖子！”第三个则说：“这么漂亮的女神，酥胸上除了光滑的皮肤外居然空无一物？实在是太可惜了，真是暴殄天物啊！你这粉颈得有一条同样优美的项链，才能相辅相成，交映生辉！”第四个说：“你要是能佩戴上这条金项链，不知道普天之下多少男人、男神、男魔、男巨人、男侏儒会被你迷倒。”

人喜欢奉承话，神也不例外，芙丽雅听到这些话，乐不可支地问道：“你们这金项链卖多少钱？”

四个黑侏儒异口同声地说：“此物不出售！”他们的欲擒故纵之计搞得芙丽雅更是想要尽一切办法得到金项链，她又急急地问道：“你们要多少金子才卖啊？报个价啊，我绝不还价。”

一个黑侏儒说：“我们知道你的眼泪就是金子，但我们怎么舍得让你这样绝美的女神为购物而落泪啊？”

另一个说：“我们打造出的限量版的饰品都是无价之宝，是无法用金钱来估价的。这东西只能馈赠，不会出售的。”

芙丽雅笑道：“那你们可以把这项链送给我啊。”

四个黑侏儒都说：“我们只把它送给爱我们的女人。”

于是，为了得到这条无与伦比的项链，芙丽雅咬着牙，分别陪着四个黑侏儒过了一夜，才终于如愿以偿。

芙丽雅得到了这条项链，马上回到自己的斯灵尼尔宫。恰巧洛基过来找她借鹰羽

芙丽雅寻夫

与丈夫重逢的芙丽雅

芙丽雅非常眷恋丈夫奥多尔，但奥多尔对旅游和探险的兴趣远远超过了对芙丽雅的感情。每当奥多尔出门漫游时间太久，芙丽雅都会驾驶自己的猫车出门寻找丈夫。

衣，眼尖的洛基一眼就注意到爱神胸前的金项链，他立即打消了借鹰羽衣的想法，只想弄清楚她胸前奢侈品的来历。芙丽雅告诉洛基项链是奥多尔送给她的。但洛基知道这样做工精良的极品金项链只有地下城的黑侏儒才能打造出来。而芙丽雅要得到这样珍贵的限量版极品，肯定付出了代价。

随后，洛基就像狗仔队一样到处报道芙丽雅的八卦绯闻，在众神面前绘声绘色、添油加醋地讲述她用美色和黑侏儒换金项链的浪荡行为。但众神都对此不以为然，因为芙丽雅不是他们的家眷，而且还是别族加盟过来的。大家都认为她爱跟谁是她自己的自由，除她丈夫外别人无权干涉。由于芙丽雅在神界人缘极好，洛基到处宣扬她的隐私，反而引起了众神的反感。久而久之，连奥丁都烦透了洛基这样唯恐天下不乱的做派。为了平息这些影响和谐的绯闻，奥丁要洛基拿出事实依据，他对洛基说："你既然说得煞有介事的，那就应该把芙丽雅的金项链拿给我们验证一下，看看是不是黑侏儒的工艺。"

洛基道："芙丽雅现在把这金项链看得比什么都重，怎么可能取下来给我啊？她现在只怕连见我一面都不肯吧？"

奥丁冷笑道："你不肯为自己的话拿出证物，那你这么多天来在众神面前宣讲芙丽雅的绯闻有什么用啊？是在污蔑别人么？你若不将芙丽雅的金项链取来为自己之前所说的话做证，那就不要再待在阿斯加德了。神界不允许你这种无中生有、搬弄是非的神存在。"

洛基见事态无法控制，便表示自己以后永不提此事。但奥丁毫不让步，非要他拿来项链才肯罢休。最后洛基只好耷拉着头走开了。

为了拿到金项链，洛基咬了咬牙来到了芙丽雅的斯灵尼尔宫，决定用他一贯的偷鸡摸狗的方式得到项链。

洛基围着芙丽雅的寝宫转了很多圈，别说门，连窗子都堵死了。他只好化作一只苍蝇，沿着芙丽雅寝宫外墙爬行摸索。他像攀岩者一样冒着生命危险在悬崖峭壁上摸索了许久，终于在屋顶的檐瓦接缝处找到了一个小孔。他艰难地从孔中钻了过去，进到了芙丽雅的房间。芙丽雅正在卧榻上安心午睡。洛基又幻化为一个虱子，蹦到芙丽雅脖子上叮了一口。芙丽雅在睡梦中翻了个身，被压住的项链接口终于露出来了。洛基轻轻解开了项链锁扣，从她脖子下轻缓地抽出来，然后拿着项链，轻轻打开门跑了出去。

芙丽雅醒来后，觉得胸前轻飘飘的，用手一摸，发现项链不见了。她看到窗户都是紧闭的，房门也没有被破坏的痕迹，但却是打开的，便知道这桩密室失窃案必定是洛基所为，于是又羞又恼地跑到了奥丁宫中，当面责问奥丁："圣洁的阿斯加德居然也会出现凡界才有的盗窃案，你看该怎么办？你无需费心寻找疑犯，只需替我拿回失物即可。因为我认为洛基就是嫌疑人，他来我宫里偷东西，我认为是受人指使。这个在背后给他撑腰的人权势一定很大，而在神界能怂恿他干这样胆大包天的事的人只有一个，那就是你！"

奥丁闻言后不惊不怒，只是笑道："我这么做还不是为你好？这段时间洛基到处宣扬你的绯闻，我为了平息外面的议论，也为了堵住洛基的口，让他不再搬弄是非，就要他拿项链来证明他的话。给他分配这样不可能的任务，是为了为难他，让他注意自己的言行。但没想到啊，他还是不择手段拿到了你的项链。"

芙丽雅以不容商量的语气说："不管你的动机和目的是什么，我作为失主，要你给我拿回项链！"

奥丁说："要拿回项链完全可以。但你和黑侏儒的事闹得沸沸扬扬，无人不知，我无法就这样把它还给你。你必须做些造福神界的事，堵住众神议论的嘴。而且你也不想让你丈夫知道这事吧？所以只要你答应让人间最强大的两个国王兵戎相见，打一场直到世界末日的大战，我就可以把项链还给你。"

芙丽雅要回项链心切，更想让奥丁出面平息神界对她的议论，所以马上答应了这个条件。于是奥丁就把项链还给了她，因为他相信芙丽雅的美色在神界都能引起如此轩然大波，在人间就更不用提了。

当时的人间，挪威国王霍鼎时常统率他的舰队四处征伐，在温暖的南方国家掠劫了不少财物，还成了这些国家的宗主。霍鼎年纪轻轻就声名远播，举世闻名，挪威也因此成为当时最为国富兵强的国家。

一次，霍鼎在打猎时跟随从失散，在丛林中转来转去迷了路，突然看到一位姿态优雅的美女坐在林间空地上。霍鼎心下好奇，走上前去问道："这位女士，敢问芳名啊？怎么会独自一人在这密林中啊？这多不安全，你家在哪里啊？我送你回家吧。"

此美女正是芙丽雅。她莞尔一笑道："我是这片林地的主人，叫格林安达。你是

得到项链的芙丽雅

为了得到黑侏儒打造的精美绝伦的金项链，芙丽雅付出了巨大的代价，终于如愿以偿。

何人，怎敢未经许可就私闯我的领地？而且你好生莽撞无礼，不做自我介绍就直问我的名字。”

霍鼎忙报上了自己的名号：“真不好意思，刚才为你的美丽所打动，只想马上知道你的名字而忘了介绍自己。我是挪威国王霍鼎，因打猎时追赶猎物而迷路。你一直待在这幽静之处，可能不认识我，但一旦走出这森林，在路上随便拉住一个人问问，没有人不知道我的。”

霍鼎像所有要博得美人欢心的年轻人一样讲述了自己的身份来历和丰功伟绩。

芙丽雅粲然一笑：“你还真有能耐啊！”说完又撇着嘴说：“你把你自己说得这么唯我独尊，但我听说有个人完全可以跟你并驾齐驱，那就是丹麦国王豪格尼尔。”

天下每个男人在自己喜欢的女人面前都是争强好胜的，尤其是这个美女还当着他的面夸奖另一个男人。果然当霍鼎听说有人能跟他相提并论时，恨不得马上跟这个丹麦国王一争高下。他对芙丽雅说：“是么？那要不了多久我们就可以一决高下了！”

芙丽雅就这样把握着节奏，欲擒故纵地跟霍鼎调着情。当觉得已经勾起了霍鼎的胃口的时候，她突然说：“天色已晚，你的侍从四处寻你未着，想必现在一定心急如焚了。”她知道遥控男人最好的办法就是让他得不到，同时还给他以希望，让他心存幻想。

霍鼎只好恋恋不舍地从芙丽雅身边站起来，意犹未尽地问道：“今日一别，不知何时才能再睹芳颜啊？”

芙丽雅用她那勾魂夺魄的眼睛看着霍鼎说：“我希望你下次见我时，能给我讲讲和豪格尼尔一分高下的故事。”

霍鼎一回国就马上乘坐自己舰队的旗舰起锚出海，一路顺风地到了丹麦，在离豪格尼尔王宫不远处的海岸登陆，准备跟豪格尼尔一决雌雄。而这边的丹麦国王豪格尼尔听说名噪一时的挪威国王突然到访，没有一丝慌乱，而是气定神闲地派遣使者去邀请来客到王宫赴宴。在没有搞清这位不速之客的来意前，他决定按照国际惯例以礼相待，以探明其来意。

霍鼎接见了丹麦国王的来使后，随即安排仆役车马，紧随使者之后，大摇大摆地到了豪格尼尔宫中。豪格尼尔设下了最隆重奢华的接风宴，用美酒佳肴盛情款待霍鼎。酒过三巡，菜过五味后，豪格尼尔笑问：“阁下一路风尘，不辞劳苦驾临敝国，所为何事啊？”霍鼎是个爽快人，他直言不讳地答道：“在下早已听闻阁下威名，此番冒昧到访，不为其他，只想跟你比试比试，切磋切磋。”

豪格尼尔手往膝盖上一拍，哈哈笑道：“我也素闻阁下大名，一直想亲眼见识你的武艺。既然你有此意，我就恭敬不如从命了！”

霍鼎见豪格尼尔如此爽快，心中好感大生，便说道：“好！丹麦是你的主场，你制定比试项目和规则，我悉听尊便！”

豪格尼尔也不客气地马上起身说道：“宫殿之外有一处地方适合比武较艺，我们可以在那里较量水陆功夫！”于是两人就一同起座离席比试起来。随后的几天里，他们把吃饭和睡觉外的一切时间都拿来比武。他们吃完比，比完睡，数天中比试了各种本领，但在各个方面都是势均力敌。随着技艺的切磋，他们对彼此的了解也日渐深入，知道对方喜欢的颜色、歌曲居然都和自己一样。如果要说两个人有什么不同的地方，就是霍鼎未婚，而豪格尼尔则已婚已育，有一个公主。最后，双方英雄惜英雄，便结拜为兄弟。

不久后，这两位情同手足的国王决定将自己的版图和威名扩张传播到更远的地方。他们略作商量后，决定由霍鼎留下来守卫两国领地，而豪格尼尔则统率舰队南下异国掠夺财宝。年轻的霍鼎哪里耐得住无法征战镇守家中的寂寞，正好又想起了和格林安达的约会，便召集人马外出狩猎。他在途中故意撇开手下，来到那片林地。格林安达依然坐在那里，似乎从来没有离开过。跟上次看到的她不同的是，她手持一只玲珑剔透的金酒角，正品着其中的美酒。

霍鼎三步化作两步来到他朝思暮想的女神面前，惊奇地发觉这个美人比上次更娇艳了。芙丽雅将手中的酒角递给霍鼎，这一杯酒点燃了二人心中的激情，一番缠绵之后，芙丽雅柔声问霍鼎：“你和豪格尼尔谁更强大啊？”

霍鼎道：“我们两人在各方面都不分胜负，我们一样强大！”

芙丽雅冷冷说道：“我看未必！至少豪格尼尔有一方面比你强得多！”

霍鼎不服气地问道：“哪一方面啊？”

芙丽雅道：“至少他比你更有男子气概，他能征服一位出身名门的王后，而你还是光棍一个！”

霍鼎不以为然地说：“哦？这有何难？只要我开口，他一定会把女儿许配给我的。

这样一来我们就又平起平坐了。”

“你还是远不及他！”芙丽雅继续刺激他，“他的王后是靠自己的男子气概征服而来的。而你却要靠和他的兄弟关系请求他赐予你一个妻子。你靠拉关系得来的婚姻跟他靠男人本事得来的婚姻是不一样的。即便他把女儿嫁给你，他则升级成为你的岳父，而你却从他的朋友变成了他的女婿，他还是高你一等！”

霍鼎怒喝道：“这样他岂不是永远压过我，高过我？”

芙丽雅看他已经入套了，就说：“你完全可以通过自己的行为超过他。只要你把他的公主抢出王宫，再把他的王后当作战利品绑在你的船头，让海浪冲刷她。有了这样强劲的航行，你的锋芒会完全压倒豪格尼尔。”霍鼎早就被芙丽雅弄得迷失了心性，居然觉得她的提议很有创意。这会儿他自私得只想成为天下最强的男人，完全忘了和豪格尼尔桃园结义之事。

霍鼎来到了豪格尼尔的王宫中，将王后和公主修德骗到了他的船上。此时仲夏已过，气温开始下降，要不了多久，港口就会被冰封而无法返航，而且风向也不利于出航。按常理这不是出海远航的季节，但出于对霍鼎的信任，王后和修德还是没有说什么就随他上了船。但船一航行到公海，霍鼎就凶相毕露，命令手下把王后绑在船头，任由风浪冲击。然后他抱起修德走进了自己的船舱。修德看到霍鼎那丧失了人性的疯狂目光，吓得魂不附体，她哀求道：“你知道只要你向我父亲开口，他一定会高高兴兴地把我嫁给你的。但请你不要伤害我和我母亲，你如果伤害了我母亲，我父亲永远都不会善罢甘休。我很不愿意看到你们从朋友变为仇敌。”

霍鼎已完全丧失了理智，他狂笑道：“我为什么要向你父亲请求？我为什么要在乎他的谅解？我怎么就不能为所欲为？我难道还怕他发脾气？”然后他完全不理会怀中少女的央求、挣扎和啼哭，凭他自己的意愿做了这本应要对方同意才能做的事。

做了这些事后，霍鼎泊舟上岸，又来到那片密林，得意地向芙丽雅讲述了自己的壮举。芙丽雅见他乖乖地照她的话完成了任务，不再想花心思和精力来迷惑他了，只是冷冷地又递过酒角请他喝酒。霍鼎毫不犹豫地接过酒角一饮而尽。随后他眼前一黑、头一歪，晕倒在了芙丽雅怀中。芙丽雅把霍鼎的头从自己膝上移开，在他耳边说道：“现在你和你的部下，豪格尼尔和他的部下都将按照奥丁的意志行事了。”说完就飘然离去。

良久，霍鼎才从昏睡中醒来，格林安达早已不知去向。霍鼎回忆起她临走前说的话，才知道自己只是这个心机颇重的女人的棋子。再回忆起自己在她的怂恿迷惑下的行为，感到羞耻悔恨。他觉得自己再也无脸见世人，就回到船上，航向无人的远洋。

豪格尼尔回国后，得知妻子身亡和女儿被劫后，勃然大怒，马上又返回船上，起锚扬帆追击霍鼎。他一路沿着霍鼎逃遁的方向追踪，每当他接到线人谍报，赶到霍鼎停泊的港口时，都被告知霍鼎已在他到达的前一夜离开。终于有一天，豪格尼尔正准备在一处海域停泊时，隐约看到了霍鼎船队的帆影，他立即下令扬帆追击。他的船行顺风，比处在侧风位置的霍鼎的船队速度快了不少。

霍鼎看见追兵，自知大事不妙，赶紧改变航向，驶进了一座荒岛的港湾，登陆后马上安营扎寨准备迎战。豪格尼尔也紧随其后，沿岸抛锚后，对着霍鼎的部队扎下了自己的营盘。一场大战一触即发！

而这边一直被愧疚悔恨日夜折磨得失眠、厌食、憔悴、疲惫的霍鼎只好请修德向她父亲说情，希望能够和解。而修德在目睹母亲被折磨至死的惨相后，曾经柔弱的心已经变得无比刚强。虽然这一段时间以来，她能体会到霍鼎对她的爱，但这种爱丝毫不能减轻弑母之恨，反而令她的恨意与日俱增。

霍鼎拿出自己王族权力的象征——金臂环交给修德，诚恳地对她说："请把这个面呈你父亲，我恳求他原谅我。也请你对他讲明我当时是在被人唆使而失去理智的情况下，才干下杀害王后的错事的。虽然我当时将你骗上船，强行占有了你，但现在过了这么久，你也应该知道我是爱你的。希望你能劝解你父亲，让我们化解冤仇，成为一家人吧！"

修德厌恶面前这个男人，现在听了他的话，在厌恶上又加了一层鄙视。她鄙视霍鼎居然不敢面对自己所犯的罪恶，作为一个有独立意识的成年人还把责任推到唆使他的人身上。她决定不让霍鼎得到宽恕，但表面上她却不动声色地表示尽力而为。

修德来到海边，把霍鼎的金臂环递给了她的父亲，并把霍鼎刚才对她所说的话复述了一遍，但在末尾加上了一段话："霍鼎愿为他的所作所为付出一切代价。但他这样做既不是出于对你的敬畏，更不是为了向母后赎罪。他只是想息事宁人，换取和平。如果你拒绝和解，他会认为那是对他的侮辱。但是如果你接受了，你又将自己的尊严和声威置于何地呢？"

豪格尼尔态度非常强硬，他对女儿说：“我当初真是有眼无珠，居然跟霍鼎这大逆不道的暴徒结为兄弟。他若只是抢走我的女儿，我还可以原谅他，至少那证明他很喜欢我女儿，只不过用了暴力手段而已。但他居然置我的王权和爱情不顾，虐杀我的妻子，你的母亲！这一点就让他人人得而诛之！我的女儿现在居然为一个杀死自己母亲的人讲和，想让自己父亲认这个凶手为女婿。如果你爱上了他，那么就不用再替他求和！你也永远不用出现在我眼前，永远不要踏上丹麦国土。我一定要用霍鼎的鲜血祭奠我的王后。”

修德听完父亲的话，感到自己被父亲抛弃了。丧失了这最后一份亲情后，修德就更加坚定了要凭自己口舌置霍鼎于死地的想法。她回到霍鼎营中对他添油加醋地说：“哎呀，要是你和我父亲能和解该多好啊。但是他说除非你卑躬屈膝地终身为奴供他差遣，否则他是不会原谅你对我母亲的罪行的。当然你还得放弃我，放弃你的国土和一切财物。”

霍鼎听完后长叹一声，知道和平无望，只能用战争来解决他和豪格尼尔之间的恩怨了。他马上命令部下准备应战。果然，片刻后豪格尼尔率军杀了过来。在阵前，霍鼎向豪格尼尔喊话，再次请求和解：“我愿意付出我所有的财物作为我所犯罪孽的赔偿！我们讲和行不行？”

豪格尼尔看到这个杀妻夺女的仇人，心中除了仇就是恨，他决绝地吼道：“亏我当初还把你当兄弟对待，你却杀害了我的妻子。现在你还有脸求和？”

霍鼎说：“我是受人蛊惑，一时鬼迷心窍才犯下这样的罪啊！”

豪格尼尔道：“人家让你杀我老婆、抢我女儿，你就不顾一切地照办了？那我现在叫你马上自杀谢罪。你如果照办了，我就马上退军！”

见霍鼎没有动静，豪格尼尔怒道：“犯了这么大的罪，连在我面前自杀的勇气都没有，还想通过求和来苟且偷生。让我剁了你，你就可以谢罪解脱了！”

随后两个人就各自一提坐骑缰绳，兵刃相交，杀到了一起。他们二人本来就半斤八两，且对彼此的技艺了解颇深，知根知底，都知道对方会出什么招，所以尽管他们使出平生所学，却是杀得难分难解，谁也占不了上风。他们率领自己的军队从白天杀到晚上，从马上杀到地上，从丘陵杀到平原，但仍然不分胜负。每天深夜，双方鸣金收兵，两位国王都带着残兵回营休息。而这时候双方交战死去的士兵则会变成石头，

霍鼎和豪格尼尔复活部队的相互厮杀

受到芙丽雅的调唆，挪威国王霍鼎杀害了丹麦国王豪格尼尔的妻子，霸占了豪格尼尔的女儿。两人率军队展开厮杀。每天深夜，两位国王带着残兵回营休息，在交战中死去的士兵则会变成石头。第二天早晨，军队复活，双方又继续厮杀。

他们的英灵升入瓦哈拉神殿。到了第二天早上，两位国王就会用自己的尿将石化的将士复活，然后双方又继续厮杀。

芙丽雅不辱使命，为神界扩充了武力，奥丁也将项链还给了她。就这样，两位国王之间的战争一直持续到世界末日来临之时，他们也一直为奥丁输送恩赫里亚直到诸神的黄昏。

第十二章
命运三女神

命运女神是个总称，她们一共有姐妹三人。姐妹三人并非阿瑟神族的成员，但她们对命运的判词是众神都不得不服从的。姐妹三人的预言制订了人、神、魔和整个宇宙的发展路线。三女神居住在乾坤树，也就是生命之树下的沃达尔圣泉处，这也是阿瑟诸神开会的地方。她们经常以将来的罪恶和后果警示诸神，希望他们善用现在。

命运三女神分别是大姐沃德，二姐维尔丹尼，小妹斯科德，她们分别代表过去、现在和未来。

沃德年长而衰老，时常回首张望，似乎在念念不忘过去的什么人或事。维尔丹尼正值风华正茂之年，青春阳光，与大姐不同的是她一直都目视前方。

斯科德经常把脸罩在面纱后，不以真面目示人。她手中要么拿着一本书， 要么拿着一卷纸，但却从不翻看。

三女神在乾坤树下司掌两件事，一是灌溉乾坤树，二是编织命运之网。为了保证乾坤树长盛不衰，保持活力，三女神每天都必须从沃达尔泉中取水来浇灌它。她们还顺便替青春女神伊童看护树上所结的青春之果，只许伊童前来采摘。

命运三女神日常主要的工作就是把各自搓成的命运之绳结成命运之网。她们织网

命运三女神

命运三女神居住在乾坤树下的沃达尔圣泉处。她们分别是沃德、维尔丹尼和斯科德，分别代表过去、现在和未来。她们每天都将命运之绳编入命运之网中，因此，她们能预言人的命运。

的绳子很像毛线，且颜色随时在变换。世间每个人诞生之际，她们就已将其一生之网织好。三姐妹在织网时，时常吟唱一种庄严的圣歌。此时她们处于浅表层的意识游离状态，完全不是按自己的主观意志在织网，而是在遵从奥洛格的意志行事。奥洛格是宇宙间不知其所来所至的最古老强劲的一种能量场，更是一种无始亦无终的精神存在，是最古老、最新生、最高强的力量，掌控着渺渺之中至玄至妙的奥秘。在他的意念下才有了世间万物和人神魔怪，整个宇宙中的物质都是在他的意识下创造的。

命运女神中的大姐和二姐脾性温良随和，而小妹则脾气乖僻，常常把快要织好的网扯得粉碎丢到空中，任其随风飘散。所以世上会出现很多前后矛盾的事，而很多人时而糊涂，时而聪明，时而勇敢，时而懦弱；有的人多才而短命，有的人无才而长寿。

命运三女神经常会装扮成女预言家在人间随性游历，为求卜算命之人指点迷津，有时甚至会主动拉住经过身边的人，警示他们即将遇到的祸害并告以趋避之道。有一次，她们在丹麦闲逛，经过一座贵族的豪宅。她们早在织命运之网时就知道这户人家的主妇会诞下一个男婴，便径直登堂入室。男主人看到来人是女预言家，便赶紧将她们奉为上宾，大设酒宴款待她们，而且有意卜问儿子命运。

于是三位女神在不知道她们真实身份的众人簇拥下直入产妇卧室，并被安排坐在产妇床前。

大姐沃德笑着预言说："这孩子将来是个强壮勇武、英俊潇洒、武艺高强的著名武士！"

二姐维尔丹尼的预言跟大姐差不多，她接着沃德的话尾说："这个孩子将来能成为富甲一方的猎神，而且还是可写诗作赋、作词作曲的创作型的诗人和歌手！"

三妹斯科德还未开口，她椅子边就挤满了期待她说出预言的人。偏偏这时贵族的邻居知道女预言家来了，都挤过来看热闹。他们前呼后拥，竟将这个命运女神连人带椅子挤翻了。

这位命运女神从地上站起来后，对无礼的人类大为光火，她高声说道："没错！这个孩子确实前程似锦。但可惜的是，我的两个姐姐给了他极佳的运势，他却没有足够的命程来享受。因为他的寿命跟床前的蜡烛一样长，烛尽之时，也是他归西之日。"

大家被这话吓得目瞪口呆，这才意识到刚才的无序和不恭已经惹火了这位女预言家，再一看床前的那根蜡烛，已经燃去了一大半。也就是说，这个新生儿刚出生就已经一脚踏进了坟墓，没多久他的父母就要白发人送黑发人了。可怜的母亲抱着自己刚生下的儿子，眼泪止不住地滚落下来。孩子的父亲气得对众人大吼：“谁让你们进来的？”

另外两个命运女神十分尴尬。她们不愿意自己所预言的如此优秀的贵族后代就这样迅速地走完自己短暂的一生，但她们说出去的命运判词是不可更改、不可逆转的，她们自己也没有能力收回。苦思良久，她们才得到一个让婴儿摆脱苦厄的良方。

沃德将床头的蜡烛吹熄后递给那位母亲说：“这段蜡烛是你儿子的生命，你一定要妥善保存，要放在小孩碰不到的地方。只要蜡烛不被点燃烧完，你儿子都会一直健康地生活，而且还会长命百岁。你儿子想离开人世的时候，把蜡烛拿出来燃完，他就会毫无痛苦地死去！”

这一个峰回路转、柳暗花明的结果让这家人感激涕零，他们把三位女预言家奉为神明，顶礼膜拜。连刚才那么不近人情的三妹斯科德都对此甚为满意，对她大姐感佩不已。

等这家人想要重金酬谢三女神时，她们像所有做了好事不留名、不收受报酬的神一样凭空消失于夜色中。在场众人才知道自己遇到的是命运三女神。因为北欧人统称命运三女神为诺恩，为了纪念三位赐福给儿子的女神，这家贵族就为儿子取名诺恩盖斯塔。慢慢地，诺恩盖斯塔长大了，在他的成长过程中，家人始终提心吊胆地隐藏着那半截蜡烛。诺恩盖斯塔成年后凭借他的勇武成了一名威震四海的海盗头领，他率领船队侵略了很多富庶的国度，最远攻下了罗马帝国的那不勒斯和西西里岛，赢得了大量的财富和声誉。他那时常以仰望天空的忧郁诗人气质、出口成章的谈吐，在赢得胜利和名望的同时也使对手迷惑折服，从而被他那掩盖在文学青年形象下的谋略和武力所击溃。

他身材高大，肌肉线条匀称，令人肃然起敬；他英俊中透出一股艺术家独有的儒雅；他舌灿莲花的雄辩口才让他的敌人也忍不住称赞。他的生命力像圣斗士一样旺盛，他曾经在交战中三次落马而未受丝毫伤害。他一面贪婪地四处劫掠金银珠宝，永不知足，一面却慷慨施舍，为部下为友情为慈善散尽千金而不皱眉。由于他推行丰厚的分配和激励制度，众多海盗英雄投奔他的麾下为他效命。这样下去，他的资金链形成了良性循环。虽然他给员工的薪酬支出很大，但手下却可以为他带来更大的收益。这让他积累了富可敌国的财产，让不少国王都望尘莫及。

终于，诺恩盖斯塔的父母都老了。他母亲在临终时将与他性命相关的蜡烛交给了他，并问道：“儿子，你知道你这几十年为什么一直春风得意么？”

诺恩盖斯塔答道：“因为我有强健的体魄和独特的人格魅力，并因此吸引了各行各业的顶尖专业人士加盟，这样我的事业当然是一帆风顺，节节攀高了。”

他母亲说：“这是因为你出生时有了命运三女神的预言加持，你的人生相比其他人，才会如此顺风顺水。你在世期间会享有一切荣誉，会有挥霍不尽的钱财，会拥有世间一切过人的才能，会得到所有人的敬重。但如果你手中的这根蜡烛燃尽，你的生命也会随之终结。所以，只要这根蜡烛没有燃尽，你在人世间就还有大把的阳寿可以享用。你平时一定要将它放好。不要被其他人知道看到拿到了，不然的话，他们点个火就能致你死命。当然如果你厌倦生活了，可以自行燃尽蜡烛来陪我们。”

虽然诺恩盖斯塔的寿命很长，但他还是会衰老的，只不过他衰老的进程比普通人慢了很多。他虽然老了，却依然焕发出青春的光彩，多动且活泼。直到暮年他都有健壮的体格和充沛的精力。他可以左手挥戈，右手舞剑，左右开弓。他活了三百多岁还不厌倦生活，一直感受着日新月异的事物。后来奥拉夫国王强迫丹麦人都信奉基督教时，这位曾经为丹麦带来大量海外发展资金的英雄和诗人带头反对。但此时，他的勇武、财富和才华已无法抗拒衰老，他的力量已经让他无法对抗国王的强权了。奥拉夫为了强迫诺恩盖斯塔接受基督教的洗礼，也为了向世人证明命运三女神的预言和阿瑟诸神是不可信的，就以武力强迫和收买其仆役的卑劣手段将诺恩盖斯塔的残烛当众燃尽。果然，蜡烛燃尽之时，诺恩盖斯塔就倒地身亡了。[①]

---

① 8 世纪到 11 世纪，维京人在整个欧洲势力强盛，这也是北欧神话的全盛期。13 世纪以后，维京人式微，欧洲教会的势力大增，北欧神话开始失传，维京人也被强迫改信基督教、天主教，只剩冰天雪地的冰岛还在以诗歌及散文的形式传诵北欧神话。

第十三章

彩虹桥的守卫者海姆达尔

守护神海姆达尔是阿斯加德的唯一出入口——彩虹桥碧芙斯特的守护者。他是奥丁与伊吉尔的九个扬波之女一夜情后所生之子。九位女巨人合力生下的海姆达尔，一出生就集地之力、海之气和太阳之光热长大成人。他无需助产婆的帮助就自行扯掉了脐带和胎盘，到阿斯加德找他父亲去了。

而此时，阿瑟众神刚以水、火、气为材料修成了彩虹桥碧芙斯特，正在物色一个可靠人选来守卫，以防止霜巨人和其他邪魔歪道从此进入阿斯加德进行偷袭。海姆达尔正好填补了这一空缺。众神见这个小伙子威武英俊，还是奥丁的后代，立即全票通过，推选他为彩虹桥的守护神。海姆达尔常年头戴羊角头盔，身披纯银铠甲，还有着一口如同说唱歌手一样的金牙。

为了让海姆达尔成为最好的守护神，众神给了他鹰的眼睛、狼的耳朵。他那具有夜视功能的眼睛可以在黑夜里看到千里之外的物体。他那听觉极其敏锐的耳朵可以听到小草生长的声音。即便在值夜班时他也如牧羊犬一般警觉，没有谁能在他睡觉时悄无声息地从他身边溜过。

海姆达尔的武器是一把削铁如泥、吹毛立断的快刀。他还有一只弯如新月的号角，

海姆达尔的诞生

海姆达尔是奥丁与伊吉尔的九个扬波之女的儿子。他一出生就集地之力、海之气和太阳之光热长大成人。后来，海姆达尔成为阿斯加德唯一的出入口——彩虹桥碧芙斯特的守护神。

一旦有突发情况，他就会吹响这只可响彻天地冥三界的号角以示警。

在洛基还位列阿瑟十二位正神，尚未被逐出天界时，海姆达尔和他关系就很紧张，因为洛基经常干些偷鸡摸狗的龌龊之事，但又时常被海姆达尔察觉举报，甚至被抓个现行。

一天夜里，洛基潜行到了芙丽雅的卧室，想趁其熟睡时再次偷她的金项链，却正好被海姆达尔看到，他立刻前去捉拿。海姆达尔一路和洛基变形斗法，而且他为了表示对洛基的不满并在法术上压倒洛基，总是变成跟洛基一样的东西。洛基变成狼逃窜，海姆达尔也变成狼紧追其后，最后还几乎咬住洛基的尾巴。洛基见状又变成海豹跳入海中逃跑，海姆达尔也变成海豹下水。后来他终于将洛基擒住，替芙丽雅索回了失窃的金项链。洛基因此极为忌恨海姆达尔。所以后来诸神的黄昏时，洛基逃出监牢后就杀入阿斯加德，一上来就跟海姆达尔搏命厮杀，最后他们同归于尽。

关于海姆达尔最有名的就是他化名为吕格尔，到人间将世人划分为奴仆、自由农民和贵族统治者三个阶层的故事。

海姆达尔在人间微服私访时在海边见到一座破茅屋，便进去拜访。茅屋里住着一对名为埃依和艾达的老夫妻。海姆达尔自称吕格尔，以投宿为名在这户人家住了三天。尽管这对夫妻穿着十分寒酸，过着在温饱线上徘徊的日子，但他们还是热情地接待了吕格尔。埃依的妻子艾达奉上了一条又厚又硬的粗面包和一碗肉，请吕格尔享用。那面包生涩无味，吃上去就像在啃木头，肉也是用清水草草煮熟的，但这已是这对夫妻最好的食物、最高规格的招待了。

吕格尔在三天中教给了夫妻俩很多生活常识。他每天晚上都睡在这对老夫妻中间，等他离开以后，女主人艾达生下了一个男孩。

在第一次给孩子沐浴的时候，艾达为他取名叫作索拉尔（意为奴隶）。索拉尔是一个非常壮实的孩子，有一头黑色的头发和一双呆滞的眼睛。他面容丑陋，粗手大脚，腿是X形，皮肤粗糙如革。他成人后有使不完的力气，每天日出而作，日落而息，把大捆的柴火扛回家中，是个非常勤勉的人。

有一天，一个名叫西瑞的健壮姑娘来到了索拉尔家中，这姑娘跟索拉尔一样难看，且是O形腿。西瑞一脚泥污，大大咧咧地坐在索拉尔屋子当中。索拉尔一看：我是向外弯的X形腿，你是向内弯的O形腿，我们结合后，后代因为我们的基因负负得正，腿一定跟城里人和贵族一样直直的。于是他们在一起打闹取笑，晚上就睡在了一起。这一对男女成了夫妻以后，生下了许多粗陋高大的孩子，他们一家人都靠替别人做仆役为生。

划分了下等阶层后，海姆达尔继续在人间游历。一天他投宿在一片农场边的小康之家。这户人家也是一对夫妻，男主人叫阿菲，女主人叫阿玛。海姆达尔到访的时候，夫妻两人正忙于工作，丈夫在把木条削成纱锭，妻子则在纺纱编织。他们见到化名吕格尔的海姆达尔后也请他坐在屋子中央，用他们最好的食物热情地招待他。同样，海姆达尔也在这儿住了三天并教给他们实用知识。后来阿玛生下一个名为卡尔（意为自由人，农夫）的男孩。男孩长大之后长于务农，耕种采摘样样精通。后来一个衣裙上挂着钥匙、精明干练的姑娘司农爱上了勤快的卡尔，他们互相交换了戒指，建立了一个男耕女织的小康家庭。卡尔夫妻也生下了许多孩子，一家人以务农为生，并由此繁衍出了人类中的自由农夫阶层。

指定了中产阶层后，海姆达尔开始物色上等阶层的人选。他来到一座城堡，投宿于一家体面阔气、家境殷实的人家。主人夫妇名为法蒂尔和莫迪尔。海姆达尔见他们穿着甚有品位，认定他们应该成为贵族，于是也在此住了三天，教授他们各种礼仪和治国之道。其间，他也受到了非常高规格的款待，就餐时，桌面上是精致的桌布和银质的餐具，食物也精美可口，还有用金杯斟上的美酒，一切都是国宴的规格。

过后女主人生下一子，取名为杰阿尔（意为公爵）。杰阿尔长大后酷爱打猎和战争，而且粗晓鲁纳符文。他后来闯荡世界，建功立业，四面出征，打下了无数的土地。他娶了一户贵族人家的细腰女子艾娜为妻，生育了许多精于骑射的后代。他的后代都是伟大的战士，通过征战都成了国王和诸侯。他们这一家族后来成为北欧各城邦王室和贵族的始祖。

第十四章

真理与正义之神福尔塞提

真理与正义之神福尔塞提是光明之神博德和其妻南娜之子，是智商最高、最公正不阿的神，还是阿斯加德的最佳辩手。他一出生就执掌公正与和解的事业，每天都听取并受理诸神及人间的诉讼，并做出最公正的裁决。由于他极为公正，又善于辩论，所以他下定的判词无论神还是人都心服口服。在他面前所发之誓，无人敢背叛，否则就会受到他最公正无私的惩罚——死刑。北欧人相信他们最初的法律即是福尔塞提所立，他是人间一切法律的制定者、规划者和执行者。

早在很久以前，北欧人就要制定一系列让各个阶层的人都能遵守的法律，于是他们从自己的种族中推选出十二位最睿智、最有人生历练的长老来催生这最早的北欧法律。这十二位长老到自己附近的各个部落和种族去了解了很多习惯风俗，准备以此作为制定法典的准绳和标杆。初步的筹备工作完成后，他们决定到一个清静的地方细心研究以制定法律。长老们共同驾驭一叶轻舟离开了本土，但天有不测风云，他们的小舟在海上被狂风暴雨吹得迷失了方向。

船上的十二位长老集体晕船，吐得七荤八素，精疲力竭，无力控制航向，船也快经受不住风暴，要沉入汪洋大海了。长老们实在没有办法，唯有向福尔塞提祈祷。突然，他们发觉船上多了一位长老。这位凭空出现的神秘陌生人一言不发，径直坐到了船尾掌舵。小舟在他的驾驶下顺利地穿过了暴风雨，停靠在一座小岛上。后来的这位长老弃舟登陆，原来的十二位长老都跟在他身后上了岛。那位长老从背后取下一把斧头向草地上砍去，草丛中立刻涌出一泓清泉，他俯身掬泉而饮，其他十二位长老也依样照做。

说来也怪，十二位长老刚才在暴风雨中的晕船、恶心、头昏、呕吐、乏力等不适症状顿时消失。安定下来之后，十二位长老仔细端详后来的长老，觉得他与他们十二位中的每个人都有些相像，但的确是另外一个人。

这时后来者开口讲话了，他的发言始而徐缓，继而渐快。十二位长老听出了他是在口述一部法典，其内容周到巧妙地涵盖了十二位长老长期以来了解的各部落种族的风俗习惯，而那些乡规民约的合理成分和优点都统一在一个框架下，形成互不抵触的整体。

他口述的这部法典先界定了常见的民事纠纷和处理方法，其中有对界标、狩猎权、伐木和搜集柴火权、放牧权的定义，也有对诽谤、讽刺、中伤他人，偷盗他人牲畜，弄酸他人黄油，引诱他人蜂群，对别人进行单次或持续或不断升级的伤害判处从断指到砍头的处罚。

制定了民法后，他还对一些违反贸易规则、出售贩卖假货、藐视公德、伤害族群利益的行为，制定了赔偿、罚款、放逐、吊刑等惩罚手段。

他还制定了刑法，对自杀、决斗、比武、室内纵火、被激怒杀人、酒后杀人、夜间杀人、当着国王的面或在圣地杀人、不公开宣布就杀人、不光彩地杀人、最可耻的暗杀等都做了界定。

为了对一些刑事案件中的死者家属做出赔偿，他经过精确计算后还给每个人确定了价值。此外还立法保证了每个人的人身、家庭、财产和名誉免受侵犯。

他制定的法律在判罚时也很人性化，允许在不影响大原则的情况下有少许变通。比如在涉及个人荣誉的问题上，如果原告对法律的解决方式和赔偿方案不满意，原告可与被告决斗或对被告诉诸武力，但此时现场必须有见证人并事先对被告进行明确的宣告。

在一口气宣读完所有的法律条款后，第十三位长老就突然消失了。他所说的最后一句话还在十二位长老的耳边回响：“有法律的土地会兴旺，没有法律的土地会荒芜！”

福尔塞提岛上的真理圣殿

北欧人把福尔塞提亲自为人类立法的岛屿命名为“福尔塞提岛”，并在岛上修建了真理圣殿以纪念他。重大案件的审判裁决都在神圣的真理圣殿举行。

福尔塞提断案

福尔塞提一出生就执掌公正与和解的事业。他每天都听取并受理诸神及人间的诉讼，并做出最公正的裁决。北欧人相信他们最初的法律即是福尔塞提所立，他是人间一切法律的制定者、规划者和执行者。

这也成了北欧人津津乐道的至理名言。

这时十二位长老方才知道这个从天而降的陌生人是福尔塞提。他们于是把福尔塞提亲自为人类立法的这个岛屿命名为“福尔塞提岛”，并在岛上修建了真理圣殿以纪念他。这个真理之岛是北欧人敬仰的圣地，即使最胆大妄为的维京人的战船都不敢侵犯它。而十二位长老在福尔塞提岛上的立法聚会，是此后法庭上的十二人陪审团裁决模式的雏形。

北欧人对福尔塞提有着无以复加的尊敬之情，这种崇拜映射在他们的日常生活中就是对法律的尊重和严格执行。他们相信法律能保证每个人的自由、平等和尊严。他们认为法律面前，人人平等，任何争端和纠纷都应在法庭上公开民主地解决。重大案件的审判裁决会在神圣的福尔塞提岛上的真理圣殿举行。届时，法官、律师和陪审团都须先饮用岛上由福尔塞提开掘的真理之泉，以此纪念这位永远公正的真理和正义之神，并向他和世人表明自己公平公正的道德准则。

这泉水是如此神圣，以至于凡曾饮用此水的牛羊亦不得宰杀。福尔塞提认为阴冷黑暗的冬季会让人心情抑郁，进而被情绪操控做出负面且不公正的裁决，所以是不宜审判的，他只在春夏秋三季主持天地间的重大裁判。古代北欧人在冬季也不开庭，因为他们认为这时候光明正直之心不会存在。在阿斯加德的众神中，只有福尔塞提没有参加诸神的黄昏来临时的神魔大决战。因为诸神经常违背诺言，撕毁条约，因此作为以公正守信为行为准则的真理与正义之神是不会参与这场决战的。他既没有参战，也不在幸存诸神之列，就是因为正义与真理永远不变，他也永远不灭。

第十五章

女武神瓦尔基丽雅

奥丁和战神铁尔的贴身女保镖被统称为瓦尔基丽雅，又称为女武神。她们都是美少女战士，是自人间的公主或奥丁自己的女儿中招收而来，有时，人间发誓终身侍神的童贞处女也会被选上天成为不死的女武神。

她们的日常事务就是挑选人间战场上的烈士来到瓦哈拉神殿，为诸神的黄昏备战。瓦尔基丽雅的人数一般都是九的倍数，或九，或十八，以此类推。她们都是年轻貌美的少女，有着藕段般粉嫩的白臂，奶油一样的酥胸，色同蜂蜜的飘逸金发。她们身着金盔银甲，血红色的紧身战袍勾勒着优美的身体曲线。她们手中是闪着电光的长矛和盾牌，身下骑着精悍的小白马。这些小白马平时驮着女武神们在人间战场上空驰骋，还能载负战死的英灵迈过彩虹桥进入瓦哈拉神殿。

瓦尔基丽雅们不仅在陆地战场上挑选慨然赴死的英烈，也会到海上的战船挑选维京（北欧海盗）勇士。当维京人看到女武神降落在他们战船的桅杆上时，就知道升天之日已经来临。这些悍不畏死的海盗就会奋力搏杀，他们在死亡之时会得到女武神的死亡之吻，然后就会被带入瓦哈拉神殿。

女武神们平时就跟这些升天的恩赫里亚们生活在瓦哈拉神殿。每当晚宴时分，她

女武神带英烈升天

女武神们的日常事务就是挑选人间战场上的烈士来到瓦哈拉神殿，为诸神的黄昏备战。当维京人看到女武神降落在他们战船的桅杆上时，就知道升天之日已经来临。这些悍不畏死的海盗便会奋力搏杀，他们在死亡之时会得到女武神的吻，然后就会被带入瓦哈拉神殿。

女武神送恩赫里亚通过海姆达尔守卫的彩虹桥

女武神们手握闪着电光的长矛和盾牌，身下骑着精悍的小白马。这些小白马平时驮着女武神们在人间战场上空驰骋，还能载负战死的英灵迈过彩虹桥进入瓦哈拉神殿。

们会脱去战袍盔甲，尽显其红粉本色，扭动着半透明纱衣下的躯体，为神殿里面的英灵战士斟酒奉食。这样的归宿是北欧勇士们最为向往的结局。

女武神们也时常结伴下凡，她们披上天鹅羽衣，化成编队的天鹅飞过我们的头顶。一旦遇到清洁幽静的湖泊溪流，她们就会脱下天鹅羽衣入水，在水中游泳嬉戏。传说藏起她们的羽衣，她们就无法飞回神界，从此长居人间。

拉普兰王国有三位王子：斯兰格斯、艾吉尔和沃兰德。他们酷爱滑雪狩猎，在国内的沃尔夫山谷下的湖畔有一座行宫，专供他们狩猎后休息。一天他们三人又外出打猎，在湖畔看见三个美少女在湖中戏水，她们分别是女武神奥尔兰、雅维特和斯芬赫特。她们身上的薄纱浸水后紧贴在身上，就好像在裸泳一般。三位王子看到这样香艳刺激的画面，立马放弃了打猎的念头。他们再一看，发现粗心的女武神们把羽衣挂在了湖边树枝上，于是马上依照传说藏起了她们的天鹅羽衣。丢失了飞行工具的三个女武神就像航班无限晚点的旅客，只能滞留在地面。

三位王子走出林地，关切地对她们说："三位姑娘，这太阳马上要落山了，快点上岸吧，不然会着凉的。我们家就在附近，如不嫌弃的话，请到寒舍换个衣服吧？"

三位女武神无奈之下，只好跟王子们去行宫更衣，之后还与他们共进晚餐。过了几天，王子们便向各自心仪的瓦尔基丽雅求婚。三位女武神也倾心于王子们，接受了婚戒。奥尔兰成了斯兰格斯的妻子，雅维特成了艾吉尔的妻子，斯芬赫特成了沃兰德的妻子。

三位王子爱美人不爱江山，逍遥自在地在湖边跟妻子生活了七年。到了第八年，三位红粉战士开始厌倦一成不变的稳定生活，怀念起驰骋沙场的日子。她们设法从丈夫口中套出了藏匿天鹅羽衣的地点，然后开始暗中准备。到了第九年，她们趁三位王子结伴出去打猎时，披上羽衣飞走了。

王子们回家后，遍寻妻子不见，本以为妻子只是耐不住寂寞，飞出去玩一圈就会回来。谁知他们望穿秋水，妻子们还是没有回来。这真是得也羽衣，失也羽衣。于是，三位王子中的两位回到了皇宫。

只有不能自拔的沃兰德在沃尔夫山谷中不停地用工作来麻醉自己，他把时间都耗在了冶炼锻造金属器具上。由于沃兰德本身就是手艺精良的能工巧匠，现在心灰意冷的他把以前用来陪妻子的时间都花在了练手艺上。慢慢地，他的技艺达到了登峰造极的地步，他打造的器具的精美程度甚至超过了黑侏儒用魔法打造的东西。要知道黑侏儒的产品在市场上曾经是顶级的，但现在跟沃兰德的比起来只能算第二名了，而且差距还很大。

有两个黑侏儒担心沃兰德抢了他们产品的市场份额，决定杀死沃兰德。他们时常在夜间埋伏在沃兰德门外监视他的动向，准备时机成熟时就下手。沃兰德不仅手巧，而且心灵，他虽然现在是工匠，但以前是出色的战士和猎人。所以他早就觉察到了两个黑侏儒的动机和目的，便决定先下手为强，在他们经常埋伏的地点设置了陷阱，捕杀了这两个欲图加害他的黑侏儒，然后将尸体和陷阱一起掩埋，以避免死者同伙的报复，最后他决定离开带给他伤心回忆的沃尔夫山谷。

他伐倒一棵大树，骑在上面漂洋过海，到了对岸的内东国，在那里用另外的身份待了下来，凭借自己的手艺承接定做刀具的业务。由于他技艺精湛，刀具质量过硬，他被召入宫内为国王服务，专门照看和保养国王的三把餐刀。

一天，沃兰德在海边冲洗国王的餐刀时，不小心被海水冲走一把。为了不被国王发现，他依照记忆中餐刀的规格和形状悄悄打了一把一模一样的。由于他手艺精良，连国王都没看出来这把餐刀是复制品。当国王用这把餐刀切面包时，一刀下去，居然把餐桌切成了两半。国王惊奇之下，下令追查是谁打出了如此锋利的刀。眼看无法再低调地隐藏自己，沃兰德只好站出来承认是自己所为。

国王十分器重沃兰德，让他为自己打造佩刀。他成为御用工匠，以前的首席工匠就只得下岗了。

那前任宫廷首席工匠很不服气，要求和沃兰德比试。他说如果沃兰德的剑能劈开他做的头盔，他就口服心服。两人比试那天，所有的王公贵族、手工业者、平民百姓都前来观战，那景象真是万人空巷啊！前任宫廷首席工匠全副武装，戴着自己新制的头盔，要沃兰德当众砍他的头盔。沃兰德拔剑轻刺头盔，然后问道："你现在有什么感觉啊？"

那工匠答道："好像突然觉得头盔有点儿漏风。"

沃兰德道："你的头盔可能密封不好，所以才漏风吧？"

那工匠取下头盔一看，发现头盔顶上已经被剑刃劈开，遂对沃兰德佩服得五体投地，不再纠缠他。从此沃兰德在内东国过着呼风唤雨、万人敬仰的生活。但木秀于林，

女武神在瓦哈拉神殿内与恩赫里亚们推杯换盏

女武神们平时跟升天的恩赫里亚们生活在瓦哈拉神殿。每当晚宴时分，她们就会脱去战袍盔甲，尽显其红粉本色，扭动着半透明纱衣下的躯体，为神殿里面的英灵战士斟酒奉食。

风必摧之。由于他得到了国王太多的恩宠，难免引人嫉妒。后来有人在国王面前进谗言，挑拨他和国王的关系。沃兰德得知这一情况，与那人争执时，一怒之下将其杀死，被国王逐出了国境。找不到去处的沃兰德只能回到那个带给他伤心回忆的沃尔夫山谷。

但在这个地方难免睹物思人。每当想起妻子时，他就用工作来麻醉自己，转移思绪。当熊熊的炉火升起，沃兰德在砧台前挥汗如雨地抡锤锻造时，就会暂时忘记妻子。他的锤下诞生了各种样式的戒指和臂环，他把它们串起来，每天晚上难以入眠时就拿在手中把玩，直至入梦。沃尔夫谷地下城的黑侏儒们知道沃兰德回来了，很想除掉他，但知道他的手艺比以前更高强，怕失手后反被他杀死，于是想出了一条借刀杀人的毒计。他们四处放话说沃尔夫山谷有个寡居多金的人。

这话顺风传到了邻国国王尼索斯的耳朵里。他听说沃兰德有那么多的金戒指和金臂环，顿时起了贪念。

一天夜里，尼索斯率领一队人马悄悄越过国境线，来到了沃尔夫山谷，蹑手蹑脚逼近了沃兰德的行宫。他们发现房间内没有动静，知道沃兰德还没有回来，于是翻窗户进了房间。尼索斯看到房间里沃兰德精心打制的金戒指和金臂环，眼睛都直了。他对每个都爱不释手，但为了不打草惊蛇，他只把其中最漂亮、最贵重的一只臂环套在了胳膊上，把其他的都放回原处，然后领着手下退出了房间，埋伏在屋外的草丛中。

半夜时分，沃兰德打猎归来，一身杀气的他吓得尼索斯的手下全身发抖。所以尼索斯放弃了伏击他的想法，准备等沃兰德睡着后偷袭。

沃兰德一回家就生火烤猎回的熊肉，饱餐后很快就睡着了。等沃兰德醒来时，发现自己已经被五花大绑，躺在尼索斯的王宫大厅。王后对尼索斯说："这个人满脸杀气，甚是可怕！"而尼索斯觉得自己已经完全控制了沃兰德，丝毫不觉得他会反抗。他把沃兰德最精美的臂环送给了女儿柏斯沃德，而把那把刺穿王宫首席工匠头盔的宝剑挂在了自己腰上。

尼索斯威逼沃兰德继续为他打制首饰和兵器。当沃兰德在冶炉旁生火、准备锻造时，在背后监看的王后提醒丈夫："你要提防这条毒蛇，他现在虽然在低头干活，但他的眼神就像刀子一样，恨不得刺穿墙壁。每次他看到你腰间的佩剑和柏斯沃德的臂环，就咬牙切齿，眼中似乎要喷出火来。你最好让他失去行动能力，把他关在戒备森严的地方。如果他伺机逃脱，我们就可能性命不保。"

尼索斯围着沃兰德转了几圈，想了想，觉得妻子说得有道理。于是就割断了沃兰德的双脚脚筋，把他囚禁在一个孤岛上，让他在那儿为自己打造各种器具。

每当拉风箱时，沃兰德都会暗中诅咒尼索斯，在抡锤时更是会怒吼：“我精心打造的利剑居然佩带在小人的腰间！为妻子打造的臂环却戴在仇人女儿手臂上！而我却只能眼睁睁地看着，无能为力！”

沃兰德一边吼叫一边抡锤狠狠敲打烧红的铸件，仿佛砸在尼索斯的脸上。他把恶毒的诅咒铸进他制作的每一件器具里面，无时无刻不在盘算复仇的方法。

尼索斯的两个儿子经常来沃兰德处定做刀箭猎具，好在狩猎时在其他贵族面前显摆。沃兰德面对仇人的儿子，每每隐忍不发，还很专注地为他们制作。渐渐地，沃兰德就和他们无话不谈了，他们也三天两头地来找他帮忙。有一天，两个王子又来到了沃兰德的作坊叫他修复兵器，他们看见作坊墙角放了一口从来没见过的大箱子。二人好奇地问道：“里面是啥宝贝啊？能不能打开让我们兄弟俩开开眼啊？”沃兰德把钥匙递给他们，让他们自己开箱。两个王子打开箱子，看到箱里全是黄金，黄金的光芒照得二人脸上金光灿灿，就像两尊塑了金身的佛像。沃兰德在一旁说道：“这些黄金对我这个废人来说没什么用了。明天你们可以来我这儿随意拿取，但是绝对不能让其他人知道你们的行踪！一旦走漏了风声，这些黄金的主人就是你们的父亲而不是你们了！”

翌日天刚蒙蒙亮，两个王子就偷偷爬起来，避开王宫的仆役，划着小船来到囚禁沃兰德的小岛上。他们悄悄地避开卫兵和狱卒，来到了沃兰德的作坊。在他们贪婪地俯身埋首拾取箱子中的金子时，沃兰德撑着双手迅速爬到他们背后，手握用克扣下来的材料制造的宝剑砍下了他们的头。他把两个王子的身躯投入冶炉中火化，把他们的头盖骨做成两个酒杯，镶上银边给尼索斯用；把他们的牙齿做成项链，送给公主柏斯沃德佩戴；把他们的眼睛炼成宝石做成手镯，送给王后。国王、公主和王后十分喜欢这些器皿首饰，只舍得在盛大的宴会和节日等正式场合使用，顺便向人们炫耀他们的工匠的精湛手艺。由于两个王子到访前没有对任何人透露行踪，所以无人知道他们来过沃兰德的囚禁地，家人只认为他们外出游玩失踪或坠海了。

尼索斯的女儿柏斯沃德有一次玩弄沃兰德打造的臂环时，不小心将其弄断。她担心父亲会责怪她，就跑到沃兰德处，请求他帮忙修复：“好心的沃兰德啊，你是这个限量级产品的设计师和锻造师，请帮忙修复它吧。但千万不要让父亲知道这件事。我不想让他认为我很败家。”

沃兰德看到这损坏的金臂环，恨不得马上扭掉柏斯沃德的头，但他还是不动声色地说道：“没事，我会把它修复得完好如初。你父亲不仅不会看出它曾经损伤，甚至还会觉得它比以前更细致漂亮。”然后他开炉点火，假装锤炼金臂环。

柏斯沃德看见沃兰德如此爽快地答应修复，心中石头落地，就在一旁耐心地等待。但等了很长时间，沃兰德都还没完工，她想走，又怕父王看出端倪，不敢空手回宫，只好坐下来继续等待。这时沃兰德道：“我尊贵的公主啊，我花工夫做出来的东西实在太精美了，连我自己修复它都得花不少时间。被炉火烤了这么久，我也渴了。”于是停下手来，拿起旁边案台上的酒角喝了两口，又将酒加满，对柏斯沃德说：“还有好一会儿才能修好。不嫌弃的话就喝点酒解渴吧。”他说完把酒角递给了公主。

柏斯沃德被炉火烤得汗流浃背，口干舌燥，早就看到了酒角中的酒，却不好意思主动要来喝。这时沃兰德请她喝，就顺势接过来饮了两口。她觉得这甜酒生津止渴，忍不住多喝了几口。没多久她就困得睁不开眼，耳旁沃兰德敲打锻造的声音似乎越来越远，头也越来越重，片刻后她就昏昏睡去。沃兰德便趁机强暴了她，柏斯沃德醒来后挣扎哭叫着央求沃兰德放过她。

沃兰德恶狠狠地说：“放过你？你怎么不想想，我在自己的国家、在自己的家里睡觉，被你父亲绑起来，带到你们国家，夺走我全部的家产和我倾尽心血做的饰品，还割断了我的脚筋。他那时怎么不放过我啊？”

柏斯沃德听了沃兰德的话，平静了下来，甚至不再恨他，反而觉得他很可怜，沃兰德见柏斯沃德不再反抗，便放走了她，并把修复好的臂环也给了她。

复仇的快感盖过了沃兰德所受的一切屈辱、伤痛和不快，让他心情大好，并着手实施下一步计划。他开始偷偷捕鸟，同时以做饰品为由向岛上的卫兵购买羽毛。他用这些羽毛造了一件羽衣。终于，在羽衣完工的那天早晨，他穿上羽衣，飞过海面，降落到了尼索斯的王宫屋顶上。正在宫内散步的王后看见沃兰德身披朝阳之光从天而降，相比初见他时仇视的眼神，沃兰德面带微笑，只是这笑意中饱含嘲弄和蔑视。这表情让王后心虚不已，腿一软差点瘫倒在地上。她马上进屋叫丈夫：

“尼索斯，你醒了吗？”

尼索斯答道："当然醒了，我一直都是醒着的。自从两个儿子失踪后，我根本就没睡着过。我总觉得沃兰德是嫌疑人，你叫我割断他的脚筋，引发了他的仇恨，导致我们两个儿子失踪。我要到关押他的岛上去，马上当面质问他。"

王后颤声道："你不用到岛上去找他了，他已经来了。你出门就能看见他。"

"没我的命令谁也不能放他走，而且他现在是残疾人，怎么可能到这儿来？"尼索斯说着走出了门，一抬头就看到沃兰德穿着羽衣坐在对面屋顶上。尼索斯一阵恶寒，但他还是壮胆喊道："沃兰德，你这个恶魔！我的两个儿子至今下落不明。告诉我，他们怎么了？"

沃兰德不慌不忙地答道："真难得啊！你现在居然会把注意力从金银首饰转到你儿子身上。好吧，我被你的亲情打动了，就把你儿子的下落告诉你。不过你先要发誓不报复我的新娘。"

尼索斯无奈之下只得发誓。

沃兰德见他发誓后就说："先告诉你一个跟你我都相关的喜讯吧。我的新娘就在你的王宫里，你的女儿现在怀着我的孩子。那孩子将来就是你的接班人。现在我们从冤家变亲家了，可喜可贺啊。至于你的两个宝贝儿子，可以到我作坊冶炉中的灰烬寻找。即便你找不到也不必难过，因为你们天天用他们头盖骨做的杯子喝酒，那就是在亲吻他们。你老婆戴的宝石手镯是我用他们的眼睛炼出来的。你女儿的项链也是用她哥哥的牙齿精制而成。两位王子随时都在亲吻你们，注视你们，守护你们！你们一家人完全没有失散，你们一家人一直都在一起！"

尼索斯痛苦地大叫："你这个魔鬼，我要把你碎尸万段！"说着取下旁边的弓箭向沃兰德当胸射去。怎料沃兰德也不躲闪，反而挺胸让那利箭射入了自己的心脏，顿时鲜血直溅。但沃兰德随后却展翅飞了起来，解下胸前的一只口袋扔在他刚坐过的屋顶上，里面装的是从两个王子身上提取的鲜血，鲜血顿时洒满了整个屋顶。

尼索斯连续遭受女儿失贞、儿子被害的打击，再被眼前的鲜血一激，顿时瘫倒在地，不省人事。

"你为了得到我精心打制的饰品，不惜违反国际法，偷越国界线挟持绑架我，非法占有我的私人财产，还以暴力让我失去行动能力并囚禁我，让我替你做苦工。现在你就留着我用你儿子做的珠宝慢慢快活吧！"沃兰德说完腾空飞走，去找他朝思暮想的妻子去了。

女武神们跟人间的成功人士恋爱通婚的记录很多，其中最为深情的是布伦修德这位瓦尔基丽雅。布伦修德是奥丁的女儿，是瓦尔基丽雅们的首领。她与北欧屠龙英雄西古尔德①的爱情故事已被改编成了多部爱情偶像剧。西古尔德是奥丁之子西吉后裔嫡系沃尔松格家族中的英灵战士。西吉是勇猛的狩猎之神，很受世人尊敬。后来因为嫉妒别人打猎的本领强过于他，一时失去理智将那人杀死而触犯了天条，被贬谪人间。但奥丁还是时时荫庇他，给了他一艘载满高科技大规模杀伤性武器的战船，以及一船视死如归的勇士，并给了他战无不胜、所向披靡的超能力。

有了奥丁的佑护，西吉的名字让他的所有敌人不寒而栗。他凭借神赋的勇武和运势威震四方、权倾天下。但作为被贬为凡人而赎罪的神，他也不可避免地像凡人一样衰老。此时奥丁觉得他的业障消得差不多了，而且也为神界输送了很多高素质的恩赫里亚，便不再保佑他在人间的功业。他的众多妻妾部属也趁他朽老之时争权夺利，最后他死于外戚的夺权叛乱中。

在外远征的西吉之子瑞利亚听闻父亲死讯，立刻班师回朝诛灭了杀父仇敌，顺势继承了王位，使王权不落外人之手。瑞利亚是个崇尚和平、爱民如子的领导人。他制定政策让人民休养生息，为民众创造了一个国泰民安、四邻和睦的好环境。但这位仁慈的国王却一直膝下无子。他时常一个人苦闷地在海边漫步，一次，这位硬汉还在四下无人的时候流下了眼泪。他这番悲伤之举恰巧被众神之后芙丽嘉的信使格娜看见，格娜向芙丽嘉做了汇报。芙丽嘉从奥丁处讨来一枚苹果，让格娜和一名瓦尔基丽雅赐给瑞利亚。

年迈的瑞利亚王被久婚不育、没有后代继承王位的问题所困扰，到了颓废沮丧、不理国事、无心上朝的地步。格娜把苹果交给那位女武神变成的渡鸦，渡鸦衔着苹果飞过正枯坐在海边礁石上的瑞利亚头顶，将苹果投到他怀中。瑞利亚捧着这枚从天而

①西古尔德的传说是北欧的史诗，相当于古希腊的《伊利亚特》。德国著名作曲家瓦格纳曾根据他的故事谱写成了脍炙人口的歌剧《尼伯龙根的指环》。而托尔金吸取消化了其中情节完成了《霍比特人》，所以巨龙在黑侏儒的地下宫殿守卫财宝的情节会出现在彼得·杰克逊的电影《霍比特人》中。

奥丁的儿子西吉

西吉本是威武勇猛的狩猎之神，后来因为嫉妒别人打猎的本领强过于他，一时失去理智将那人杀死而触犯了天条，被贬谪人间。但奥丁还是时时荫庇他，给了他战无不胜、所向披靡的超能力。他便凭借神赋的勇武和运势威震四方、权倾天下。

降的苹果愣了半天才恍然大悟这是奥丁赐嗣之意，遂向诸神顶礼膜拜，立即回宫和王后分食了苹果。

但王后在临盆之时却遇难产，为了家族的江山社稷，为了避免祖业后继无人和被外戚军队篡权，王后咬牙要求剖腹取子。瑞利亚只好按王后意愿执行，结果得到了儿子沃尔松格。沃尔松格一出世就爬到母亲胸前亲吻她，但王后却安然长逝。瑞利亚强忍永失爱妻的伤痛，独自抚养沃尔松格。在沃尔松格成年后，他也撒手人寰。沃尔松格继承了王位，那化为渡鸦衔来苹果的女武神奉神旨前来与他成婚。他们一口气接连生了十个儿子，这十个儿子皆一表人才，第十一个则是女孩西格妮。在西格妮五岁时，沃尔松格的妻子飞回了阿斯加德。

沃尔松格颇具雄才大略，把国家治理得很富强。他宫中食客盈门，聚集了很多能人智士。他们经常受邀和沃尔松格及其诸子一起在王宫的大橡树下宴饮。这棵大橡树长在王宫中央，直贯屋顶且荫及整座王宫。

数年后，西格妮已经长成一位艳光四射的美丽少女，到了适婚年龄。慕名前来求婚的人络绎不绝，踏破了王宫门槛，其中哥特国王希吉尔因最具财势，他派出的使者送出不少大红包，打通了王宫上下关系，众人都替他美言，最后他成了西格妮的未婚夫。

到了结婚那天，西格妮看到自己的夫婿是如此的猥琐，比自己气宇轩昂的哥哥们差远了，不由得心下难过。沃尔松格也对自己女婿的形象气质大为不满，但请帖早已发出，他也不能单方面撕毁婚约。就这样，婚礼在女方和其家属的暗中不满中举行。西格妮抑郁寡欢的样子被哥哥西格蒙德看在眼里，他很替妹妹不值。

盛大的婚礼持续了很多天，一天宾主双方正在筵席上推杯换盏时，突然闯进了一个不速之客，在场所有人都不认识他。他高大威严，带有一种不怒自威的气质，无人敢冒犯他，就连一贯忠于岗位的卫兵都不敢拦下他盘问。此人径直来到王宫中央的参天大树前，抽出一柄长剑深深插入大树树干中。这千年古树的树干坚如磐石，之前无人能用武器在树身上砍出些许痕迹。在众人张口结舌之际，他转身对众人说："此乃世间第一的宝剑，凡夫俗子奈它莫何，唯有具王者之风之人方可将其拔出。能拔出此剑者可号令天下，莫敢不从，而且还可将此剑传之后人，其后代也会被万人敬仰！"说完他就凭空消失了。此时，那些平时耳闻目睹过奥丁显圣的人们方才恍然大悟，此乃奥丁给他的后裔在亲显神迹。

沃尔松格作为主人，邀请在座的豪杰勇士上前去拔这把圣剑，并让新婚的女婿第一个上前，尽管他使出了吃奶的劲，但那把剑依然纹丝不动。接着，沃尔松格被众宾客拥上去尝试，但也无功而返。随后是九个王子依次上前，但那剑就像是树干的一部分一样，无论谁上来使出多么大的劲，都纹丝不动。最后轮到最小的王子西格蒙德，他只用单手就轻易拔出了长剑，轻巧得像抽取一张纸巾一样。

在场所有人的欢呼声和鼓掌声有如雷动，大家把西格蒙德当作坠落凡尘的天神一样看待，在他全身贴满了各种赞誉的标签。新郎希吉尔觉得自己被人冷落，于是对喧宾夺主的西格蒙德生出了无尽的嫉妒和不满。他对西格蒙德说：“我愿出跟此剑等重的黄金向你买下这剑，你愿意不？”

西格蒙德本来就很鄙视这个无能猥琐的妹夫，认为妹妹嫁给他简直是家族之最大不幸，现在他还想用金钱收买家族圣物，就更觉得他是一个脓包。他决定趁此机会好好羞辱他一番：“作为第一个拔剑的人，要是你的能力足够，你早已是它的主人，完全无需向我购买。现在我作为家族的代表和神甄选的人拔出了剑，你就是把天下所有金子给我，我都不会出售。而且此剑代表了我们家族的荣誉，要我报价出售此剑，让我将家族荣誉置于何地？”

沃尔松格见局面闹得很僵，立即喝退了西格蒙德：“西格蒙德，你好生大胆，不懂礼节尊卑！希吉尔好歹也是你妹夫，更是哥特国王！今天是他的婚宴，在席上有你这样出言不逊的吗？到一边去冷静吧！”同时转过来对希吉尔赔礼道：

“犬子无礼，都是我调教无方，还望见谅！”但沃尔松格却在心里对西格蒙德竖起了双手的大拇指，觉得他不愧是奥丁和自己的后代，既维护了家族荣誉又给自己长了脸。

希吉尔对西格蒙德十分冒火，但这个奸诈小人表面上却没有表露出丝毫不快之色，反而称赞西格蒙德，让沃尔松格和西格蒙德放松了对自己的戒备，但心里已设好了一条毒计。他暗中下定决心，一定要把圣剑据为己有。

翌日凌晨，希吉尔向岳父辞行道：“陛下，我欲今日就起程回国。我虽还想多向你学习治国安邦之策，但需我料理的家国之事太过繁杂，不便久留。而且今日海上风顺浪小，是扬帆出海的极佳之日，请陛下允许我归国。”沃尔松格闻言也不好再作挽留，便同意希吉尔的请求，开放领海，让其出航。

西格蒙德拔出奥丁插在树中的圣剑

在西格妮与希吉尔的婚礼上，奥丁将一把神剑插入沃尔松格王宫中的大树上，宣称唯有具王者之风者方可将此剑拔出。在场所有英豪包括沃尔松格本人纷纷上前尝试，均无功而返，唯十王子西格蒙德，只单手就轻易将长剑拔出，并因此受到了众人的追捧。

在希吉尔准备上船时，西格妮对送行的父亲说："我和希吉尔相处得很不融洽。虽然只有短短数天，但这种憋闷的感觉简直要了我的命。而且我总有一种不祥的预感，觉得这门亲事会给我们家族带来灭顶之灾！"

沃尔松格其实也对女婿很不满意，但现在的情形却容不得他反悔。他劝慰女儿道："万不可有这种想法。如若你想跟他离婚，对你、我和希吉尔都是莫大的耻辱，那才会给我们家族带来灭顶之灾！你还是以平稳的心态随他去吧。日子久了你总会发现他的优点的。"

西格妮见父亲为了家族荣誉如此斩钉截铁，只好含着眼泪上了船。在起锚扬帆之前，希吉尔邀请老丈人和十个王子在一个月之后前往哥特国做客，以答谢他们这段时日的盛情款待。沃尔松格爽快地接受了邀请。西格妮闻听此事，心中预感不祥，便找借口下得船去。她告诫她父亲："我预感希吉尔借口邀请你们是假，设鸿门宴是真。万不可前往。"

但沃尔松格却说："我们答应人家的事，岂可失信于人？而且他要答谢我们，我怎可回绝？再说即便他想要谋害我们，我和你十个哥哥同行，难道还怕了他不成？"

一个月之后，沃尔松格带领十个儿子赴约，起航前往哥特国。他们停船靠岸，刚放下跳板，早在岸上等得心急如焚的西格妮飞奔上前，向父亲通风报信。她对沃尔松格说："希吉尔在宫中聚集了不少御林军，恐怕居心不良，你们最好马上返航！如若一定要赴约，也得回国多带些人马再来。"

沃尔松格摇头道："临阵脱逃，绝非男子汉大丈夫所为！即便希吉尔仗着人多势众而心怀歹意，我也奉陪到底。"

西格妮见父亲意志坚定地要赴这场鸿门宴，央求道："既然如此，那就让我跟你们一起进宫，我要和父兄同生共死！"

沃尔松格劝慰女儿道："不必了，你还是应该回到希吉尔身边。不管我们会遭到怎样的厄运，你都应该跟你的丈夫待在一起，这样才不至于被世人耻笑！不然就对不起自己神裔子孙的称号！"

无奈之下西格妮只能依照父亲的吩咐，洒泪告别家人，悄然回宫。次日，沃尔松格带领十位王子和船上仅有的少量侍从，携带随身兵刃，向希吉尔的王宫出发。刚至半途，他们就被团团包围。一时间，耳中只有喊杀声和号叫声，震耳欲聋，眼前只有残肢横飞，血肉模糊。沃尔松格一家人和亲兵虽然久经沙场，骁勇善战，但双拳难抵四掌。源源不断的围兵让他们无法脱身。片刻后沃尔松格英勇战死，而十位王子也耗尽体力被活捉。

卑鄙懦弱、贪生怕死的希吉尔刚才还不敢在战场上露面，现在却高踞在王座上传讯十位英勇的王子。十位王子虽然被生擒，但尚存一身傲骨，他们完全不屑看希吉尔一眼，觉得那样会弄脏自己的眼睛。此刻，希吉尔只是个在局面上以多欺少的赢家，而十位王子则是气势上的胜利者。这让希吉尔气得七窍生烟，在夺得了西格蒙德的圣剑后，便宣判十王子死刑，次日执行，行刑方式为绞刑，以将他们奉献给奥丁。

后宫的西格妮惊闻父亲战死，十位哥哥被擒成为死囚，飞奔到丈夫面前求情道："我知道现在无论我怎么哀求，都无法软化你的铁石心肠，更不可能让你饶我哥哥们不死。但看在我们夫妻一场的情分上，我只求你把他们的死刑从立刻执行改判为缓期执行，容我跟他们见最后一面。"

希吉尔狂笑道："多浓厚的亲情啊！我都被感动了。既然你想让他们多活几天，好！我就答应你，让他们慢慢地死去！"说完他当着西格妮的面命人将十位王子押到野外，绑在十棵大树上，这样一来，他们即便不被野兽撕咬致死也会因饥渴折磨而死。而且他为了防止西格妮偷偷前去解救，将她软禁在宫中。

希吉尔每天早晨都会遣人去林中查看十位王子的生死。而他每天得到的回答都是在头天夜里死了一个王子。原来每天夜里都会有一头怪兽从林中出来，吃掉离它住处最近的一个王子。西格妮每闻惨报就号啕大哭，却又束手无策。

如此九天之后，就只剩西格蒙德一个了。西格妮突然想到一个妙计，她拿出一罐蜜糖请求丈夫说要给这位爱吃糖的小哥哥做最后的祭奠。希吉尔见沃尔松格家族的男性只剩最后一个，不可能再逃脱或反扑，便做个顺水人情，同意了妻子的请求。但多疑奸诈的他还是怕妻子放走他哥哥，只同意妻子派人前往，而不让她亲自前往。于是西格妮只好派她的贴身侍女前往。这侍女到了西格蒙德面前就依主人所言，将蜜糖涂满了西格蒙德的脸，还将蜜糖塞满了他的嘴。

当天晚上，那怪兽按时前来享用自己最后一顿不费力的晚餐，它一来到西格蒙德面前就嗅到了蜜糖的香甜气息，便舔他脸上的蜜糖，舔完了脸，又将舌头伸进西格蒙德嘴里舔里面的蜜糖。西格蒙德趁机死死咬住自己嘴里的怪兽的舌头。怪兽痛得拼命

西格妮央求沃尔松格不要赴希吉尔的鸿门宴

希吉尔带新婚妻子回国时，邀岳父和十位王子去哥特国访问，实则暗藏杀心。一个月之后，沃尔松格一行如期赴约，他们刚停船靠岸，心急如焚的西格妮便飞奔上前，对父亲说：“希吉尔在宫中聚集了不少御林军，恐怕居心不良，你们最好马上返航！如若一定要赴约，也得回国多带些人马再来。”

挣扎，用四肢抵住树干，想把舌头拔出来。但西格蒙德死咬不放，那怪兽使劲一挣，竟将粗大的树干折为两段。怪兽终于脱身了，但它的舌头也被西格蒙德扯了出来，它惨嚎几声后倒地死亡。西格蒙德从折断的树干上挣脱出来，暂时藏身在树林中养伤。

第二天，希吉尔同意西格妮到树林中与哥哥们的遗骨告别。西格妮正泪眼蒙眬地准备掩埋哥哥们的遗骨时，西格蒙德从密林中现身。兄妹二人相拥而泣，发誓必不择手段报家族之仇。此后，西格妮经常以祭拜的名义出宫，为哥哥送来吃穿之物。西格蒙德则在密林深处搭建了一座茅舍隐居下来，伺机复仇。

由于沃尔松格家族男丁几乎全灭，希吉尔没费多少兵力就吞并了沃尔松格的国土。此后不久西格妮先后诞下了两个男孩，她期望这两个儿子能替自己全家报仇。所以在大王子十岁时，西格妮把他送到西格蒙德处，想让他把儿子训练成替家族报仇的勇士。

西格蒙德把一袋面粉拿给这个孩子，叫他和面准备晚餐的面包。但王子看见面粉中有东西在蠕动，就不敢和面。西格蒙德略加试探就知道这个孩子无法完成他母亲的愿望，因为他缺乏最基本的勇气。于是他让西格妮把这个面试不合格的孩子带走了。第二年，西格妮又带来了小王子，但由于丈夫的家族基因太熊，小王子也是个胆小怕事之人。

西格妮心急如焚，她知道没有沃尔松格家族的血脉，就不可能有勇气担当报仇大任，于是她下了一个极危险的决定，一定要得到一个有纯正家族血统的儿子。

西格妮招来一位年轻貌美的女巫与自己调换相貌。王后让女巫想尽办法诱惑国王。而西格妮则服下魔法药水变成了女巫的模样，来到密林中西格蒙德的小屋等待他归来。

打猎归来的西格蒙德哪里知道这个声称迷路并要求借宿的少妇就是自己的亲妹妹？他禁不住女巫的引诱和挑逗，和她春风几度。三天后，西格妮回到宫中，恢复自己的身份相貌。不久西格妮生下一子，其声音相貌都一如自己的族人。西格妮知道他具备族人的一切优秀基因，为他取名为辛斐托里。

辛斐托里十岁时，西格妮为了试验他的勇气，故意在为他缝衣服时，重重下针，把衣服缝在他的皮肤上。但这孩子一动不动地任由母亲将针深深扎入他的皮肤。西格妮又强忍心痛，把衣服连皮扯了下来后问道：“疼吗？孩子！”

辛斐托里道：“这点轻微疼痛都不能忍还算是沃尔松格的后代么？”说完哈哈大笑。西格妮知道儿子乃可造之才，就把他送到西格蒙德处受训。

西格蒙德还是用之前的题目来测试辛斐托里，叫他揉面后烤面包，然后自己到森林里砍柴。等他回来时，辛斐托里已经烤好了面包。

西格蒙德问："第一次揉面吧？还习惯吗？"

辛斐托里答道："没事，就是刚开始揉的时候，面里有东西在动，我就把它给揉进面团了。"

西格蒙德见辛斐托里拥有超出年龄的勇气，十分满意，于是微笑道："这面包不能吃了，因为你已经把毒蛇给揉进去了。"随后辛斐托里就在西格蒙德身边学习各门武艺，剑矛锤斧无不精通。

西格蒙德为了把辛斐托里锤炼成智勇双全的勇士，经常带他在林中四处劫掠。通过多次血战，西格蒙德看出外甥完全继承了沃尔松格家族的勇武，性格中同时又夹杂了野蛮和残忍。西格蒙德认为这种野蛮和残忍是他十岁前与希吉尔相处而渲染的性格。西格蒙德经常对辛斐托里讲自己家族的深仇大恨，辛斐托里一再表示要用希吉尔的头祭祀外公和舅舅们，不知道辛斐托里身世的西格蒙德非常诧异其对希吉尔的冷酷。

一天，他们在树林中打猎时，看到一个猎户驿站内睡着两个贵族打扮的男人，他们身边的行囊上放着两张狼皮。西格蒙德知道这种附着了魔法的狼皮，一旦披上身就会令人变身为狼，要到第十天才会恢复原形。为了磨炼辛斐托里在极端险境下的应变能力，他偷走狼皮，自己和辛斐托里各披一张。两人立刻化身为两匹苍狼，在森林中四处游猎，看见活物就咬。随后他们在分手之前约定，若是任意一方遇到七个以上的对手，就须向另一个人号叫求援。

现在舅甥两人都成了单兵作战的孤独野兽，要忍饥挨饿自行觅食，还要躲避猎人的追捕。分手后的第二天，西格蒙德就遇到了八个合伙捕捉他的猎人。一见寡不敌众，他马上仰天长啸。辛斐托里赶来帮忙，两人合力将这八人咬死。在第九天时，辛斐托里遭遇了十一个猎人，但他顶着压力独自一人全歼了他们，自己也身负重伤躺在草丛中无法动弹。等西格蒙德找到他时，他对舅舅说："你连八个人都应付不了，我却独自干掉了十一个人。原来你一直把我当没长大的小孩子看待，是因为你自己的能力很是一般啊！"

西格蒙德闻言怒火中烧，狼性大作，竟扑上去将受伤的外甥咬死在地上。不一会儿西格蒙德恢复了理智，他守着外甥的尸体伤心不已，诅咒身上让他们丧失人性的狼皮。忽然他看见林中两只鼬鼠在打架，结果其中一只被咬死。得胜那只不仅没有对同类之死表现出任何的愧疚，反而得意洋洋地钻进了身边的草丛中。片刻后它叼出一片叶子放在死者胸口，死者马上就复活了。西格蒙德就赶紧进入刚才鼬鼠叼出叶子的那片草丛去找同样的叶子。在他苦寻无果时，一只渡鸦从他头上飞过，口中掉下一片叶子，飘到了他眼前。西格蒙德知是神赐，就将叶子搁在外甥胸口，使辛斐托里复活。

他们再次回到了藏身的茅屋，静待狼皮魔力失效，第十天夜里，狼皮脱落，他们得以恢复人形。为了不让这附魔的狼皮再祸害他人，他们把狼皮投入火中销毁了。

经历过实战后，辛斐托里已经成为一个政治合格、军事过硬的勇士了。此时西格蒙德觉得报仇时机已经完全成熟。

一天晚上，两人离开藏身的密林，偷偷摸进了希吉尔的王宫，藏身在地窖的酒桶后，准备等待深夜卫兵打瞌睡时动手行刺。不料希吉尔和西格妮之前所生的两个儿子跑到地窖捉迷藏。在一个藏、一个找的时候，他们发现两个身怀利刃的人躲在酒桶后，顿时吓得大叫："有刺客！"西格妮一听就知道是哥哥闯进来报仇了，立即抢在丈夫之前来到地窖，抓住两个儿子，把他们推给西格蒙德道："把他们杀掉！"

西格蒙德见是妹妹的儿子，正在迟疑之时，希吉尔已带侍卫赶了过来，听着脚步声渐近，辛斐托里一手一个拎起两个同母异父的哥哥，两把拧断了他们的脖子，把尸体向希吉尔抛去。趁敌人看到空中落下的尸体发愣时，两人冲向敌群，边砍杀卫兵边向高声指挥的希吉尔靠近。但随着增援的卫队越来越多，两人始终被围在人海之中，无法靠近希吉尔。最后终于寡不敌众，被希吉尔的侍卫擒住。

希吉尔命人将他们关进地窖，在上面盖了厚重的石板，要活埋他们给儿子报仇。在石板盖上地窖入口前，西格妮抱来一堆桔梗扔进地窖说："给你们肉吃，让你们慢慢地死，让你们因争抢食物相互残杀而死！"

希吉尔哈哈大笑，称赞妻子居然比他还会折磨人。等石板盖严时，辛斐托里马上仔细翻看草束，因为他听到桔梗落地时声音很响，似乎包有重物。结果他在里面发现了奥丁赐予西格蒙德的圣剑！二人用剑把头顶的石板砍了一个大洞，逃出了活埋他们的地窖。

西格蒙德和辛斐托里越狱后立即在王宫中堆满易燃易爆物品，放起火来。一时间，风助火势，火借风威，希吉尔的王宫顿时变成了一片火海。

希吉尔在烈火中尖叫："是谁在纵火？"

西格蒙德和辛斐托里答道："是沃尔松格家的人！"

希吉尔大叫："不可能的！沃尔松格家的人都死光了！"

西格蒙德和辛斐托里道："奥丁的后裔生命力顽强，斩不尽，杀不绝的！你就在烈火中忏悔吧。"

西格蒙德和辛斐托里守住了火场中唯一的通道，大喊西格妮让她赶快逃出来，但西格妮只是走到西格蒙德面前拥抱了他，并说出了辛斐托里的身世秘密，然后吻了吻儿子，转身跳进了火海。

亲仇得报，而西格妮已亡，西格蒙德和儿子辛斐托里回到故国，他们高举复国大旗，得到了故乡人民的热烈欢迎，很快就收复了境内国土，将非法占据沃尔松格王宫和土地的希吉尔族人驱逐出境。西格蒙德做了国王，向那些在他流落敌国时侵略过自己国家的邻国开战，打败了他们，并成为他们的宗主，狠狠地出了心中的恶气。

西格蒙德后来娶了美丽的伯格修德为妻，生下儿子哈罗德和海尔格。海尔格出生之时天象异常，王宫上空聚集了很多鸣叫的苍鹰，各地都爆发泥石流和地震，甚至连王宫外墙都垮塌了。于是，命运三女神为这个孩子编织了一张堪称完美的命运之网。她们让他万夫莫敌，有帝位之威。她们把他的命运之网牵往北方、东方和西方，让他的势力能渗透到这些极远的地方，并许诺他将来会被选入瓦哈拉神殿，成为一名恩赫里亚。而此时命运女神背后树上的两只渡鸦却呱呱诅咒海尔格不得好死，说他会引起复仇和厮杀，这样它们和野狼就不会挨饿了。

西格蒙德在海尔格幼年时，按照传统的易子而教的习俗，将他送到盟国的哈加尔王那里接受教育。和海尔格一起受教的还有亨廷王之子赫明。赫明经常欺辱这个比他小很多的学弟。后来赫明学成归国，海尔格一直计划复仇。十五岁时，他闯入亨廷的王宫将赫明杀死。他在返回的路上对一个小牧童说："所有曾经对海尔格不恭不敬的人，都会付出代价的。他们会忘记自己对我做过什么，但我不会忘记他们对我做过什么的！"

亨廷见爱子被杀，立即命人赶往哈加尔宫中追捕海尔格。海尔格乔装成侍女在院里推磨，骗过了前来追缉的人，脱险后连夜回国。亨廷亲率舰队讨伐海尔格，并派出使节要海尔格做出赔偿。海尔格对敌方来使答道："我连碎银子都不会给你们。我只能给你们利剑、长矛、战斧和链锤。而你们得到的将是自己的鲜血！”

于是双方在海上展开血战。海尔格的战船直扑亨廷王的旗舰，在用船首鹰钩状吊桥勾住亨廷的旗舰后，海尔格率先冲上敌舰。双方浴血奋战，最终海尔格率众砍翻了所有敌兵，将掌舵的亨廷斩于剑下。敌人群龙无首，纷纷溃逃。

双方的战争非常激烈，奥丁派出女武神在战场上飞翔，以挑选恩赫里亚。作为旁观者，她们的阵仗和气势甚至超过了交战双方，整片天空都被她们耀眼的甲胄和长矛照得透亮。其中有一个名叫古特伦的瓦尔基丽雅，原是胡格尼国王的公主，她一路尾随海尔格的战船挑选英烈时，爱上了英勇的海尔格。其他女武神完成任务后都飞回了阿斯加德，而她则跟随海尔格的战船直到其靠岸。她降落在海尔格的船上，给了他一个热吻，并表示愿意做他的妻子。二人于是成婚了。

接下来海尔格和同父异母的哥哥辛斐托里会合，一起率军乘胜追击，直取亨廷族本土。途中，他们虽然遇到了暴风雨，但由于有古特伦在内的九名女武神保护，终于化险为夷。在亨廷族的领土登陆后，双方激烈交战。

最终亨廷族人全部战死，只剩一个叫作达格的人发誓为海尔格和辛斐托里做奴隶，才免于一死。

后来达格向奥丁献祭后借得了他的长矛，用这把无敌长矛刺死了海尔格。可怜的古特伦蜜月还未度完就成了寡妇，她只得修筑了一座坟墓埋葬丈夫，自己则在坟墓旁边结庐而居，日夜哭泣哀悼丈夫。

而海尔格的灵魂则被选进了瓦哈拉神殿，奥丁让他同自己一起掌管神殿。海尔格看见仇人亨廷居然也在此地，于是就罚他做最低贱的活：生火、养狗、喂猪。

一天晚上，古特伦的侍女路过海尔格的坟墓，发现海尔格和部下策马来到此处。她惊讶地问海尔格：“您是不是复活了？”

海尔格答道：“去了瓦哈拉神殿的人谁还能复活？是奥丁准假让我回来，让古特伦医治我的创口。”

古特伦听完侍女所言，马上夺门而出奔向丈夫的墓地。她看见海尔格身上还留有奥丁圣矛造成的贯穿性伤口，大哭道：“你怎么升天后伤口都还未愈合？我该怎么抚平你的创伤？”

海尔格答道：“是你的哭泣和眼泪让我的伤口继续流血，使我痛苦万分！”

从那以后，古特伦不再为丧夫而哭泣，她重新返回工作岗位，继续从事甄选英灵的女武神工作。在神界她还可以在周末跟海尔格小聚一下，就这样直到世界末日——诸神的黄昏。

而辛斐托里是个血液中雄性激素含量极高的人，他很难在和平时期坐下来享受清闲，所以总是四处劫掠来充实自己的生活。有一次他为了争夺一个女人，竟将父王新王后的哥哥杀死。王后伯格修德对此一直耿耿于怀，屡次叫西格蒙德重罚辛斐托里，但都被丈夫否决，于是就伺机害死辛斐托里。辛斐托里对此也是心知肚明，时时处处提防着王后的报复。终于王后等来了一个绝好的机会。在一次盛大的酒宴上，王后伯格修德亲自为每位宾客斟酒。在她把酒角递给辛斐托里时，辛斐托里瞟了一眼道："假酒！"

西格蒙德把酒角夺过去一口喝了。

王后讥笑道："难道你还要用自己的父亲做挡箭牌么？"说着又给了辛斐托里一只酒角。

辛斐托里又说："这并不是纯正的酒！"西格蒙德就又替他喝了。

王后不依不饶，马上又递给他第三杯酒道："如果你还算是沃尔松格家族的后代，就干了它！"辛斐托里看了看酒角道："里面有蛇毒！"这时西格蒙德已经喝醉了，就对儿子说："你自己用胡子滤一下吧！"

辛斐托里只好饮完杯中之酒，立刻毒发身亡。西格蒙德见儿子死在面前，马上酒醒了一半。他抱着儿子的尸体痛不欲生，想把儿子的尸体带到他们曾共同生活过的那片森林中去。在他将要渡海时，一位独眼老者驾舟前来，表示愿意替他摆渡，并帮他把尸体搬上船，接着就像个盗尸贼一样消失了。这是奥丁第一次亲自来人间接引恩赫里亚升天，以前都是由女武神来处理的。悲愤异常的西格蒙德废逐了伯格修德，另娶了年轻美丽的赫奥蒂斯为妻。在此之前，很多追求者向赫奥蒂斯求婚，最强的两个就是西格蒙德和李格尼。赫奥蒂斯懦弱的父王怕得罪人而左右为难，束手无策，只好把难题交给女儿处理，让她自己做出决定。赫奥蒂斯说："虽然无论选择谁都会得罪另外一方，但我还是想嫁给西格蒙德。尽管他年纪很大，但他的江湖威望最高，而且他在外的口碑很好。"于是她就嫁给了西格蒙德，婚后不久赫奥蒂斯便怀孕了。

李格尼觉得输给西格蒙德让他很没面子，回国后就纠集了一支强大的军队前来攻打这个老情敌。西格蒙德年纪虽大，但体力却不逊于任何年轻人，他身先士卒率领族人应战，冲锋陷阵，锐不可当，将李格尼的精锐部队斩杀了不少。双方交战正烈，突然一长须灰衣的独眼老者旁若无人地步入交战人群中，将手中长矛刺向西格蒙德。西格蒙德惊吓之下急用自己的圣剑挡长矛。谁知奥丁赐予他的圣剑一碰到这长矛，立即断成数截。战局一下就变得对西格蒙德不利，他的精兵瞬间被敌人杀死大半，他自己也受了重伤倒地。

李格尼得胜后立即杀入西格蒙德的王宫，要抢回赫奥蒂斯，却遍寻未着。原来赫奥蒂斯担心丈夫安危，一直悄悄尾随西格蒙德的军队，在激战时她躲在战场附近的草丛中提心吊胆地观战。等李格尼率军攻向王宫时，她偷偷来到战场，找到了奄奄一息的丈夫。赫奥蒂斯要替重伤的丈夫包扎伤口，但西格蒙德拒绝了妻子的好心。他叹道："要是以往，我哪怕受了再重的伤都能活下来。但这次我气数已尽，连我神奥丁都不愿让我披坚持锐了。你也应顺应神旨，不必再为我包扎伤口了，只需将我的数截断剑收拾起来，在你腹中孩子出世后，让他重铸断剑以得永世威名！"说完就死在了妻子怀中。

赫奥蒂斯正伏在丈夫遗体上痛哭，她的侍女奔来说有一队维京战舰来到了海边。二人只好再次躲入草丛中，主仆调换了衣服和身份。她们走出来时碰到刚上岸的维京人首领埃尔夫。于是赫奥蒂斯的侍女自称是西格蒙德的王后，而告诉埃尔夫真正的王后为自己的侍女。接着她们把战事经过向埃尔夫做了详细的描述，以至于埃尔夫如身临其境一般感到了之前大战的惨烈。他素来久仰西格蒙德的威名，听到他英勇战死沙场后更是十分敬重。他为西格蒙德举行了隆重的船葬仪式，然后在赫奥蒂斯的导引下挖出了西格蒙德的宝藏，携财宝和两个美女同归故土，到了埃尔夫父母的国度。

刚回国没几天，老王后就问埃尔夫："儿子啊，你怎么会让这个仪态端庄，雍容华贵的女人穿着廉价衣服走在这个衣着华丽但气质欠佳的女人后面啊？"

埃尔夫也疑惑地说："从一开始我就因这两个女人的主仆身份感到惊讶。她们一定在隐瞒实情，而隐瞒的原因是怕我破坏或夺去什么东西。不过，总有一天我会让真相水落石出的。"

一天，埃尔夫送给假王后一顶漂亮的帽子。这侍女以前哪里戴过样式、颜色、质地、裁剪都如此上乘的帽子，一时高兴得语无伦次。而埃尔夫看到一旁的侍女却面容平静，没有露出一点惊异羡慕的表情。埃尔夫又带着主仆二人到王宫后花园散步，突然一阵大风将王后的帽子吹到了池塘中。埃尔夫马上命令一旁的女仆下水把帽子捞上来。见女仆止步不前，面露难色，埃尔夫更是坚持要她下水。

这时王后道："不就一顶帽子嘛？掉水里就掉水里吧。"埃尔夫道："这是我刚送给你的，你难道就如此轻视我送的礼物？"王后道："只是我的婢女此刻下水不方便。"埃尔夫道："她应该为主人无条件服务，哪怕是付出自己的生命。"

见纸包不住火，女仆只得和盘托出实情，说出自己与王后互换着装和身份的事情，并告诉埃尔夫她们的目的是为了避开仇家，保住赫奥蒂斯腹中的遗腹子。埃尔夫终于确定他没看走眼，自己一直喜欢的这个女人才是真正的王后。于是他马上向王后求婚。赫奥蒂斯也欣然同意，但她向埃尔夫提了一个条件：把自己腹中的孩子视如己出。埃尔夫答应把这个孩子当自己的亲生骨肉对待，并表示，抚育沃尔松格家族后裔，也就是抚育神的后裔，是高尚的事。后来赫奥蒂斯生下一子，名为西古尔德。老国王让最聪明的巫师莱金当他的导师。莱金不仅精通各种魔法，还是有名的工匠，更通晓世间一切，甚至能预知未来。虽然他预测的时间没有命运女神那样长，但他知道太上皇让他教育的学生会在成年后杀掉自己。

西古尔德慢慢成年，他的学识、能力和才华渐渐超过了他的导师。他可以自己打造兵器，并通晓鲁纳符文，且善于辩论，还是位无人能敌的勇士。一天西古尔德在练武后跟莱金交谈。莱金问他："你知道自己父亲财宝的下落吗？"

西古尔德答道："它们都在几个国王手中。"

莱金又问："你能容忍他们霸占本应该属于你的财宝么？"

西古尔德不以为然地说："我现在不过是放在他们那里让他们替我保管罢了，他们会让这些财宝生出利息的。到我成年时，我定会找这些不需要我付保管费的人提取我的本金和利息。"

莱金道："你连一匹马都没有，怎么成就宏图大业啊？"

西古尔德道："我只要一开口，就能得到我想要的任何良驹。"他跑到老国王处，请老国王同意他骑马游玩，老国王让他自己挑选。于是他和莱金前往森林中的皇家马场中相马。他们在相马时，遇到了一位独眼老者，他指点西古尔德将所有马匹赶入河中，说这样才能选出良驹。他们照此办理，结果除一匹灰色小马驹勇往直前外，其他马在涉水时一感到水深就折返上岸。

那独眼老者对西古尔德道："你就挑那匹灰色小马驹，它是阿斯加德神驹斯普莱尼尔的后代。它的能力超过世间所有马匹！你要好好照料喂养它，把它当朋友甚至家庭成员看。"说完，这老者就消失了。于是西古尔德选了这匹斯普莱尼尔下凡后和人间母马生的混血私生子，取名为格兰尼。

在一个冬夜，西古尔德和莱金在壁炉前烤火，莱金弹琴唱了一首歌，自述他的平生：哈鲁特玛尔是海边黑侏儒国君，他有三个儿子。长子法夫尼尔力大无穷，胆量过人；次子奥蒂尔能变形为各种物体；三子叫莱金，心灵手巧。三位儿子为了孝顺老父，就集资由莱金修建了一座镶金嵌银的宫殿。由于怕外人打宫殿外墙上贵重金属的主意，就由勇敢强大的老大法夫尼尔做保安。

一天，奥丁、弗雷尔和洛基微服私访，来到了哈鲁特玛尔家中。在宫门外，洛基看到一只水獭躺在阳光中打鼾，他不知这是主人之子奥蒂尔的变形，就杀了它，负在肩头，准备晚上美餐一顿。三位神进宫后还向哈鲁特玛尔炫耀自己的猎物，让他的厨师将其烹调，准备晚上让大家分而食之。

哈鲁特玛尔强忍丧子的悲痛，不动声色地欢迎他们，招待他们放下武器入席，还殷勤地奉上酒食。酒过三巡、菜过五味后，三位神已经喝得东倒西歪了，哈鲁特玛尔先藏好三位神的武器，然后叫人通知他另外两个儿子来替兄弟报仇。法夫尼尔和莱金闻讯后带人拥进大厅，生擒了三位神。哈鲁特玛尔先要三神偿命，后来又要他们交出能铺满水獭皮的金子以赎回他们的性命。他先放了洛基，让他设法去筹集金子。洛基知道要找到贪婪的黑侏儒所要求的金子几乎不可能，那水獭皮也应该不是用普通数量的金子能铺满的。此时他想到了米梅，他是黑侏儒中魔法最为黑暗高强的。虽然洛基天不怕地不怕，但平时也不敢跟他打交道，因为米梅有百变头盔，可以将自己变得无比高大强壮，而且还能隐形。最重要的是米梅有聚金戒指，可以吸附一定范围内的金子。现在为了他们的性命和武器，洛基只得硬着头皮在米梅身上打主意了。

洛基找到米梅，说可以跟他结盟，帮助他称霸世界，但要先看看他的实力是否真如外界传言的那样强悍。米梅早就有打倒霜巨人、奴役众神、称霸世界的野心。现在有了诡计多端，唯恐天下不乱的洛基给他做狗头军师，他更是心花怒放。

为了证明自己的实力，米梅戴上百变头盔隐身。洛基看见米梅从面前消失，不由得心中发虚，说道：“你实力如此强大，难道还用隐身后偷偷摸摸地搞暗杀么？应该现出原形，用你本身具有的威力击溃他们！”

于是米梅马上显身变成了高达万丈的巨人，而刚才在他面前的洛基现在只及他脚背。洛基这下更是被吓得够呛，但他刺激米梅道：“变大有什么了不起啊？我见过很多跟你差不多大的霜巨人。要能变小才算是真的厉害。”

米梅一听马上就变得如同老鼠般大小。洛基趁机一脚踩住他，威胁他交出了所有的黄金，当然还有百变头盔和聚金戒指。米梅心痛地诅咒说，凡是得到这些宝物和黄金的人必遭杀身之祸。洛基回到哈鲁特玛尔的宫殿里去赎神，他把从米梅那儿搜刮来的黄金全部铺在水獭皮上。可是这水獭皮会随黄金数量的增多而扩大，洛基倒上去的黄金怎么也铺不满它。洛基只得将聚金戒指放上去，这指环像磁铁一样吸来了方圆数百里所有的金子。但即便如此，水獭皮还是空出了一角。万般无奈下，洛基只得将百变头盔拿出来放在水獭皮上，三位神这才脱身。

三位神刚走，米梅的诅咒就应验了。哈鲁特玛尔得到了黄金和宝物后，马上就将其纳于自己囊中。法夫尼尔和莱金提出分一些黄金给他们打赏手下，但财迷心窍的哈鲁特玛尔说什么都不肯给两个儿子一点黄金。谁知法夫尼尔更贪心，一怒之下杀了父亲，并且把莱金驱逐出境。至今，莱金仍无法回到故土，只能流亡国外，靠自己的聪明才智度日。而法夫尼尔则化为一条巨龙，盘踞守卫着他的财宝。

莱金讲完自己的亲身经历后，问西古尔德是否愿意帮他复仇，见西古尔德一副事不关己的表情，就利诱道：“如果你杀死了法夫尼尔，就能得到那些金子，你就会成为天下最富有的国王。”

西古尔德说：“我也听说过那条巨龙，但我和它实力太悬殊了，别说杀死它，连接近它都困难。”

莱金故意激他道：“这话不像是果敢的沃尔松格族人应该说的。”

谁知西古尔德完全不接招，反而答道：“不要拿未成年人和成年人比，要知道我现在还是未成年人呢。”

后来数年间莱金又不断地用名利来诱惑怂恿西古尔德去屠龙。西古尔德见自己年龄与技艺渐长，便答应帮他复仇，前提是要莱金为他铸一柄好剑。但莱金先后做了两把剑，在验收时都被西古尔德折断了。后来西古尔德把从母亲那儿得到的父亲留下的圣剑碎片交给莱金，才炼出一把神兵利器。

莱金把剑交付西古尔德使用时，要他履行复仇的诺言。西古尔德道："你放心，沃尔松格家族的人不会轻易许诺，一旦许诺就一定会兑现。不过我得先报杀父之仇，然后再了结你的历史遗留问题。"

西古尔德去跟老国王商量说："现在到了让李格尼知道沃尔松格家族血脉尚存的时候了！"于是埃尔夫的父亲就调拨给他一些船只和人马供他差遣，鼓励他替父报仇。西古尔德马上率军起程，半途时，忽然起了大风暴，舰队被风暴吹得就像洗衣机中的衣服一样团团转。这时，海面上一块凸起的大礁石上站着的一位独眼老者要求搭船。西古尔德在风暴中冒着触礁的危险，靠近礁石，将老者接上船。谁知他一上船，风暴马上就停了下来，整个舰队一帆风顺地靠岸登陆了，但那位老者却消失不见了。西古尔德带军摧枯拉朽般撕开了李格尼的防线，闯入宫中将李格尼和他的儿子们斩尽杀绝，用他们的人头祭奠了父亲在天之灵。

西古尔德载誉而归，回到了养父埃尔夫的国土。赫奥蒂斯举行了盛大的宴会为他庆功。宴会后，莱金提醒西古尔德兑现诺言，西古尔德二话不说立即同他上路。他们骑马来到法夫尼尔所在的格尼泰海德山脉，只见一片荒凉的焦土，积满砂砾，上面留有一道很宽的巨龙爬行后的痕迹。这龙迹沿着山坡连接山下的小溪和山顶的洞穴。莱金告诉西古尔德小溪是巨龙每天下山喝水之处，而山顶则是它的巢穴。他叫西古尔德沿着龙迹继续前进，而自己却躲进了旁边的灌木丛。

西古尔德顺着龙迹边走边想屠龙方法时，一位独眼灰衣老者指点他在巨龙必经之处挖一个坑，再挖一道壕沟与坑相连。届时躲在坑中屠龙后，顺着壕沟撤离到安全地带以免在巨龙垂死挣扎时受伤。西古尔德在老者消失后，依其所言挖好坑和沟，在里面伺机屠龙。当巨龙又一次下山饮水，庞大的身躯从坑上方经过时，西古尔德奋力猛刺一剑。这一剑刺入了巨龙胸部，爬行中的巨龙由于惯性继续前行，把自己从胸口到腹部拉出了一条大口子。巨龙垂死挣扎，把山上的石头击得粉碎，整座山的体积因此缩小了一半。法夫尼尔觉得自己将不久于人世，竭力问道："你是谁？是哪个种族的？为什么暗算我？"

西古尔德说："我是沃尔松格家族中西格蒙德之子西古尔德，杀你之剑乃奥丁所赐之圣剑！"

法夫尼尔问道：“你我无冤无仇，我更跟你祖上没有任何恩怨。你虽然有个英勇的父亲，但他在你出生之前就去世了，是谁教授你武功并鼓动你来杀我？”

西古尔德道：“鼓动我的是我的勇气，圣剑帮助我刺中了你。沃尔松格后代就是勇士的代名词！”

法夫尼尔说：“你不用再向我描述你有多么勇敢，血统有多么神圣高贵，我知道你就是为了我的金子而取我性命的。人之将死，其言也善，记住我说的话，这些金子是受过诅咒的不祥之物。我父亲因它而死，现在我也因它而死，你将来也不能幸免。你要是不想惨死在别人手下，就最好不要动它，任它留在山洞中！”

西古尔德笑道：“我即便不要你的金子也难逃一死。但那天来临之前，我是不会嫌钱太多的。”

法夫尼尔叹道：“我对你所说的话句句属实，我也在它的蛊惑下变得利欲熏心。我们家族中只有莱金没有碰这些金子，所以他一直无忧无虑地过活。你得了金子后也会惶惶不可终日，时刻提防别人夺去它，而且最后会跟我一样死无葬身之地。不信你就走着瞧吧。”说完他就死了。

西古尔德擦拭剑上龙血，莱金从旁边树丛中钻出来向他祝贺：“恭喜你不辱先祖威名成此屠龙伟业。但那些金子本是我家财产，你应该分我一多半。”

西古尔德开玩笑地说：“我的师傅啊，刚才我亡命屠龙时，你躲到哪儿去了？而且要论功行赏的话，你所尽的那点力是值不了多少金子的。”

莱金争辩道:“你手中的屠龙之剑是谁铸成的？若没有这剑,你怎么能杀死巨龙？”

西古尔德本来就喜欢和人辩论，见莱金这么说就跟他理论起来：“你原本铸的剑不堪一击。我现在所使之剑不是你冶炼出来的，你不过是修复了它而已。再说勇气的重要性超过了剑，我们都听说过勇士凭钝剑取胜，却从未听说懦夫借利剑凯旋。”

莱金见得不到金子，便起了歹意，但他竭力掩盖着他的杀心道：“算了，不跟你争了。我口渴了，下山喝点水就上来。你把龙心烤一下给我吃吧。”

西古尔德生了一堆火，挖出龙心，帮莱金烤了起来。过了一会儿，他觉得烤得差不多了，就伸手去试了一下，却被冒出来的龙血烫得缩回手来。他习惯性地把手放到口中缓解烧灼感。当他舌头沾上龙血时，他一下听懂了山雀说话：“西古尔德在烤龙心，莱金却躺在旁边草丛里盘算着怎么杀他。”另一只说道：“如果西古尔德够聪明

莱金为西古尔德炼剑

西古尔德在导师莱金的软磨硬泡下，答应帮他复仇，但前提是莱金要为他铸一柄好剑。莱金先后做了两把剑，在验收时都被西古尔德折断了。后来西古尔德从母亲那儿得到父亲西格蒙德留下的圣剑碎片交给莱金，才炼出 -把神兵利器。

的话，就应该自己吃掉龙心增强力量！”第三只又说：“这些金子是西古尔德的战利品，不应该分给他人。而莱金索求不得，反动了杀心，理应被这年轻人杀死。”

鸟儿的忠告使本来就有了防备心的西古尔德下定决心，他摸进草丛砍下了莱金的头。除了后患后，他喝了些龙血，又把龙心吃去大半，剩下的打包装进了行囊。然后他牵马来到法夫尼尔藏宝的山洞，带走了百变头盔和聚金戒指，又把一部分金子装进马背上的行囊，准备回去叫人运走剩下的金子。

西古尔德舌头碰到了龙血，从此可以如德鲁伊一样通晓动物的语言。在离开之前，他坐在马鞍上又侧耳细听鸟儿们还有什么对他有利的议论。他听到旁边树梢一对小鸟说附近山顶有沉睡的美女，被熊熊烈火环绕，只有不惧那数千度高温的人才能唤醒她。而这美女被唤醒后会以身相许。英雄救美是西古尔德这样热血汉子的最爱。于是他骑着格兰尼来到了鸟儿所说的活火山前，牵马向上攀爬。攀到顶峰时，他的须发皆被顶峰的火焰烤焦。他发现山巅是一个极大的平台，中央有一股冲天大火，着火面积有好几平方公里。

以前很多勇士冒着危险爬上了山顶，面对这火焰的温度都退缩折返了。但是西古尔德血气方刚，无所畏惧，他毫不犹豫地纵马冲入了火焰中。说来也怪，西古尔德居然毫发无损。这时他发现火焰中有一座城堡，且城堡大门虚掩着。西古尔德进了城堡，发现里面空无一人，似乎已经废弃很久。

西古尔德看见院子中间有一具披甲着胄、全副武装的尸体。他将银盔揭开一看，里面哪里是什么尸体，而是一位红粉佳人。从这美女那白里透红、与众不同的肤色和娇艳欲滴、闪烁着诱人光泽的嘴唇来看，她不过是一直在沉睡而已。

西古尔德忍不住吻了她一下。

这时，美女睁开双眼苏醒过来。她看着这个驱散魔法唤醒她的少年英雄，脸红了，两人坠入爱河。西古尔德将少女拥入怀中，听她轻声讲述自己的经历。

她叫布伦修德，是奥丁的女儿，原来曾是女武神的统领。有一次奉旨下凡帮助奥丁钦点的一名勇士作战时，误让这名勇士战死。由于有违奥丁旨意，她被谪降凡间，将像平民百姓的女儿一样嫁人生子。但布伦修德很怕丈夫是个平庸之辈，于是奥丁将她带到这个曾是众神度假别墅的山顶城堡，用睡棘刺了她，使她长眠于此，并能在睡眠中保持青春，还用火焰围绕她所在城堡，让她在此等待未来的丈夫。因为只有不畏

西古尔德进入城堡见到布伦修德

烈焰焚身的勇士才敢冒生命危险跳入火中，而这个人必然是布伦修德倾心的对象。

西古尔德将聚金戒指套在布伦修德手指上，作为给未婚妻的定情信物，并指天发誓只爱她一个人。他们在一起度过了一段幸福快乐的日子，其间他们的爱火燃烧得比之前围绕城堡的火焰更猛烈。随后，西古尔德让布伦修德在城堡等他，自己回国带迎亲队伍来迎娶布伦修德，并准备叫来车队运走之前没能全部带走的巨龙遗产。他一步出城堡，那烈焰就又腾空而起了。

西古尔德在归途中路过了尼伯隆国，作为风靡全球的偶像，他受到了该国上下的热烈欢迎。国王龚特尔仰慕西古尔德的英勇，挽留他多玩几天。王后格林希特很赏识西古尔德，想把女儿古特罗娜嫁给他。所以她以魔法配制了一种让人失忆的药酒，让古特罗娜在宴会上把这酒斟给西古尔德。西古尔德饮下这酒就忘了布伦修德和自己的誓约，一见钟情地爱上了古特罗娜。虽然西古尔德不时有怅然若失的空虚感，但却不知为何会这样，最后他还是向古特罗娜求婚并得到了应允。屠龙英雄西古尔德成为尼伯隆国的女婿，让国王和全体臣民无限欢欣。尼伯隆国上下为这对新人举行了盛大的婚礼，西古尔德从他珍藏的半颗龙心上切了一点给古特罗娜吃。之后古特罗娜除了对西古尔德外，对所有人都是冷冰冰的了。王后又促使西古尔德和大王子冈纳结为金兰之好，发誓永不为仇。

后来，国王龚特尔去世，冈纳继承了王位。这位年轻的国王尚未婚配，格林希特觉得除了布伦修德外再没有人能配得上儿子了。听说布伦修德出身高贵，居于烈火围绕的城堡中，并宣誓只嫁给冲进火海见她的英雄。冈纳于是马上起程准备向这位烈火丽人求婚，临行前他请西古尔德做伴陪同。但当冈纳来到烈火包围的城堡前时，无论他怎么鞭策自己的坐骑，那马不肯上前一步，反而步步后退。他看到西古尔德的马面对火焰毫无惧色，便向西古尔德借马。但格兰尼却怎么都不让冈纳上背骑乘。格兰尼这样的神驹宝马只认自己的主人西古尔德，就像它的父辈斯普莱尼尔只认奥丁一样。

后来西古尔德决定偷梁换柱，他戴上百变头盔变成冈纳的模样，代替他闯入火海去求婚。西古尔德策马冲入城堡大厅，在曾经跟自己海誓山盟的布伦修德面前下了马。这对恋人现在已经互相不认识。

布伦修德看见又有人闯进了火阵，大吃一惊。因为她一直认为除了西古尔德外不可能再有人能闯进来，奥丁居然跟她开这种玩笑，让两个人都有能力向她求婚。因为她曾立下重誓，凡能进入火阵者就是上天安排给她的新郎，她不能违背自己的诺言。所以她还是默然接受了这个事实，答应了冈纳的求婚。

西古尔德拿下了布伦修德手指上的聚金戒指，将冈纳给的钻戒套在她手上。随后，布伦修德让西古尔德变的冈纳先回去筹办婚礼，自己收拾准备一下，十天后就到尼伯隆王宫去做冈纳的王后，她还想趁这段时间再想想西古尔德。

西古尔德冲出火堡下山之后，除下百变头盔恢复了自己的面貌，告诉冈纳大功告成，只需回家等待新娘即可。回家后，西古尔德将聚金戒指戴到了古特罗娜手上，以补偿他新婚时没能送妻子戒指的遗憾。

古特罗娜一再追问戒指来路，西古尔德只得将自己代替冈纳求婚的事和盘托出，才摆脱了妻子的追问和纠缠，他叮嘱妻子千万不要说出此事。十天后，布伦修德没能等来西古尔德，只能挥一挥手告别了这伤心之地，来到冈纳的国家。冈纳兴奋地拉着布伦修德去见亲友。当冈纳给布伦修德介绍妹妹和妹夫时，西古尔德抬头致意。虽然他曾两次跃马穿入火焰未被烧伤，但面对布伦修德眼中喷发出来的怒火，他觉得自己浑身都被点燃了。这目光驱散了药酒的效力，他顿时找回了失去的全部记忆，特别是他和布伦修德的海誓山盟。但现在布伦修德已经成了冈纳的妻子，而自己也早就是古特罗娜的丈夫了。两人瞬间跌入了痛苦的深渊。

盛大的婚礼过后，布伦修德表面上表现出溢于言表的幸福，背地里却怒火万丈。冈纳也感觉到了妻子的不正常。他觉得布伦修德对他一直冷冰冰的，形同路人。当年布伦修德立誓要嫁给敢于冲进火阵向她求婚的勇士，也说自己会爱他一辈子的，而现在为什么这样？他开始怀疑西古尔德了，觉得西古尔德可能把代自己求婚的事情告诉了布伦修德。

而恢复了记忆的西古尔德为了避免麻烦，也不再跟冈纳形影不离了，总是躲得远远的。即便冈纳有时候请他吃饭，他也觉得无法面对布伦修德，都以有病为由推托，这种冷处理的方法更让冈纳怀疑他插手干预了自己的婚姻。

一天，布伦修德和古特罗娜到莱茵河边洗澡。古特罗娜要先下水，但布伦修德不同意，说自己是王后，有独享河道的特权，要对方在她的下游洗澡，于是两个人就激烈地争吵起来。古特罗娜骂嫂子得一望二，明明跟人订婚却又嫁给自己哥哥，还亮出手上的聚金戒指为证。布伦修德看到见证过西古尔德对她诺言的戒指居然戴在情敌手

西古尔德和布伦修德订婚

西古尔德将聚金戒指套在了布伦修德手指上，作为给未婚妻的定情信物，并发誓只爱她一个人。他们在一起度过了一段幸福快乐的日子，其间他们的爱火燃烧得比之前围绕城堡的火焰更猛烈。随后，西古尔德让布伦修德在城堡等他，自己回国带迎亲队伍来迎娶布伦修德。

上，气血逆行，跑回后宫，躺在床上生闷气。随后很多天她不跟任何人说话，而且还绝食。冈纳和所有王族成员都到她床前劝慰，可她还是不声不响，不饮不食。后来西古尔德被迫到她面前替妻子赔罪，布伦修德对着他劈头盖脸就是一顿臭骂。西古尔德说明事情缘由，并且表示愿意马上跟古特罗娜分手，带着布伦修德远走高飞。但布伦修德认为那只会增加她的耻辱，而且她不愿有负于冈纳，将西古尔德轰出了门。

布伦修德不允许自己有两个丈夫，她要求冈纳杀死西古尔德。冈纳闻言更怀疑西古尔德暗中做了对不起自己的事，但由于和西古尔德有永不为仇的誓约，他拒绝了妻子。布伦修德转而说服了冈纳的弟弟古桐前去刺杀西古尔德，以解心头之恨。

古桐在夜里摸进了西古尔德卧室，正待下手，却看见西古尔德熟睡时眼缝中的神光，吓得转身就跑。第二次也依然如此。直到第三次他进去见西古尔德面朝里侧卧，才用剑刺穿了西古尔德的胸膛。虽然受此重伤，西古尔德还是翻身取下床头宝剑，向逃至门外的刺客掷去。古桐被利剑拦腰斩为两截，死于门外。西古尔德看见刺客死了才咽气。

尼伯隆人为他们爱戴的这位盖世英雄举行了隆重的火葬。全国百姓、文武百官、王室亲友都为他献上了礼物，这些礼物和他生前所用兵器及战马都聚在了火葬柴堆上。古特罗娜一点眼泪都没有地干哭着。布伦修德看到柴堆上的前夫，心中怨恨也烟消云散了。她又回忆起自己和他的一见钟情以及缠绵时的甜蜜。她回到后宫，穿上与西古尔德初逢时的那套甲胄，持矛执盾，骑在她的小白马上回到了葬礼现场。

此时西古尔德和其殉葬品已被烈火包围，而布伦修德双腿紧夹马腹，一牵缰绳就纵身跃入了冲天烈火中。就像当初西古尔德冲入烈火唤醒她一样，她就这样追随爱人去了。后来奥丁安排这对生死冤家掌管冥界，直到洛基之女海拉到来后，二人才一起被提升到了瓦哈拉神殿。

第十六章

众神之后芙丽嘉

芙丽嘉①是夜之女神诺蒂的女儿，居神界二十四位女神之首，同时也是所有女神的领袖。由于奥丁和芙丽嘉的婚礼是众神乐园阿斯加德竣工后的第一桩喜事，所以她得到了众神认证而成为奥丁的正妻，也就是众神之后。

芙丽嘉美丽端庄，生性聪慧，头戴苍鹭之羽，经常身着雪白或灰黑长衣，腰系一条金腰带，上面挂着一大串钥匙。她作为众神之后，享有坐在奥丁宝座俯视寰宇的权利。她周知天下事，是睿智的先知，但健忘的她却从不将秘密道出。她经常转动织机上的宝石纺轮纺织天上的云朵。纺轮在夜间大放异彩，北欧人称之为“芙丽嘉的织轮”，也就是我们看到的猎户星座。

芙丽嘉是婚姻和母爱之神，她会邀请人间忠贞相爱的伉俪，尤其那些受奥丁召唤的恩赫里亚夫妇到她的水晶宫芬萨利尔做客，让丈夫和妻子虽死而不分离。就像所有女人都喜欢漂亮衣服、名牌包包、金银珠宝一样，芙丽嘉也不例外。她平时锦衣玉食，对金银首饰等奢侈品更是有着狂热爱好，时常购置著名黑侏儒珠宝设计师

①星期五 Friday 即来自于芙丽嘉的名字 Frigga。

的纯手工作品。

有一次火神洛基看到芙丽嘉戴上新款首饰出席众神大会，不禁故意贬低道：“还在戴过时的珠宝出席这种正式场合啊？太土了吧？”

芙丽嘉不服气道：“你不识货了吧？这是新款！”

洛基道：“你每次都从到阿斯加德来推销珠宝的那几个黑侏儒那儿买首饰，走出去到外面看看吧，你就知道他们的那些东西完全是小作坊所为了。”

洛基本来就是众神中走南闯北、见闻最广的神，他这么一说，芙丽嘉失去了自信，但还有点儿不服气地问道：“那你说谁设计的珠宝最时尚啊？”

洛基不假思索地答道：“当然是黑侏儒莫斯格拉了！”

芙丽嘉迫不及待地想看看这个工匠的手艺如何，就说：“你这么吹捧他的技术，就把他请到我宫内给我打造饰品吧？”

洛基已经放出大话，只得硬着头皮到地下城去请莫斯格拉到天界做客。他来到莫斯格拉家中，笑嘻嘻地向他问好：“大师，最近忙不忙啊？”

莫斯格拉一看这个瘟神到了自己家，还没事献殷勤，觉得可疑，于是小心翼翼地回答：“还凑合吧。尊神光临寒舍，蓬荜生辉，有什么我可以效劳的地方啊？”

洛基道：“我这儿有个天字第一号大单，能让你赚不少钱。接不接啊？”

黑侏儒生性逐利贪财，听说有大单，莫斯格拉一下就来了精神：“接啊！怎么不接啊？说说具体情况吧。”

洛基说：“众神之后芙丽嘉叫你进宫替她打造几件首饰，而且答应做好了给巨额回报！”

莫斯格拉听说是跟奥丁的妻子打交道，而且还要到天界，不由得心生顾虑。因为众神跟黑侏儒的关系一直很敏感复杂，众神经常要黑侏儒制造武器和首饰，但又经常不付款。而且众神对黑侏儒极为轻视的态度，让他们得不到应有的社会地位。

洛基看见莫斯格拉犹豫，眼睛一转就想出了一个损招来利诱他：“芙丽嘉说了，如果你做出让她满意的饰品，不仅会给你丰厚的报酬，还可以给你整个家族解除魔法，让你们白天可到地面活动，永沐阳光。”

莫斯格拉听到这条件，马上就心动了。要知道黑侏儒一直是个见光死的种族，因为白天不能到地面活动而少了很多生活乐趣，更因此被其他种族歧视。要是可以破除

正在纺织云彩的芙丽嘉

芙丽嘉是夜之女神诺蒂的女儿，居神界二十四位女神之首，并得到了众神认证而成为奥丁的正妻，也就是众神之后。芙丽嘉美丽端庄，生性聪慧，头戴苍鹭之羽，经常转动织机上的宝石纺轮纺织天上的云彩。纺轮在夜间大放异彩，北欧人称之为“芙丽嘉的织轮”，也就是我们看到的猎户星座。

芙拉是芙丽嘉最贴身的侍女神

芙拉掌管芙丽嘉的首饰箱，伺候她梳妆。据说她不仅知道芙丽嘉所有的秘密，还时常给她出谋划策去帮助祈求神佑的人类。她经常于星夜驰行在人间，甩动她那头缀满明珠的金色头发，让值得福佑者的五谷结满稻穗，解决人民温饱问题。

阳光对他们的禁锢，这种社会认同感是再多金钱都买不到的，于是他马上答应了洛基，在天黑后跟他到了阿斯加德。

谁知到了阿斯加德，莫斯格拉才知道女人对珠宝的欲望是多么强烈。芙丽嘉要他打造全身上下整套饰品，莫斯格拉知道自己一晚上不可能打造出这么多首饰，又仔细评估了一下洛基的人品，觉得他所说的芙丽嘉能解除他们家族魔法禁制的诺言是假话，天一亮，自己便会因阳光照射而石化。莫斯格拉越想越害怕，开始打主意要离开神界。他借口制造首饰的黄金不够，无法制造全套首饰而推辞。

谁知芙丽嘉求宝心切，把阿斯加德库存的所有黄金全部堆在了莫斯格拉面前。莫斯格拉看到芙丽嘉如此执着，更怕其中有诈，就说："虽然你拿出的黄金很多，但纯度不高。要提炼出成色更好的原材料，眼前这些黄金的数量还是不够。"他想让芙丽嘉知难而退。

但芙丽嘉铁了心要做上好的饰品，听说黄金纯度不够，居然打起了奥丁真金神像的主意。但奥丁之前为了防止有人窃取、破坏和亵渎神像，在神像口中用鲁纳符文写了咒语。一旦有人对神像有切割、移动等破坏或不敬行为，神像就会自动说出不轨者的姓名。芙丽嘉想动用神像金身，但又忌惮神像会说出她的名字，就将其熔化，从中取了一大块给莫斯格拉。

莫斯格拉看芙丽嘉如此认真，更害怕了。现在他陷入两难的境地，要是收了从奥丁神像上取来的黄金，奥丁一定饶不了他，但不收又过不了芙丽嘉这一关。思虑再三，他决定冒险一搏，于是拿了黄金，找了个借口回地下城打制饰品去了。

奥丁知道此事后，一气之下离家出走，于是就有了他在人间的游历和几次重婚史。而奥丁一离开阿斯加德，他的两个孪生兄弟维利和伟就自动出现。他们外形上跟奥丁没有分别，以至于芙丽嘉在不知情的情况下失了身。但他们空有奥丁的外形，却无奥丁的神威，不能降福于世界。因此霜巨人趁机在人间胡作非为，大肆为虐，造成大地冰封、横尸遍野的惨景。奥丁在人间游历七个月后重返阿斯加德，维利和伟也自然消失。奥丁统率众神驱逐了霜巨人，人间才得以从严寒中恢复生机。

由于芙丽嘉所负责的事务繁多，她虽记性好但忘性也大，所以她让很多低阶女神充任侍女。这些侍女神替她处理公务，有的也代表她执掌某方面的职务。

芙拉是芙丽嘉最贴身的侍女神，掌管芙丽嘉的首饰箱，伺候她梳妆。据说是从芙丽嘉娘家随嫁过来的小妹，她不仅知道芙丽嘉所有的秘密，还时常给她出谋划策去帮助祈求神佑的人类。她经常于星夜驰行在人间，甩动她那头缀满明珠的金色头发，让值得福佑者的五谷结满稻穗，解决人民温饱问题。

荷林是芙丽嘉的第二侍女神，她口齿伶俐，嗓音如金钟银铃一般悦耳动听。她是芙丽嘉的心理医生，芙丽嘉经常和她聊天，随时向她倒苦水。她也时常为天后进行心理治疗，倾听她的心声，化解其心结。芙丽嘉经常派遣她到人间去安抚受苦受难的人。她用心听取世人祈祷后，就建议芙丽嘉去帮助那些有需求的受苦者。

格娜是芙丽嘉在人间的信息传送者，她经常骑着天马风驰电掣般穿梭各地，风雨无阻，水火不忌。她就像八卦记者一样无孔不入，没有她不能去的地方。她是风的神格，会给所过之处带来习习清风。每天晚间，她会把路上所见的一切告诉芙丽嘉。有一次，格娜看见瑞利亚王因为久婚不育背着人在海边独泣，当晚回到阿斯加德后，她向芙丽嘉报告了此事。芙丽嘉让她充当了一回送子观音，将一枚苹果转赐给瑞利亚王，瑞利亚王终得子嗣。

洛芬是温柔庄重的爱情守护神，她专门扫除恋人间的一切障碍，让有情人终成眷属。

约瑟芬善以言辞打动别人，她的职务是使冷硬的心软化在爱情中，并且使反目的夫妇再度和好，维持人间家庭和睦。

格芙琼是处女神，专司接引未及婚嫁而亡的少男少女到芙丽嘉宫中，让他们完成在人间未能完成的成人礼仪。但据说她自己并非处女，曾被巨人胁迫而怀孕，但她想到孩子是无辜的，就生下了四个混血儿。正因为如此，她更能体会处女贞洁的宝贵。有一次，奥丁派她向瑞典王吉尔菲索取他承诺奉献给神的土地。吉尔菲对格芙琼说："你在二十四小时内在我的国土上耕出多少亩地，我就奉献给神多少亩地。"于是格芙琼召唤来她的四个儿子，把他们变成了四条健壮的公牛。母子协作，昼夜耕耘，在瑞典北部耕出了一大片土地，并将其拖入海中变成了丹麦的西兰岛。

艾拉是芙丽嘉的私人医生，她专门搜集各种灵丹妙药，替芙丽嘉驱除疾患并负责她的饮食保健。她还将医术传授给人间女子。①

---

①在古代北欧，能拿到医生从业执照的皆为女性。

艾拉是芙丽嘉的私人医生

艾拉专门搜集各种灵丹妙药，替芙丽嘉驱除疾患并负责她的饮食保健。她还将医术传授给人间女子。

格娜是芙丽嘉在人间的信息传送者

格娜骑着天马风驰电掣般穿梭各地，风雨无阻，水火不忌，没有她不能去的地方。所过之处清风习习。每天晚间，她会把路上所见的一切报告给芙丽嘉。

第十七章
火神洛基

火神洛基执掌人间之火，他是奥丁的结拜兄弟，是霜巨人的后代。洛基的第一个妻子是格罗特（炙热），生有两个女儿，分别为爱莎（余烬）和艾美丽雅（灰）。北欧人看到木柴在熊熊烈火中爆响时，便说是洛基在打他的孩子。洛基的第二个妻子是女巨人安格尔布达，他们生下了三个以后会毁灭世界的妖孽：一是见风即长的毒蛇伊门格尔，二是苍狼焚尼尔，三是死亡女神海拉。

火总是能给人造福，亦能给人带来祸患，洛基的秉性也是如此，因而他同时也是恶作剧之神。他最初的行为是善恶参半。只是用不太让人嫌恶的狡猾开一些玩笑。因此他仍然为众神所容忍，位列十二位正神。

到了后来，洛基玩笑越开越大甚至变成了蓄意为之，目的和动机都越来越邪恶，后果也严重到了不可收拾的地步。他体内的霜巨人血统让他的心灵被魔性侵蚀，最后成为阿瑟众神的敌人，彻底沦为了恶神。

当洛基还是善神时，他代表了北欧人的一种生活品性，那就是生活中可以有无伤大雅的消遣。他与索尔在性格和行为上完全相反。索尔极具正义感和责任感，保持诚恳实在的生活态度，整天忙于和霜巨人交战和保护人类。而洛基以游戏的态度对待一切事情，哪怕是分内的正经事，他都是以消遣恶搞的态度来完成。而洛基和索尔又经常在一起完成一些维护世界和平、斩妖除魔的任务。这时候他们的合作就是一种严肃中混杂活泼，紧张处凸显诙谐的互补关系。后来，洛基从喜欢恶作剧变得极端自私与狡诈，以至于完全堕落后，他们由伙伴变成了敌人。

尽管后期的洛基走上了毁坏一切、作恶到底的不归路，但前期的他还是有讨人喜欢的闪光点的。他长相英俊，活泼聪明，能说会道，诙谐智巧。虽然他时常恶搞众神，干下了不少损害众神利益的事，甚至让众神蒙受了巨大的不幸，但也给众神带来了许多欢乐。他在惹祸时，能用自己的狡诈完成善后工作，极大地弥补自己所闯下的祸事。有时候他发现情况不受控制，会搬石头砸自己的脚时，也能靠机智幸免于难。而众神一旦有了麻烦事，也会叫他动用鬼机灵来解围。

有一次，巨人斯科姆和一个农夫下棋打赌。结果巨人赢了，依照之前的赌约，巨人要带走赢得的彩头，那就是农夫的独生子。但是他们之间有约，农夫可以在一天时间内把自己的儿子藏起来，如果巨人无法在一天之内找到孩子，孩子就不能被带走。情急之下，农夫只好祈求全知全能的奥丁帮助他保住自己的孩子。奥丁在神界听到祈求后，马上下凡帮助农夫。他把农夫之子化成一粒麦种，藏在麦田里一株成熟的麦穗上。

第二天，巨人斯科姆来了。他在农夫家翻箱倒柜寻找，找不到孩子的踪影。他驻足凝神片刻，操起一把大剪刀来到农夫家门外的麦田中。俯身分开那些麦秆，逐一仔细查找搜索，终于找到了奥丁藏农夫之子的那株麦穗，一剪刀剪了下来。奥丁一直在天上关注着这件事，他见自己被识破，马上从巨人手中抢下那粒麦子，将其还原后交给农夫："现在我已经无能为力了。我可是完完整整地把你儿子交还给你了！"

斯科姆见自己一眼洞穿了奥丁的魔法，不由产生了自己比神还强大的错觉，非常狂妄地又给农夫宽限了一天，让他向众神寻求隐藏自己儿子的办法。农夫又祈求农垦之神弗雷尔的帮助。弗雷尔将孩子变成了农夫池塘鹅群中一只鹅胸前的一根细绒。但是，第二天巨人来搜人时，看到农夫站得离这只鹅很近，一下就知道了其中的把戏。他立刻就伸手提起了这只鹅，张口咬向鹅颈。若不是弗雷尔眼疾手快抢下了鹅，化为鹅毛的农夫之子早就被巨人吞入腹中了。弗雷尔也只好把鹅绒还原成孩子，沮丧地交给农夫说："没办法了，我已经竭尽全力了！"

巨人更加得意，他同意再给农夫宽限一天。

古籍中的洛基

洛基职掌人间之火，他是奥丁的结拜兄弟，是霜巨人的后代，最初位列十二位正神。火总是能给人造福，亦能给人带来祸患，洛基的秉性也是如此，因而他同时也是恶作剧之神。他总是以游戏的态度对待一切事情，哪怕是分内的正经事，他都是以消遣恶搞的态度来完成。

农夫早就知道洛基是众神里面最足智多谋，同时也是最诡计多端的，但他知道这位神时好时坏，性情难以捉摸，再加上平时从未向他献祭过什么东西，所以一直不敢向他求助。现在，农夫走投无路，病急乱投医，他战战兢兢地向洛基祈祷，希望他能帮助自己。

洛基知道奥丁和弗雷尔的法术都在巨人面前败下阵来，此刻听了农夫的祷告，争强好胜的他想通过帮农夫留住儿子，来证明自己比奥丁和弗雷尔强。洛基将这个孩子带到遥远的海滨，将他变成一条鱼腹中一粒小小的卵。施法后，他知道斯科姆眼睛的透视能力很强，所以丝毫不敢轻视，就藏匿在海边静观其变。不久后，斯科姆来了，而且最要命的是手里还拿着钓鱼竿。洛基见势不妙，便隐形后蹑手蹑脚地紧跟在巨人身后，做了最坏的打算。斯科姆抛下鱼钩在海里垂钓了一阵，果然就钓上了腹中藏有农夫之子的那条鱼！斯科姆很耐心地剖开鱼肚，在一堆鱼卵中找了很久，硬是把那粒由农夫之子所变的鱼卵给找了出来。

洛基情急之下也不顾什么赌约了，直接插手这场争端。在巨人正洋洋得意地仰天大笑时，他从其背后一把抢过那粒鱼卵，还原为农夫之子，并对他说："快跑！跑进那座船坞，快！"农夫之子立即撒腿狂奔，斯科姆在后面紧追不舍。那孩子刚跑进船坞，巨人就追到了门口，但他没注意小孩、船坞屋顶和自己的身高的比例，一头撞到了屋顶，栽倒在地。洛基趁巨人晕乎乎地摸着头还未起身时，手起刀落剁下了斯科姆的头。谁知那巨人的头具有断体自动接植功能，被砍掉的头迅速挪到肩膀上接驳了起来。洛基本来就是魔法多、诡计多端的神，而且也有巨人血统，早就知道这些魔法的应对方法。他马上又砍掉了巨人刚接上的头，然后朝巨人的头和身躯之间投掷了铁片和燧石，破了巨人的魔法，让他身首异处，无法合并，当场丧命。

巨人被洛基斩首，农夫的孩子也回到了父亲身边。自此，这个农夫就把洛基当成本领最为高强的神了。

洛基虽然时常耍奸使诈作弄神魔，但却很少对凡人搞过恶作剧。不是他宅心仁厚，而是折腾人类完全不像作弄神魔那样让他兴奋。他虽然经常跟神魔争斗，甚至手上有多起命案，但多以狡计在背后挑拨使坏，很少正面与神魔对决。但他的捉摸不定和善恶无常，是阿瑟诸神，包括他自己都无法预见和控制的。

人类很少向火神洛基祈祷，因为他经常不请自来添乱，也不像主神奥丁、雷神索尔、农神弗雷尔等那么敬业，那么有求必应，甚至有时候会搞出祈祷的反效果。

但向他祈求的人少，不代表就没有人祈求；他作恶多端，并不意味着他恶贯满盈，全是肇事，没有施善。

一次，一船胆大的渔民越过北极圈到了霜巨人的领海捕鱼，正要满载而归，却被浮冰围住了去路。船长令水手在冰面捕捉海豹和北极熊，并在甲板生火融化它们的脂肪后倾倒在冰面上，意图脱困。

这下惹怒了这里的原住民——霜巨人。这些凡夫俗子胆大妄为，竟然私闯他们的领地。霜巨人们逮住这一船人，就要斩断他们的四肢，把他们变成海豹人，让他们余生都在冰面上蠕动爬行，感受躲避北极熊的滋味。

船上的大副和厨师在刀还没砍到自己身上的时候，抓紧时间跪下祈祷："我全知全能，无所不能的火神洛基啊！您的子民因为生火烹调，就要被巨人们以私闯禁区为由肆意屠杀。要不是被困冰天雪地，走投无路，我们才不在这里生火呢！求您大发慈悲，救我们脱离苦海冰原！"

洛基这天正借了芙丽雅的鹰羽衣欲下界作乱一番，路线正好经过案发地点，碰巧听到求救者对他的赞颂和呼救，当即按下云头来处理这桩纠纷，准备行一行善。

洛基一落地，渔民们就抱着平时他们避之唯恐不及的瘟神的大腿哭诉自己的遭遇，霜巨人这边也据理力争。

洛基是应人类的祈祷才置身事内，此时他便与霜巨人辩驳起来。

霜巨人们被驳斥得哑口无言，便动起手来，抄起鱼叉、板斧、钉头锤就劈头盖脸地对洛基打了过来。洛基一见来者不善，急忙拔出随身佩刀应战。巨人们人多势众，身高力壮，让遭到围攻的洛基着实费了一番力气。等洛基砍翻了所有围攻他的巨人，才发现人类被巨人报复性攻击后有两死六伤。

洛基解决了争斗，但伤亡情况让他头疼。为救伤者，他需要能让断肢再生的圣药。但他却不愿回神界去拿，因为他怕其他神知道他不仅没有保护好人类，自己还受了伤。这些平时经常被他捉弄的神肯定会借此嘲笑不已。不得已，洛基只能披上鹰羽衣，飞到了离他目前方位最近的黑侏儒的地下城。

一下到地底，洛基就遇到了曾与他有过节的黑侏儒布鲁克。布鲁克本来不想跟老冤家打招呼，但看到洛基躲躲闪闪，反而更加好奇，假意盛情邀请洛基去自家小坐。

进退两难的洛基知道这样支支吾吾，对方会缠他更久，万一让他知道他保护不了信众，自己还受了伤，脸就丢大了，只得顺势跟他进了屋。

洛基深知自己现在是在跟时间赛跑，不能再虚与委蛇，只好直抒胸臆："如你所见，我身上的伤口已经昭示我的窘境。过往我率性而为，捉弄了你们兄弟，多有冒犯，现在这些血算是偿还。望不计前嫌，助我摆脱困境。他日定涌泉相报！"

布鲁克心里根本不接受洛基的说辞，想趁此机会好好报复，但它表面上却装作原谅了洛基，并答应帮忙。

洛基这才皱眉道出了他刚才受伤和救人的实情，希望能得到急救药品和帮助人们冰原脱困的器材。

布鲁克心中暗爽：这不是瞌睡碰到枕头吗？不趁这机会报仇，更待何时？于是笑道："我这里有矮人战士专用的治伤良药，至于冰原脱困，我可打造一把破冰伞炬。可助你们脱困雪原！"

洛基大喜。布鲁克闪身进了熔炉房，点燃炉火，锻造伞炬，同时口中念起了咒语，在上面附上了魔咒。

片刻后，布鲁克把药和破冰伞炬交给了洛基。洛基忙不迭谢过后就披上鹰羽衣飞回冰原。

这边洛基一落地，冰盖上边祈祷边跪等的人们像是抓到了救命稻草，不停磕头道谢。洛基马上给伤者用药。可是他不知道黑侏儒和人类体型不同，用药量也不同，本来外用的药应该细细喷洒一层，而不是刷墙一样涂抹。但洛基就那么用过量了，这下血倒是止住了，但止血效果太好了，伤者全身血液都凝固了。内服的药也超量了，伤口倒是愈合了，但愈合过度，长出了丑陋的肉芽。

随后洛基把破冰伞炬绑在船桅顶端。不愧是黑侏儒精心打造的名器，伞炬汇集并反射极地仅有的一点微弱阳光，融化了冰盖。可布鲁克在这个伞炬上附了魔咒，温度不断升高，这样融冰速度是越来越快，但也把船给点燃了。

船失火后，所有人只能跳进刺骨的冰水里求生。

洛基手忙脚乱地把所有船员救上冰面后，清点了一下人数——加上之前被霜巨人砍死的和溺亡的共八人丧生。这下死者家属不乐意了，直接请求奥丁来处理此事。

奥丁提出用神界的财税收入补偿受害者家属，但遭到拒绝。家属要求让遇害亲人复活。奥丁跟冥界死亡女神谈判，但海拉要价过高，导致谈判破裂。奥丁又提出可以让死者的子女到神界任职，可任选自己喜欢的神为其服务，但也遭拒绝。家属们一口咬定要亲人复活或要洛基抵命。

最终，在奥丁的调解下，将八个恩赫里亚留在人间的遗孤过继给这些家属，并由洛基负责哺育这些婴儿，事情才得以解决。

后来洛基渐渐地作恶多端，众神便不再把他当惹事的开心果看待了，都对他有所疏远戒备。众神的疏远让洛基更加堕落，以至于使毒计借刀杀人，害死了博德。而且在博德可以复活时，他又怂恿一个女巨人不为博德流一滴眼泪，使得博德永滞死域，不能回归天界。犯了众怒的洛基最终被众神逐出了阿斯加德。

海神伊吉尔知道博德被害的消息后，特地设下酒宴，邀请仍处于悲痛中的众神到他的珊瑚宫散心遣怀。正在众神开怀畅饮时，洛基也阴魂不散地出现在了宴会上。大家知道洛基是伊吉尔的远房亲戚，出于对主人的尊重，都隐忍不发，只当他为透明体。见昔日的同伴对自己不理不睬，洛基心中恶念顿生。

伊吉尔有两位精明能干、执行力超强的助手：芬芳和艾尔迪。他们用闪亮的夜明珠给宴会照明，让大厅亮如白昼。芬芳和艾尔迪在众神席位间不停穿梭，殷勤地为他们斟酒上菜，让宾主尽欢。这样优质的服务引来了众神的一致称赞。而洛基则故意鸡蛋里挑骨头，大唱反调，先是说酒里掺了水，又说盘子没洗干净，还说菜品不新鲜，不停地训斥芬芳服务不周到。阿瑟诸神实在看不下去了，愤愤地起来斥责洛基的无礼。而洛基则对着诸神破口大骂，诸神忍无可忍，拿起了他们的盾牌，把洛基逐出了珊瑚宫。

当众神重新落座宴饮时，下决心跟众神作对到底的洛基又折返了回来。他在大厅外面的红地毯上看到了艾尔迪，就问道：“这些阿瑟神们刚办完丧事就在这儿饮酒作乐，他们在席间都说了些啥啊？”

艾尔迪看见这个杀死他同伴的瘟神，又恨又气，但又不敢怠慢，只好如实答道：“他们在讨论自己在战场上的丰功伟绩和使用过的各种厉害的兵器。”接着他又忍不住告诫洛基：“你的气场跟众神不合，你还是到别处去玩吧。”

以洛基的性格和为人，哪里肯就此罢休！他冷笑着对艾尔迪说：“我偏要再进去看看他们有多乐呵。我要在他们的酒水中勾兑诅咒的毒汁，这次我带给他们的灾难和仇恨可比以往多得多，也重得多！”

艾尔迪劝道：“算了，你们以前亲如兄弟，现在何必把关系闹得如此僵呢？而且如果你再跟他们起了言语冲突，他们对待你的态度会比以前更强硬。别以硬碰硬了！”

洛基对艾尔迪的劝阻置若罔闻，他大摇大摆地闯进宴会大厅嚷道：“到这儿的路上可真堵啊！众神啊，可否给我一杯酒解解渴？”

场内众神见洛基居然又厚颜无耻地回来了，皆对他不理不睬。洛基就厚着脸皮问身边的艺术之神布拉奇：“这些神为什么如此高傲？既不跟我打招呼，也不给我一席之地，是不懂待客之道，还是想再将我请出去一次啊？”

布拉奇本来就能言善辩，这时候更是不留情面地讥嘲洛基：“众神只和朋友打招呼。不给你安排座位是因为他们不想跟败类同座。虽然你以前是我们中的一员，但现在这酒席上再也没有你的位置了！因为我们都很清楚应该和什么人为伍！”

洛基冷哼了一声就径直朝着奥丁走去，边走边冷笑道：“奥丁，决定我身份地位的是你还是你的野儿子啊？别忘了我们两个人可是歃血为盟的金兰之好啊！你说过只要有我在一定不会独酌，而会与我共饮的！”

奥丁不愿当众违背誓言，迫于无奈，他对森林之神威达尔说：“给这位苍狼之父让出一席之位来，以免他在大庭广众之下败了大家的雅兴。”于是威达尔只好站起身来为洛基斟了一杯酒。洛基来到众神面前逐一举杯相碰，唯独没有与布拉奇碰杯。然后他对诸神祝酒道：“诸位神，干杯！”

对于洛基的无礼挑衅，布拉奇只是淡淡一笑，也仰脖喝掉了杯中之酒。但洛基却继续挑衅，嚷道：“我没敬你酒，你为什么要喝酒？”

布拉奇说：“洛基，咱们好歹曾经兄弟一场，可以好合好散。你也别对我指桑骂槐，对众神发泄不满，这样只会激起大家对你的仇恨。不管你是要跟我们明着决裂还是暗中疏远，我们都愿意付出精美的分手礼物。你是要利剑还是美酒，任你选择，我们很乐意奉陪到底，以了我们朋友一场的情分！”

洛基冷笑着对布拉奇说：“布拉奇，你算什么？你就是一个出生在巨人国、凭借关系进入神界的野种。你在这儿没有话语权。在历次众神与敌人的战斗中，哪一次你是身先士卒到前线作战的？你不过是个缩在一边发抖的懦夫！”

布拉奇哪里受得了洛基如此过分的侮辱，他的俊脸因为发怒而充血。他怒喝道：“要不是怕你的污血会弄脏主人家的厅堂，我一定会砍下你的头！”

洛基反唇相讥：“哼！旁人都觉得你是个可在酒宴上吹拉弹唱的艺术家，而且还豪气逼人，慷慨激昂。可惜实际上你却是一个外强中干的孬种。你是个典型的语言上的霜巨人，行动上的黑侏儒，战斗中的人类懦夫！怎么了？不服气吗？那就别赖在椅子上吹胡子瞪眼了，到外面跟我比试比试啊！怎么了，不敢起来了？阿瑟诸神的英雄事迹可不是靠你的嘴巴吹出来的，是要用实际行动来证明的！”

布拉奇怒不可遏，噌的一下就站起来要到室外应战，却被他妻子伊童死死拉住。见此情景，洛基不仅没有收敛，还变本加厉，开始辱骂伊童，甚至将随后劝解的众神侮辱了个遍，连奥丁和索尔的妻子西芙也没有放过。正在他对西芙出言不逊时，大厅被外面传来的雷鸣般的车轮声震得直颤，大家都惊呼：“索尔来了！”

话音刚落，索尔已经冲进了宴会大厅，他造成的地动山摇让在场所有人都站立不稳。索尔指着洛基吼道：“闭嘴！不然我就像砸碎霜巨人的脑袋一样用战锤砸烂你的头！”

洛基多次目睹过索尔神锤的威力，但他还是不依不饶地顶撞了这个他最怕的神：“你虽勇猛，但还不是连斯克米尼亚的干粮袋都解不开？跟霜巨人角力提不起一只猫！跟老妇人摔跤，对方纹丝不动！”

索尔脸上肌肉直跳，手上青筋直冒，指关节捏得发白，眼中更是精光直闪。洛基一见势头不对，知道索尔要动手了，赶紧脚底抹油逃离了现场。但即便这样他还是边跑边恶毒地诅咒众神：“伊吉尔，你以后就别瞎操心办这样的酒会了。因为你每办一次，我就会来破坏一次的。到最后，一场漫天大火会吞噬并净化众神和世间的一切。到时候你们都要玩完！”

在伊吉尔的盛宴上恶闹后，洛基自知众神会找他清算，便躲在了一个深不见底的地下洞穴中，但又怕视野受限制而被众神来个瓮中捉鳖。于是他在一座视野开阔的山顶上修了一间四面有门的茅屋，那里可以看到四面八方的动静。他每天战战兢兢地躲在里面，随时准备冲出四扇大开的门逃跑。洛基事先已经拟定好了紧急脱身的路线，如果众神前来围捕，他就跳入附近的一条大河中，变成鲑鱼顺流逃走。但生性多疑的他又怕众神撒网把他捞起来，于是他事先织了一张网，想试验一下自己能否从网眼中

洛基在宴会上辱骂布拉奇

在海神伊吉尔的宴会上，因害死博德而被诸神逐出阿斯加德的洛基不请自来，却遭到冷落，并被赶了出去。为报复返回宴会厅的洛基挑衅众神，先出言不逊，辱骂艺术之神布拉奇，接着将众神侮辱了个遍，甚至连奥丁和索尔的妻子西芙也没有放过。

洛基被缚

众神抓住洛基之后，将他关押在一个幽深阴冷的洞穴中，把洞中的巨石作为刑柱并穿孔，用他儿子纳尔夫的肠子穿过石孔，把洛基牢牢地捆在了巨石上。冬之女神斯蒂嘉还取来毒蛇吊在洛基头上，让蛇的毒液一直不停地滴在洛基脸上。直到诸神的黄昏也就是世界末日的到来，洛基才能从这囚禁他的山洞逃出。

穿过。

网才刚刚织了一半，奥丁就在他那如气象卫星一样能俯览全球的宝座上看到了洛基。他马上率领索尔等神下凡捉拿他。洛基看见众神逼近，赶紧将还未完工的网投入壁炉火焰中，然后夺门而出，飞身跳入河中，化作一条鲑鱼躲在两块岩石的夹缝里。

奥丁等在洛基刚才藏身的茅屋旁降落，遍寻洛基不着。弗雷尔发现了壁炉火堆的残灰中尚未燃尽的渔网，马上意识到洛基可能变身鱼类逃脱。聪明反被聪明误，众神很快就结好了一张网，来到茅屋旁的河中，从源头撒网，捞了几个来回，但一无所获。因为洛基藏身于石缝中，渔网要么从石头上滑过，要么被石头卡住。

洛基以为自己会安然脱身，不由得意起来。这时他却听见众神提议先在下游拦网防止自己逃跑，又看见索尔下河清理河道中的石块。眼看索尔就要搬起自己藏身处的巨石，洛基心知不妙，赶忙往上游逃去。索尔清理完河道的所有石头，众神就在河道两旁拖着网往上游捕捞。洛基见面前是一道自己不可能游过去的瀑布，身后是快要捞着自己的网，只好纵身跃出水面，越过渔网又往下游逃去。众神认定这条鱼就是洛基，立刻掉转方向往下游拖网，很快就到了大河的入海口。洛基必须上岸恢复原形后才能变成海水鱼，而他一旦上岸必会被众神擒获。无奈之下，洛基只好又跃出水面，想翻过渔网再游回上游的淡水河中。但同一招式不可能在神灵面前成功两次。索尔一见他跳出水面，马上就眼疾手快地抓住了他，用驱魔咒使其现出了原形。

众神将洛基关押在一个幽深阴冷的洞穴中，然后把他的妻子希格和两个儿子带来。他们将洛基的小儿子法利变成一头饿狼，这饿狼马上就把自己的哥哥纳尔夫开肠破肚。众神再把洞中的巨石作为刑柱并穿孔，就像之前警告洛基的那样，用他儿子纳尔夫的肠子穿过石孔，把洛基牢牢地捆在了巨石上。为了防止洛基逃脱，众神还在肠子上附着了魔法，让洛基永远无法挣脱，更不可能用魔法变身逃走。冬之女神斯蒂嘉特别憎恨洛基，因为他不但当众侮辱了自己和已故的父亲，更一手酿成了父亲惨死的血案。于是她取来毒蛇吊在洛基头上，蛇的毒液会一直不停地滴在洛基脸上。因为全身都被固定，无法移动，洛基的一张俊脸会被蛇毒不停腐蚀，而且蛇毒还会随着面部的伤口进入他全身的血液中，让他全身的肌肉和骨头钻心地剧痛。

洛基的妻子希格为了不让丈夫受蛇毒侵蚀，日复一日地站在洛基身旁，用一只碗接住滴下的蛇毒。但这个碗只能暂时缓解洛基的痛苦，因为碗装满了蛇毒后，希格只能出洞倾空碗中的蛇毒，这时蛇毒就会继续滴在洛基脸上。无法忍受钻心剧痛的洛基拼命挣扎，妄想挣脱，于是大地随之震动，这就是地震的由来。直到诸神的黄昏，也就是世界末日到来，洛基才能从这囚禁他的山洞逃出，和霜巨人及他的三个怪胎后代一起颠覆整个世界，与众神同归于尽。

第十八章

死亡女神海拉

死亡女神海拉是火神和恶作剧之神洛基的女儿。她出生于极北极寒的巨人国乔森海姆，后来被奥丁封为死神，派遣到尼夫尔海姆深渊下的冥界，统领幽冥死域。

海拉的领域寒冷黑暗，世间的亡魂需得骑马或乘车才能到达，而且最好穿上特制的牢固且底厚的度亡魂靴，否则就只能赤身裸体地在冰冷刺骨、犬牙交错的尼夫尔海姆深沟岩石上爬行九昼夜。死域门口有一条冥河，河中流淌着锋利的尖刀，所有亡魂都得从河上那座用头发丝吊起来的镶金水晶桥上走过才能进入冥界。而桥头则由狰狞的枯骨僵尸莫德古德把守，凡要过桥者，都得供他吸血后才会放行。

通往冥界道路上的亡魂被崎岖道路刺穿脚，划破全身，又被吸血，再胆战心惊地走过吊桥还不算完，还得穿过一片树林，全身被锋利的钢铁树叶刮下很多皮肉才能到达海拉的宫门。宫门口有巨大的地狱犬加尔姆，只有用海拉饼才能买通它，不然它就会扯掉你全身的皮。宫内一片黑暗虚空，冷得就像冰库，尼夫尔海姆深渊之上的赫威高密尔泉水也从这儿汇入地下。

海拉的宫殿名叫悲惨宫，宫中以恐惧为幕帘，饥饿为食物，饕餮为餐具，病榻为客椅，忧愁为卧床，火灾为窗格。海拉的男仆叫无聊，女仆叫怠惰。海拉专门收容因衰老和疾病而死的人，以及杀人犯和冤屈而死之人，还有遭不幸却未流血而死的人。虽然海拉对那些生前不作恶的鬼魂也算和善，但死域毕竟是北欧人所唾弃的归宿。他们更愿意战死沙场和海上，或者殉情而死，因为这样自己的魂魄可以飞升到神界安息。至于那些生前作恶多端和行为不轨的亡魂，会被海拉投入死尸之壑纳斯特隆中，永受寒泉冰冻和毒蛇噬咬之苦，或投给毒龙尼德霍格做食物，以免它啃咬乾坤树根。

海拉也经常骑一匹三足白马，带着扫帚和耙到人间出游，到处散播瘟疫，搜集亡魂以提升她辖区内的人气值。当瘟疫爆发蔓延时，如果一村中死了一半人，人们就说海拉是用了耙；如果全村人灭绝，则说她是用了扫帚。

冥界

海拉统治的冥界宫殿名叫悲惨宫，宫中以恐惧为幕帘，饥饿为食物，饕餮为餐具，病榻为客椅，忧愁为卧床，火灾为窗格。这里专门收容因衰老和疾病而死的人，以及杀人犯和冤屈而死之人，还有遭不幸却未流血而死的人。

死亡女神海拉

海拉是火神和恶作剧之神洛基的女儿。她出生于极北极寒的巨人国乔森海姆，后来被奥丁封为死神，派遣到尼夫尔海姆深渊下的冥界，统领幽冥死域。海拉经常骑一匹三足白马，带着扫帚和耙到人间出游，到处散播瘟疫，搜集亡魂，当瘟疫爆发蔓延时，如果一村中死了一半人，人们就说海拉是用了耙；如果全村人灭绝，则说她是用了扫帚。

第十九章

诸神的黄昏

诸神的黄昏是阿瑟诸神的劫难之日，也是他们灭亡之时，更是世界末日。它是神魔之间最后一次决战，也是新世界浴火重生的契机，是冥冥之中注定的一场辞旧迎新的悲喜剧。自从众神判了洛基无期徒刑后，他们就意识到诸神的黄昏离他们越来越近了。

众神当初建立阿斯加德、排交椅座次时封洛基为十二正神之一，并让他居住于此，这是错误的起点。而且他们经常在做了错误决定并造成损害后，还让洛基出鬼点子进行弥补，最终破坏了和平，爆发了多起局部战争。他们就这样在洛基的馊主意的影响和蛊惑下做出了很多背信弃义的事，日渐丧失了威信和名誉，最后甚至让圣洁的阿斯加德都变成了血污的不洁之地。他们屡次将誓言置之脑后，滥用自己手中权力，渐渐地变得虚伪、贪婪、狂暴。博德之死宣告众神已走下神坛。作为造物主，他们已不具备对世间万物的领导力了。

而此时众神已经意识到了洛基在阿斯加德的危害，而这危害还在进一步扩大，事情已经有点儿不可收拾了。他们将洛基逐出神界，但洛基流落人间后，教唆克制力弱于神但欲望却大于神的人类堕落犯罪。这下就天下大乱了。虽然随后众神就囚禁了洛基，但损失早已不可弥补了。

众多累积的错举让众神失去了对魔道势力的威慑力。神之劫难的阴云不只压在众神心头眉梢，还笼罩在阿斯加德的上空。

驾驭日月双车的曼尼和苏尔两兄妹现在被天狼越来越近地追赶，他们飘扬的衣带都快被咬着了。他们出车照亮大地的时间越来越短了，日月也越来越难以露面。无尽的寒冬来了，饥荒和寒冷在地面肆虐，漫天大雪将一切掩盖。霜巨人从北方放出了风刀霜剑，大地上千里冰封。这要命的严冬持续了三年，不仅了无去意，还更变本加厉。人类因为饥荒，开始自相残杀，各种丑陋罪恶都一并上演。

而在死域中，焚尼尔的母亲安格尔布达用杀人者及奸淫者的尸体喂养恶狼哈迪、斯古尔、蒙纳卡罗。由于人间的罪人太多，这三匹恶狼被喂得膘肥体壮，它们一张开血盆大口就能在天上映出浓浓的血影。这三匹狼现在更加凶猛地追赶日神和月神。

由于世界末日即将降临，大地频繁地颤抖，繁星也从空中坠落。而被禁锢的洛基、焚尼尔和地狱犬加尔姆，都在极力挣脱束缚。这三个唯恐天下不乱的魔怪将他们身上的锁链弄得震天响，似乎在给众神预报他们即将脱狱。

死域的毒龙尼德霍格已经啃断了乾坤树之根，这支撑世界的生命之树快要倒下。高栖在瓦哈拉神殿上的红色雄鸡高声报警。彩虹桥碧芙斯特上的守望者海姆达尔看到这种种不祥之兆，立刻拿起他的号角吹出了激昂的战前警报，这号声响彻三界。

阿斯加德众神和瓦哈拉神殿的所有恩赫里亚都响应号召，披挂整齐，跨过彩虹桥，来到阿斯加德郊外的伊达沃特平原上布好阵形，准备迎战魔界大军。而与此同时，平时蜷缩在海底的伊门格尔毒蛇升腾而出，激起滔天巨浪后蹿出水面，爬上地面，向伊达沃特平原游来。挣脱束缚的洛基和焚尼尔率领穆斯贝尔海姆的火巨人苏尔铁尔和他的儿子们也蜂拥而来。从极北之地来复国的霜巨人们乘一艘巨舰扬帆驶向了战场。这巨舰的桅杆高到普通人要用一辈子的时间才能爬到顶，甲板宽阔到要靠跑马才能送信。死亡女神海拉乘坐用死人指甲做的船从地下的赫威高密尔泉来到地面，带来了她的地狱犬加尔姆和啃穿了乾坤树树根的毒龙尼德霍格。那毒龙一从地底爬出就展翅飞向战场上空，翅膀上挂满了滴着毒液的毒蛇和散发着恶臭的死尸。洛基带领上述所有邪魔直扑伊达沃特平原。火巨人苏尔铁尔高举他的真火之剑，天空被映得一片血红。

诸神的黄昏

在诸神的黄昏到来之际，神魔两军对峙在伊达沃特平原上。一边是阿瑟神族、瓦纳斯神族和众多恩赫里亚，一边是神界的叛徒洛基、火巨人苏尔铁尔家族、众多霜巨人、海拉和恶灵军团、毒龙尼德霍格、地狱犬加尔姆、苍狼焚尼尔和伊门格尔毒蛇。焚尼尔和毒蛇伊门格尔口中喷出的火焰和毒雾弥漫了整个战场。

众神虽然早就在备战，但现在奥丁只剩一只眼，铁尔只有一只手，弗雷尔没有刀只能用鹿角做武器，他们不折不扣地成了弱势群体，但这却丝毫不影响他们的勇气和斗志。奥丁还抽空赶到沃达尔圣泉旁，要从命运三女神处看看决战的结局。他看到三女神都面罩薄纱，缄口不言，身边有一张破网。奥丁再次知道了神界必败的结局，但他还是毫不畏惧地踏上了战场。神魔两军在伊达沃平原对峙，一边是阿瑟神族、瓦纳斯神族和众多恩赫里亚，一边是神界的叛徒洛基、火巨人苏尔铁尔家族、众多霜巨人、海拉和恶灵军团、毒龙尼德霍格、地狱犬加尔姆、苍狼焚尼尔和伊门格尔毒蛇。焚尼尔和毒蛇伊门格尔口中喷出的火焰和毒雾弥漫了整个战场。

这不共戴天的双方没有任何的叫阵就直接开战。奥丁对付焚尼尔，索尔对付毒蛇伊门格尔，铁尔对付地狱犬加尔姆，弗雷尔对付苏尔铁尔，海姆达尔对付洛基。其余众神和恩赫里亚们则冲入敌阵各自找对手厮杀。

但如同之前的多次预言一样，众神难逃厄运。焚尼尔跟奥丁搏斗时，躲闪异常灵活，奥丁的神矛冈尼尔完全刺不中它。而焚尼尔越战越勇，身躯也随之膨胀起来，到最后它张开口，上颌顶天，下颌着地，一口吞下了奥丁。旁边的众神虽看见主神奥丁被吞，但都抽不出身来救他。弗雷尔虽然英勇，但因为求婚时把武器送给了霜巨人，所以只能手执鹿角作战，在鹿角被砍断后被苏尔铁尔的真火剑穿胸而亡。

海姆达尔倒是稍占上风，但当他一刀把洛基劈成两半后，洛基垂死一击，又用斧头砍掉了他的头。他们二人同时阵亡。铁尔单手持刀刺进了加尔姆胸口，但自己的脖子也被地狱犬咬断。

索尔与伊门格尔毒蛇恶斗数百回合后，一锤砸碎了蛇头，但同时也被毒蛇喷出的毒血毒死。

千钧一发之际，威达尔从森林中赶来，他身形暴长，一脚就踩住了焚尼尔的下颌，双手抓住它的上颌，一挺身将这恶狼从头到尾撕成了两半，为父亲报了仇。伊达沃特平原上成了一个修罗场，每走一步都会踩到残尸断臂。苏尔铁尔虽然刺死了弗雷尔，但也受了重伤，正是这个伤口让他发狂，他扬起他的真火剑乱劈狂砍。刹那间，天地冥三界俱被烈焰吞噬，乾坤树也化为灰烬，大地被烧为一片焦土，慢慢地沉入沸滚的海水中。此时世界的末日到了，苏尔铁尔造成的大火虽然烧毁了世界，却也烧毁了一

诸神黄昏后的人类始祖

诸神黄昏后不知道过了多少个世纪，大地重新浮出海面，太阳女神苏尔之女秉承母亲遗愿，打捞起沉在海底的太阳车飞驰过天空，于是阳光再次普照在新生的大地上，花草树木也钻出了土壤。一男一女牵手从智慧之泉来到了绿意盎然的地面，成为这浴火重生的新世界的见证者。

切的恶，善与恶同归于尽，混沌的黑暗笼罩着宇宙。[①]苏尔铁尔终于在自己临终前做了一件好事。大火焚烧了一切，善恶神魔皆化为乌有。阿瑟众神辛苦创造的世界被沸腾的海水完全淹没。整个世界陷入创世之初的混沌与黑暗中。不知道过了多少个世纪，海水温度逐渐下降，大地也浮出海面，经过此番冲刷后，一切都变得异常清新。太阳女神苏尔之女秉承母亲遗愿，打捞起沉在海底的太阳车飞驰过天空。于是阳光再次普照在新生的大地上，花草树木也钻出了土壤。

一男一女牵手从智慧之泉来到了绿意盎然的地面，成为这浴火重生的新世界的见证者。威达尔经过地狱之火和沸腾海水的淬炼后，脱胎换骨，更加强大。他回到了伊达沃特平原，在那里遇到了索尔的儿子马克姆，他们还捡到了索尔的米尼奥尔神锤。博德和双目失明的霍都也从死域复活。这对双生子已经尽弃前嫌，过往的罪孽已被洗赎，现在光明和温暖终于重回大地。全新的世界、全新的格局重新降临了。

---

①“诸神黄昏”的传说认为，世界最后被冲天大火所灭，烈火消退之后诞生出新世界。这里的火焰指的可能就是火山爆发。北欧地震与火山活动频繁，火山爆发时宛如世界末日一般，但火山爆发之后迸出的岩浆冷却后形成火成岩，诞生出的新大陆又充满无限生机，因此“诸神黄昏”传说其实来自自然现象。

第二十章

奥丁和他的恩赫里亚

奥丁为了避免阿瑟神族在诸神的黄昏来临之际惨遭覆灭，总是不辞辛劳地在人间点燃战火。他让庸才懦夫把持朝纲，然后再下凡挑起矛盾，引发争端，操纵战争，让不少的英雄和勇士战死沙场，以便进入瓦哈拉神殿，以扩充他的恩赫里亚①战队。奥丁的很多故事都是在导演人间英雄的悲剧，他一生中的大部分时间都在人间发掘和召唤恩赫里亚。

丹麦国王西格尔撒手归西后，其王权唯一合法继承人是孙女古丽德。古丽德美丽、聪颖，血统高贵，现在又成了丹麦最高领导人，所以有不少王公贵族希望娶公主为妻，以便得到丹麦的统治权。聪颖的古丽德对自己关系着国家局势的婚姻状况看得很清楚。因此她的择偶条件非常苛刻，只肯嫁给文可治国、武可安邦的名门望族。后来她嫁给了具有挪威王室血统的胡尔顿。但这对伉俪婚后多年都无子嗣，盼子心切的胡尔顿便只身前往阿瑟神庙祈求奥丁的眷顾。隔了不久，他们就生下了儿子哈拉尔德和女儿梅妮雅。为了早日将儿子塑造成强硬的统治者，胡尔顿和古丽德带领哈拉尔德参加了收

①恩赫里亚即为战场上的烈士，后来被奥丁复活带到神界为末日大战做准备。

复丹麦失地的战争。夫妻二人身先士卒，浴血奋战，但胡尔顿由于冲锋太过靠前不幸被斯科纳国国王维斯特所杀。古丽德忍着丧夫之痛，冲入敌阵把同样陷入包围的儿子救了出来。在撤退过程中，敌人一箭射中了哈拉尔德的屁股。

哈拉尔德是奥丁所赐，所以相比其他人得到了更多的神的眷顾。他长得格外魁梧英俊，而且在他十五岁那年，奥丁还亲自传授给他“狂战士”术。当他在战场上使用“狂战士”术时就像打了兴奋剂一样，攻击力和移动速度都得到增强，而且对疼痛的反应近乎于零。伤痛根本无法阻止他的进攻，只有死亡才能让他停止。哈拉尔德发誓要将战场上的英烈包括自己都奉献给伟大的奥丁，作为对奥丁眷顾自己的报答。

哈拉尔德以手刃杀父仇人维斯特为人生最大目标。他一直苦练战场技能，伺机报复，他派出了很多线人埋伏在维斯特身边，随时向他报告维斯特的行踪动向。终于有一天，他得知维斯特要举行婚礼。于是在婚礼当天，他乔装打扮混进了婚宴。在维斯特和侍卫酩酊大醉时，年仅十七岁的他拖着一根粗大的木棒冲进维斯特的洞房，跟仇人进行殊死搏斗，终将仇人毙于棒下。虽然对方肝脑涂地，但他自己也掉了两颗门牙，因而获得了“战齿王”的称号。

维斯特一死，经常侵略丹麦的斯科纳国群龙无首，成了一盘散沙。哈拉尔德不费吹灰之力就将斯科纳的国土纳入了丹麦的版图，然后乘胜追击，将那些自祖父死后就割据一方的诸侯国逐一收服。他既报仇雪耻，还完成了父亲的遗愿，重新统一了丹麦。对于哈拉尔德这种为战争而存活的勇士来说，最痛苦的是闲暇无战事的和平时期。他的时间表上没有休息日，日历上没有战争时期与和平时期的划分，只有战争时期和为战争做准备的时期，所以当他听说父亲的远亲、挪威国王阿斯蒙德被妹妹联合前朝老臣罢黜后，决定亲自去帮叔叔夺回王位。

当时丹麦跟瑞典有领土争端，所以他无法借道瑞典讨伐隔海相望的挪威叛军。由于是家族继承权矛盾而非国家领土争端，所以公私分明的哈拉尔德驾一叶扁舟只身前往挪威，而没有调动自己麾下的军队。哈拉尔德先礼后兵，在与叛军谈判无效后，他开启了“狂战士”技能孤身杀入敌阵中。为了保证移动的高速和强大的攻击力，他没有佩戴头盔和甲胄，但由于有奥丁的魔法加持，他在战场上如同开启了金钟罩、铁布衫的技能，对物理系和魔法系的攻击完全免疫。经此一役，哈拉尔德将大批敌军勇士的英灵献给了奥丁，仅一根烟工夫就清除了阿斯蒙德之妹的党羽。他将阿斯蒙德扶上了王位，并婉拒了阿斯蒙德的重金酬谢，赢得了莫大的荣誉和威望。

但荣誉和威望只在拥护和爱戴你的臣民前有效，对野心家来说只会刺激他打倒你的渴望。瑞典国王英格是个不满足祖先留下的基业、以扩张版图为乐趣的侵略狂，他希望打败声名显赫的哈拉尔德，这样不仅能吞并丹麦国土，还能威慑周边其他小国，以达到兵不血刃就将其占领的目的。

所以他趁哈拉尔德刚渡海回国还未休整时，就发动了对丹麦的进攻。他本以为让哈拉尔德疲劳作战，对方就会溃不成军。但不管他的如意算盘打得多好，人算总是不如天算。哈拉尔德一生战场无敌的命运是由奥丁安排的，其命理指数比普通的国王强了不是一点点。而且擅长单挑和以一敌多的哈拉尔德不仅个人作战能力强，其指挥大规模兵团进行群殴的能力也是出类拔萃的。他利用奥丁传授给他的“野猪阵”集中兵力攻击和瓦解敌人，在对英格的战争中完胜对方。俗话说大炮一响，黄金万两。战败国的经济和国内政局都遭到毁灭性打击。后来英格不堪战争的重负，不得不割地赔款来向哈拉尔德求和。英格娶了哈拉尔德的妹妹，以联姻的方式确保今后的和平。

但是奥丁需要的不是和平，人间不断有战争才符合神界的利益。人间的烈士越多，神界就有更多一分摆脱在劫难逃厄运的机会。而哈拉尔德的命运不仅跟神界紧密交织，还是由奥丁亲自导演的。奥丁接下来会将引发战火的神矛冈尼尔丢到哈拉尔德的远亲当中，而哈拉尔德知道这是奥丁对其未超额完成阵亡指标的催促，所以他只能南征北战，以避免奥丁将长矛投向他亲友的国度。因为一旦奥丁的长矛投向某处，此处必燃战火，这里的土地也必被鲜血浸透。

哈拉尔德向东征服了俄罗斯，向南征服了莱茵河畔的日耳曼诸国，向西征服了英格兰和苏格兰。他的队伍中集结了来自欧洲各国的勇士，他们虽然身怀不同绝技，但都有一个共同点，那就是无视恐惧与死亡。他们在入伍时都要接受一项勇气考验，届时主考官会手持利剑飞快地削向应征者的眉毛。如果应征者眨眼，就不能入伍，还会因其懦弱而遭人耻笑。只有无惧利剑的人才能被选入这支强大的军队。

英格王与哈拉尔德的妹妹生下一个叫陵的儿子后就去世了，哈拉尔德竭力将外甥抚养成人，并把奥丁传授给他的绝学倾囊传授给陵。陵成年后，哈拉尔德扶持他顺利地登上瑞典王位。哈拉尔德让自己皇宫中跟陵一起长大的普拉尼充当信使，为他和陵传递书信，如此教导陵怎样安邦治国。

"战齿王"哈拉尔德浴血奋战，献身于奥丁

哈拉尔德是奥丁赐给古丽德与胡尔顿的子嗣，奥丁还亲自传授给他"狂战士"术。由于有奥丁的魔法加持，战斗带来的伤痛根本无法阻止他的进攻，只有死亡才能让他停止。哈拉尔德发誓要将战场上的英烈包括自己都奉献给伟大的奥丁，作为对奥丁眷顾自己的报答。

由于哈拉尔德已经征服了整个欧洲，他已年老体衰，再无力带兵打仗，所以北欧出现了多年难见的和平景象，瓦哈拉神殿多年未有归天英烈。这引起了奥丁的不满，于是他决定挑拨舅甥间的关系。这样不仅能引发丹麦和瑞典间的大战，还能把哈拉尔德接上瓦哈拉神殿。

于是，在普拉尼去瑞典送信渡河时，奥丁暗中让冰面突然解冻。被冻僵的普拉尼无力游到对岸，不幸溺水身亡。奥丁趁机幻化为普拉尼的形象，将篡改的书信递交给陵。

信上写道：我依然娇嫩的外甥，多年以心血相授文武技艺于你，但迟迟未见你立有卓越功勋。我们家族素来以骁勇闻世，但从你这代开始要弃武从文了。看来在有生之年我是看不到你凯旋了。

陵看到书信后非常纳闷，舅舅虽然历来对他寄予厚望，但也不失疼爱，现在书信上如此严苛的言语让作为一国之君的他有一丝不快。但他还是马上回信：如果家族荣誉重于泰山的话，我自己所拥有的一切包括性命都轻于鸿毛。现在我的武功技艺都日渐娴熟，而且也在厉兵秣马地备战，一旦时机成熟就会浴血于战场。

奥丁又将经过后期处理的书信交给了哈拉尔德。信上直呼哈拉尔德为“我曾经战功卓著的舅舅”，并说，完美的胜仗要在正确的时间和正确的地点完成，希望你不会随着年龄的增加而丧失稳重，而我正要承传稳重这一优良的家族品德。

哈拉尔德阅毕，对外甥的挑衅言辞勃然大怒，气得将来信撕成了碎片。就这样，两位国王的关系变得剑拔弩张。年轻气盛的陵为成霸主之业，不惜背负骂名与舅舅开战。而哈拉尔德则想在他死之前给奥丁奉献最后一批勇士。如果取胜，可以给不可一世、骄横跋扈的外甥一个教训；如果战败，自己也可以跟多年来精心挑选的勇士共赴瓦哈拉神殿。在战场上轰轰烈烈地结束叱咤风云的一生，好过因为衰老和疾病死去。无论战果如何他都不吃亏，无论胜负如何都不影响他对奥丁的誓言。

终于丹麦和瑞典间的战争在奥丁的不断促成下爆发了。哈拉尔德在战车上督战，由于年事已高，他对战场上的战况看得不够清楚，但隐隐约约看到战场上红色盔甲的丹麦士兵越来越多地倒下，而蓝色盔甲的瑞典士兵人数则未见减少。哈拉尔德感到自己第一次在战场上处于下风，知道奥丁已经抛弃衰老的他转而支持年轻的陵了，因为陵能够不断打仗，不断把英灵奉献给奥丁。而且陵像当年的他一样，已经得到了奥丁传授的“野猪阵”和“狂战士”术了。他知道了一切，知道了陵为什么会顶撞他，知道了两国开战的原因。他对奥丁说："我的主啊！很荣幸能在你面前将自己和麾下勇士都奉献给你。由于我也有'狂战士'术，所以瑞典人刀枪剑戟对我的攻击都无效。还是借你的圣手让我在战场上英勇归天吧，这种豪迈的死亡方式也是我最渴望的。"

于是奥丁让哈拉尔德战车的车轮碾过一块大石，哈拉尔德因颠簸而被抛出了车外。奥丁从车身上折断木制车辕敲碎了哈拉尔德的头颅。这样他们双方都履行了诺言，哈拉尔德将自己献给了奥丁，而奥丁送哈拉尔德升天的木制车辕既非刀枪也非箭镞，也没有违反当年给哈拉尔德的刀枪不入的承诺。

陵有一个年方十五岁的儿子瑞格纳，体格魁梧，睿智多才。对朋友极为仗义，对敌人则十分凶狠。奥丁把他作为重点培养对象，给他准备了一艘海盗船，让他招兵买马后在海洋上磨炼胆量、意志和领导能力。

当时条顿国王的女儿索拉美若天仙，深得国王的宠爱。国王为她专门修筑了一座金碧辉煌、极端奢华的宫殿，而且还每天都送她一件贵重的礼物。久而久之，这位公主对每天都收取的金银珠宝、名贵首饰这些礼物厌倦了。她父王为了满足她，改为每天都送她一件稀奇古怪的礼物。一次，国王送了女儿一条通体晶莹剔透的小蛇。索拉非常喜欢这个礼物，把它养在精美绝伦的首饰盒里面，而且还在它身下铺满黄金。小蛇一天天长大，在首饰盒中已无法容身，它就钻出来，栖息在宫殿中，索拉就在宫殿的地上都铺满了黄金。再后来它已经大到宫殿都无法容纳，就爬到宫殿外并盘绕起来。

索拉的宫殿被它圈绕起来后，除了递送食物的奴仆外，任何人都无法靠近。而且小蛇长成巨蟒后，每天都要用一头牛来喂养它，这对国家财政是个不小的负担。最关键的是巨蟒对索拉公主产生了强大的占有心态，每天都把公主置于自己的保护中，不让她离开半步。国王慑于巨蟒的威力，要见女儿一面也不行。

国王现在更害怕巨蟒不停地生长，局势会无法控制。所以他在旅舍、城门外等地方做了很多户外广告，宣称凡能凭一已之力杀死巨蟒之人，即可娶公主为妻，而且巨蟒身下的黄金都作为嫁妆。不少勇士，特别是年轻的单身勇士为了享有财富、荣誉并抱得佳人归，前去屠蟒，结果都成了巨蟒的腹中之物。

瑞格纳听闻此事，觉得此事的难度和风险比海上生涯的冒险事件低很多，而收益率却比在海上掳掠高很多。于是他穿了件外涂松脂的熊皮衣上了岸，把连接剑刃和剑柄的铆钉弄松，然后前往目的地。

瑞格纳来到索拉宫前，二话不说挥剑就猛砍巨蟒头部。巨蟒即刻醒来，马上缠住了瑞格纳，但瑞格纳的熊皮衣涂满松脂，奇滑无比，根本缠不住。瑞格纳第二次出手就打蛇七寸，利刃刺进巨蟒要害直没入柄。巨蟒拼命挣扎，于是剑刃就从剑柄上脱落。瑞格纳拿着剑柄转身离开了王宫。背后负伤的巨蟒不停翻滚，伤口也越来越大，终于因为失血过多离开了它最爱的主人。

索拉被巨蟒垂死挣扎的动静惊醒，看到限制她人身自由的巨蟒已经死亡，而杀死巨蟒的英雄似乎就是哼着小曲离开的大汉。血泊中那人只留下了剑刃，给索拉无限遐思。索拉心想：他之所以在解救她后就不辞而别，应该是不愿让自己看到他满身血污的样子。看来他想以完美的形象出现在我面前，想必我们以后一定会再见的。

索拉马上踏着巨蟒的尸体，冲出去见了多年不见的父王。父女二人多年没见，见面就抱头痛哭。哭完后，索拉提醒父王履行诺言，并表示非此人不嫁。国王自然愿意招这位英雄为乘龙快婿，但关键是这个解救公主的人不仅不在现场，大家连他是谁都不知道。现场唯一跟他有关并能透露他身份的就是留在巨蟒尸体上的剑刃。于是国王号令天下，请这位英雄携带佩剑到皇宫来领赏。谁知道公告一出，前来领赏的人比曾经前来冒险的人还多出数倍。连瑞格纳都没想到会有这么多崇拜者来模仿他，要是在海上碰到这些冒名顶替、沽名钓誉、厚颜无耻的人，他一定会剖开他们的肚子，用他们的内脏喂鲨鱼。而现在他跟着他们进了宫，想看看这些陆地上的伪君子在他面前会怎样表演。本以为英雄会独身一人前来，但看到这么多人进宫，国王和公主也大吃一惊。这些人在皇宫内不停争吵，都宣称自己是如假包换的正品本尊，别人都是偷梁换柱的仿货赝品。

国王一时也分不清真假，只好叫他们拔出自己的佩剑。意图前来领赏并骗婚的众人都拔出了自己的佩剑，一时间大殿中寒光四射。国王看见这些人的佩剑都完好无损，非常生气。命侍卫将这些骗婚领赏的人驱逐出境。最后，国王发现在角落处有一个身材魁梧、仪表堂堂的年轻人，生气地对周围侍卫吼道：“不是叫你们把所有有剑刃的人都驱逐出境么？怎么这儿还有一个？”

不等侍卫反应过来，这个年轻人就声如洪钟地回答：“我之所以还在这里，是因为我进来后就不曾亮剑。”不错，这个年轻人就是如假包换的屠蟒英雄瑞格纳，他一直冷眼旁观刚才那些骗子的丑恶嘴脸，确实没有拔剑，所以他身旁的侍卫也就没有驱逐他。

国王听毕他的话不由得暗暗欣赏年轻人的稳重，而且隐隐觉得他就是解救女儿的英雄。于是他请对方马上拔出剑来。瑞格纳拔出了剑柄，国王命人将巨蟒身上的剑刃与之比对，发现剑柄与剑刃完全吻合，这证明了他就是让自己父女团圆的人。国王马上为瑞格纳和索拉举行了盛大的婚礼，并把巨蟒身下所有的金条作为陪嫁送给女婿。瑞格纳婚后沉浸在醇酒盈杯、美人送怀的幸福中，不出海，不作战，这让一直对他寄予厚望的奥丁非常失望。奥丁决定通过诅咒来激活他的斗志。

索拉在为瑞格纳生下儿子埃里克和奥格纳后就卧床不起，没几年就撒手西去。经历丧妻之痛的瑞格纳将幼子交给亲友抚养，离开了这座伤城，重操海上冒险的旧业。一次他们停靠在挪威的一个小港湾，瑞格纳叫船上的水手去岸上村庄烤些面包。水手们发现这个村子只有一户有人在家，其他人都出海打鱼去了，便请这户人家的老太太格利玛帮忙。可老太太有帕金森症，手一直抖个不停，并说只能等自己的女儿克拉克回来才行。而外出放羊的克拉克远远地看到到他家去的水手，马上到河边洗去母亲让自己涂在脸上的锅底灰。一直以来她母亲怕别人染指自己美丽的女儿，总是叫女儿以丑示人。克拉克一回到家，走南闯北、见多识广、阅人无数的水手也被她的美貌所震撼。他们无法相信如此鹤发鸡皮的老太婆会有个如此漂亮的女儿。

克拉克进屋就开始替水手和面，那藕段般的胳膊和春葱般的十根手指引得水手目不转睛，以至于忘了烤面包的火候，只好把如煤炭般焦黑的面包带回船上。瑞格纳觉得事有蹊跷，便询问原因。水手们申辩这都是美女惹的祸，并给瑞格纳一五一十地详尽描述了克拉克的美貌。瑞格纳不相信穷乡僻壤会有如此佳人，而且在他心目中没有人的美貌能超过索拉。但听到水手们形容克拉克美貌时的语气，不由得想看个究竟。

瑞格纳命两个心腹去弄清真相，如果农家女真的貌若天仙的话，就请她上船吃饭。但要求她上船时，既穿也不穿衣服，既不能饱也不能饿，既不能单身赴宴也不能有人作陪，以借此测试她是否为兼具绝世美貌与过人才智的极品佳人。两位心腹来到克拉克面前，马上就意识到同伴的描述绝对属实。他们对克拉克躬身道：“美丽的克拉克小姐，感谢您为条顿国的舰队烹制可口的面包。作为答谢，我们条顿国王瑞格纳恭请您晚上到船上共进晚餐。”接着说了赴宴的要求。克拉克略一沉吟便答应次日赴宴。

第二天，克拉克放下盘起的秀发，除去身上的衣物，用一张大鱼网将自己严严实实地裹了几层，嘴里咬着一块苹果，带着她的牧羊犬登上了瑞格纳的船。她就这样既穿也不穿衣服，既不饱也不饿，既不单身赴宴也没有人作陪地赴宴。瑞格纳被克拉克的天生丽质和敏捷才思打动，自爱妻去世后一直被封印多年的爱火瞬间燃烧了起来，而克拉克也对瑞格纳一见钟情。

他们回到瑞格纳的城堡举行了盛大的婚礼。当天晚上瑞格纳要与克拉克亲热，克拉克要他等三天，理由是这几天筹备和举行婚礼大家都很累，在疲惫中制造出来的下一代会先天残缺，不长骨头。箭在弦上的瑞格纳认为这是无稽之谈，没有理会，拉着妻子云雨了一番。

由于有了上一次的教训，瑞格纳在新婚后不敢在家久待，马上就出海劫掠以给奥丁输送英灵。在此期间他们的第一个儿子伊沃出生了，但就像克拉克担心的那样，尽管他长相英俊，智慧超群，却天生患有软骨症。由于这种先天性疾病，十八般武艺他只能精通射箭，到了百步穿杨的地步。虽然他无法站立，出行得靠轮椅，但他运筹帷幄，深谋远虑，完全是北欧版的诸葛亮。

克拉克之后又生下了孪生兄弟比亚恩和维兹克，第三胎生下了日沃德。他们精通各种武艺，英勇无比，有其父之风。看到同父异母的哥哥埃里克和奥格纳早已开始海盗生涯，每次出海都能劫获大量钱财，还能赢得崇高声誉，伊沃也想和兄弟们一起扬名四海，就向父亲坦言心意。瑞格纳就拨给他们一些船只和人马，让他们去海上建功立业。

冰岛沿海的维比特城是一个靠进出口中转贸易而发展起来的富饶城邦，它防守森严，固若金汤，连瑞格纳都未曾攻克它，伊沃决定先从它下手，他花高价从线人那获得了城堡的防御工事平面图，觉得可以攻克维比特城，以赢得超过父辈的声誉和收益。维比特城难以攻克的原因是有两头魔牛镇守，它们愤怒的咆哮声能让敌人失魂落魄。伊沃让所有攻城战士都用蜡封住自己的耳朵，以屏蔽魔牛的咆哮声。当他们攻城时，城里照例放出了魔牛，其咆哮声似乎能透过蜡块直达海盗们的耳膜，让他们不寒而栗。但伊沃镇定地让侍卫把他放在盾牌上抬上攻城车。当两头魔牛冲到他的射程内后，他搭弓射箭结果了它们。没有了魔牛的大面积魅惑魔法，海盗们轻松地攻克了维比特城。

瑞典有个诸侯奥斯丁，他是瑞格纳的朋友，也养了一头魔牛，其属性跟维比特城的魔牛一样，只要在阵前一吼，敌人就会丢盔弃甲、自相践踏而逃。奥斯丁和瑞格纳

克拉克洗去涂在脸上的锅底灰

在海上四处冒险的瑞格纳一次将船停靠在挪威的一个小港湾，水手们上岸请求这里唯一一户人家的女主人格利玛帮忙烤面包，可格利玛坚持等自己的女儿克拉克回来。外出放羊的克拉克远远地看到到他家去的水手，马上到河边洗去母亲让自己涂在脸上的锅底灰。原来，她母亲怕别人染指自己美丽的女儿，总是叫女儿以丑示人。

签订了友好互不侵犯协议，每年都会到对方国家做友好互访活动。

有一次瑞格纳到奥斯丁的领地做客，他和侍卫都受到了超五星级的豪华接待。特别是在送行的晚宴上，佳酿美食，轻歌曼舞，让瑞格纳一行流连忘返。奥斯丁还特意让他的女儿伊尔法给瑞格纳斟酒饯行。伊尔法是位倾国倾城的绝代佳人，举手投足间有千般风情、万种妩媚。瑞格纳的侍卫议论纷纷，都说她比农家女克拉克血统高贵，风华绝代。已有几分醉意的瑞格纳在下属的怂恿下向伊尔法求婚。奥斯丁就从中促成，让两人订婚并交换了定情信物。他也从瑞格纳的朋友一跃升级成了瑞格纳的岳父。

在回国途中瑞格纳为酒醉中的鲁莽行为懊悔不已，命令所有知情的下属不得说出此事。但风声最终还是传到了克拉克耳朵里，她责问瑞格纳道："我倒知道有件蹊跷的事情。有个国王明明家有娇妻，可却在出国时瞒大娶小。"

瑞格纳见自己被拆穿，急忙辩解道："老婆，我在外面是逢场作戏啊。对你才是最真的。"

克拉克道："瑞格纳，你不要真的以为我是农家女，我的血统不仅比奥斯丁的女儿高贵，而且论出身连你都不及我。"原来克拉克是沃尔松格家族的屠龙英雄西古尔德与奥丁手下女武神布伦修德的女儿阿斯罗格，父亲死后母亲随其英灵到了神界的瓦哈拉神殿。之后她父亲的仇人要斩草除根，连尚在襁褓中的阿斯罗格也不放过。父亲的一个心腹海默尔将她装在一个巨型竖琴中，并装扮成流浪汉四处漂泊以躲避追杀。每当孩子啼哭时，他就弹琴唱歌来掩盖她的哭声并安慰她。到了无人之处，海默尔就打开竖琴，为阿斯罗格梳洗一番，并给她吟唱父母的丰功伟绩。有次他们来到了格利玛家里，老太太友好地接待了他们。但她发现巨大的琴身中露出了一截华丽的腰带，觉得这个流浪歌手的竖琴中可能藏有财宝。于是她先让海默尔饱餐一顿后，安排他到外面羊圈休息。等她丈夫奥尔回家后，她要丈夫杀死海默尔。胆小怕事的奥尔不敢做如此伤天害理的事，但拗不过老太太，只好将海默尔打昏后扔进了海里。

两口子破开竖琴，没有发现珠宝，只看到里面有个漂亮的小姑娘。小姑娘一动不动地望着他们，对他们的询问只字不答。格利玛想杀人灭口，但奥尔说既然是个哑巴，还不如让她帮忙放羊洒扫。老太太给小女孩取名克拉克，对外宣称是他们收养的孤儿。为了不露出破绽，格利玛剪短了克拉克的头发，往她脸上涂锅底灰，给她穿脏衣服，让她干最脏累的活。这也是老丑的格利玛为什么会有一个如此漂亮的女儿的原因。这也是克拉克为什么抛开家庭义无反顾地跟随瑞格纳的原因。

“但是，我从来没有忘记自己的身份。”阿斯罗格对瑞格纳说，“每天我都要在海滩上眺望。因为我知道总有一天，我的意中人会率舰队来解救我，而女武神布伦修德的女儿也只会嫁给最勇敢的国王。不久之后我会生下一个眼里有龙影的儿子，这影子跟我父亲西古尔德杀死的毒龙一模一样，你必须用我父亲的名字来为他命名。”

果然没多久，阿斯罗格就生下了眼里有龙影的西古尔德，自此瑞格纳再也不敢想奥斯丁女儿的事。隔了很长一段时间，由于瑞格纳既没有迎娶伊尔法，也没有给奥斯丁任何说法。奥斯丁和女儿觉得受到了奇耻大辱，修书一封给瑞格纳与其绝交。

瑞格纳跟索拉生的两个儿子埃里克和奥格纳本来就对奥斯丁女儿勾引父亲不满，现在奥斯丁挑明了翻脸，他们决定先给他个下马威，于是召集人马率先攻打奥斯丁。奥斯丁在应战时将部队分为三股，其中一股正面跟敌人纠缠，另外两股埋伏在侧翼负责找机会夹击敌人。埃里克和奥格纳见敌人数量不多，还且战且退，不由得轻敌冒进，谁知四起的伏兵切断了他们的退路。同时奥斯丁放出魔牛，它的怪吼把士兵们吓得魂飞魄散，四处逃散。开战不久奥格纳就战死，而埃里克则被敌人的盾牌围起来后被活捉。

五花大绑的埃里克被带到了奥斯丁面前。奥斯丁提出：“你们的父亲在订婚后悔婚，让我和女儿颜面尽失。但如果你能娶我女儿为妻，我就饶你性命，我们两国也可重修于好。”

埃里克怒道：“即便我哥哥没有被你杀死，我也不会当接盘侠娶一个被父亲抛弃的妖女。更何况我哥哥被你杀了。你这个暴君，我的兄弟会来杀了你的！”

奥斯丁冷笑一声：“天堂有路你不走，地狱无门自来投。这就怪不得我了。”埃里克道：“我根本就不畏惧死亡，但如果你还有一丝领导人的气度的话，就应该根据国际公约让我的兵士安全返回国内。”

碍于瑞格纳的颜面，奥斯丁只好答应了他的要求。埃里克在受刑前取下一个金臂圈交给他的一个心腹，要他交给继母阿斯罗格，并向全家人祝福。随后他被巨型投石车抛上了天，落在了整整一个军团所竖起的长矛上。

当埃里克的侍卫把臂圈和噩耗带回国后，王后阿斯罗格滴出了血泪，她的几个儿子都决定为同父异母的哥哥报仇，连刚三岁大的西古尔德都迫切地想上阵。于是伊沃在国内招募了很多勇士后率军杀向奥斯丁的领地，而奥斯丁照常带上魔牛应战。伊沃

海默尔将克拉克藏在竖琴中四处漂泊以躲避追杀

克拉克是屠龙英雄西古尔德与女武神布伦修德的女儿，名叫阿斯罗格。父母死后被父亲的心腹海默尔装在一个巨型竖琴中四处漂泊，以躲避仇人追杀。每当她啼哭时，海默尔就弹琴唱歌来掩盖她的哭声并安慰她。到了无人之处，海默尔会打开竖琴，为阿斯罗格梳洗一番，并给她吟唱父母生平的丰功伟绩。

知道魔牛为敌军提供了很高的攻击力，一旦干掉魔牛，消灭敌军就易如反掌了。但当魔牛向他们冲过来时，他才发现这只魔牛比维比特城的魔牛体型大了不少。伊沃让所有士兵都用蜡封住耳朵，并高声呐喊来掩盖魔牛的吼叫。但魔牛的吼声远远高过士兵的呐喊声，且吼叫着向伊沃他们发足狂奔过来。伊沃的军队不免有些乱了阵脚。伊沃马上叫手下抬出为这次作战特别准备的巨型弓架，以投枪作为箭矢，将巨弓拉成满月射了出去，投枪一下就贯穿了魔牛的左眼和右眼。魔牛虽然失去了视力，但剧痛让它发起狂来，不分敌我地狂顶乱踩。

周围人都催促足智多谋的伊沃再想办法，可伊沃只是得意地微笑。原来投枪上涂有从北海剧毒水母体内采出的毒液。此时在战场上狂奔的魔牛，血液循环速度很快，当然毒液也随着血液快速到达了它的四肢百骸。就在大家都担心魔牛会冲到自己跟前的时候，受毒液影响的肌肉已经僵硬，中枢神经已经麻痹，心跳和呼吸也已停止的魔牛，在伊沃的人马面前轰然倒地。魔牛一死，敌人顷刻土崩瓦解。维兹克顺着敌军回逃方向追过去，看到奥斯丁时，他一跃上前，用战斧取下了他的首级。

伊沃四兄弟班师回朝，稍作休整就南下打家劫舍。他们一路攻城略地，洗劫了萨克森人和法兰克人的领地。在攻打一个名叫维菲尔斯的城堡时，他们要求城中居民以财物换和平。但维菲尔斯堡不仅防守严密，而且城中食物和水源充足，根本不怕打持久战。伊沃知道这样耗下去对自己不利，就下令撤退。

城中军民见围军去意已定，不由得替他们搞起了欢送仪式。他们把金银珠宝挂在高高的城墙上，让它们在日光下光芒四射；在城墙上嘲笑这些空手而归的海盗，告诉他们没有比以这种方式回家更轻松的了；还说瑞格纳家族的英雄事迹都是虚构的。

如此冷嘲热讽让一向冷静理智的伊沃喉头一甜，喷出一口鲜血。大家只得停下撤退步伐，马上叫来军医给他查看。这时，伊沃突然说自己有了破敌良方。他命手下马上去砍伐松木，然后再悄悄返回，并在入夜后将木材堆放在维菲尔斯堡城墙下。此时城内军民正在进行退敌后的军民大联欢，城墙上的防守兵力相当薄弱。伊沃命人引燃木材，富含松脂的松木顿时燃起了冲天大火。一时间风助火势，火借风威，城墙上的卫兵被熏烤得眼睛都睁不开，只好对城墙泼水。炙热的城墙突然遇冷，岩石受不了这样高的温差，出现了裂纹。伊沃再命令所有投石车对城墙投射巨石，固若金汤的城墙被砸出了数个缺口。伊沃的军队通过缺口蜂拥而入。

城中的很多士兵还在饮酒作乐，还来不及披挂上阵就被砍翻，伊沃的军队迅速控制了城内的局势。大破维菲尔斯堡后，伊沃不医自愈，他感慨道：消灭顽敌、挽回家族荣誉就是最好的良药。

瑞格纳外出征战后返回王宫，知道儿子的死讯后非常伤心，他为不能手刃仇敌而遗憾。现在儿子的战绩和威望都超过了他，更让他产生了无比的紧迫感。因为欧洲地图上的大部分地方都被他和儿子们征服过，所以他决心攻打无人占领过的英格兰。他召集能工巧匠建造了两艘前所未有的巨型战舰，准备攻打英国。阿斯罗格提醒丈夫：英国海岸线非常曲折，而且有很多浅滩和暗礁。这两艘巨舰吨位大，吃水线深，登陆英国会很不方便。如果用建造这两艘战舰的预算建造十艘中型战舰，效果会更好。但瑞格纳开战心切，已听不进任何意见。他将手一摆道："在战争中攻心为上，这两艘巨舰首先能在心理上震慑英国人，接下来就能摧枯拉朽地击败他们。"出发前，阿斯罗格送给他一件汗衫，并告诉他这件附魔①的汗衫能抵御任何兵器的攻击，千万不可脱下。

瑞格纳登陆英格兰后，两艘巨舰却因起火而焚毁。破釜沉舟、背水一战的瑞格纳只得杀向英国腹地。英国国王艾拉率兵应战。在开火前，他严令部下只能生擒瑞格纳，不可伤害他。因为奥斯丁事件让他知道了哪怕动了瑞格纳一根毫毛，他那些凶悍无比的儿子一定会血债血偿，对英格兰实施高强度、长时间的血腥报复。交战时瑞格纳的部队以一当十，让英国士兵伤亡不少。战场上凡是被瑞格纳长剑砍中的人都顷刻倒地而亡，因为剑上沾的巨蟒血有附魔的效果，而他身上所着汗衫更是让他刀枪不入。但即使他有通天法力也无法抵挡前仆后继的海量英国军队，他和部下杀死了十倍于自己的敌人，敌人就以百倍的兵力拥向他们。慢慢地，瑞格纳的部队被消耗殆尽，筋疲力尽的他也被敌人用盾牌围起来动弹不得，最后他被活捉并被带到了国王艾拉面前。艾拉问他是谁，他不发一言。于是艾拉将他投到蛇坑里，叮嘱部下，如果他说出瑞格纳下落，就拉他上来。

可他一入蛇坑，所有的毒蛇都从他身边游走，因为他身上的汗衫能防范外界对他的所有伤害。艾拉见状，便命人拉住缚在他身上的绳子把他拖上来，剥去他的衣服后

---

①附魔就是在物品上附着了魔法或咒语，让其有特殊功效。

再投入蛇坑。于是毒蛇爬满了他的每一寸肌肤噬咬他。随着毒液在他体内的流动，他知道是时候接受奥丁的召唤了。于是他用杀死巨蟒后哼的小曲来吟唱他一生的赫赫战功，以及他与两任妻子的爱情故事。艾拉这才确定这个战俘就是海盗王瑞格纳，于是命人将他拖出蛇坑。可瑞格纳已经毒发身亡了。

这下该艾拉头大如斗了，瑞格纳的儿子一定会来英格兰复仇，到时候不仅江山社稷会像浮云一样随风消失，自己项上的人头也将不保。最后他决定派遣使者跟瑞格纳的遗孀和儿子议和，并愿意为瑞格纳的意外死亡进行赔偿。虽说重赏之下必有勇夫，但艾拉手下的文武百官无一人愿担此重任。最后艾拉只得面向社会重金诚聘使者，但民众知道是要出使民风剽悍的丹麦后，无一人揭榜应聘。大家都怕有命赚，无命花。在多次提高悬赏金额后，终于有两个勇士愿意出使丹麦。艾拉特意让他们留意瑞格纳的几个儿子在听到父亲死讯时的反应。

伊沃四兄弟从南欧满载而归后，知道父亲已经扬帆出征英国，便商议是否带领人马登陆英国，助父亲一臂之力。阿斯罗格和伊沃认为瑞格纳之所以独自出征就是为了获得属于他自己的胜利，把荣誉看得比生命重要的他也会独自承担失败的后果，这时候出手相援是对他最大的侮辱。

正在几兄弟犹豫之际，突然有英国使者求见。伊沃让其进入大厅，来使落座后告诉了他们父亲的噩耗，众人顿时呆若木鸡。片刻后伊沃问来使自己的父亲是如何死去的，来使将当时的情景重述一遍，并说英王愿意为这次意外事故做出赔偿。正在擦枪的维兹克紧握枪杆，枪杆上留下了深深的手印；下棋的比亚恩捏着棋子的指甲中滴下了鲜血；正在修箭头的西古尔德没察觉到小刀割到了自己的指骨。而伊沃的脸则像变色龙一样，先是涨得通红，然后发青，最后变得惨白。但当维兹克冲上前去要杀了使者时，伊沃喝住了他，并朗声道：“两军交战，不斩来使！”伊沃还下令任何人都不得伤害使者，并给他们补充了返航所需的物资，让他们安然返回英格兰。

伊沃在英国来使起锚后才把父王的死讯告诉母亲阿斯罗格。自幼便痛失双亲的阿斯罗格虽然万分悲痛，但却没有掉一滴眼泪，因为她知道被奥丁召唤的恩赫里亚是不需要亲人的泪水的，那样会让他蒙羞。她给儿子留下一句：“我失去了丈夫，你们失去了父亲。你们应该取得敌人的首级作为这件事情的了结。”然后就哀伤地离开了。

这几个兄弟在商量复仇大计时有了分歧。伊沃认为，父王和艾拉之间本无利益争端和冲突理由，而且父王备战不充分就仓促出征，连母后提出的意见都置若罔闻，失败似乎是命中注定的。从亲情上来说，子报父仇是理所当然的，但从道义的角度来讲，父王得不到国际舆论的支持。如果艾拉能给足够的赔偿的话，他愿意议和。

听到大哥愿意议和，其他几个兄弟如何肯依？比亚恩首先质问大哥：“我们以前轻而易举就连续攻克数个城池，还怕小小的英国？而且他们的部队中没有魔牛，更不值得怕了。”

维兹克气得抛开了平时对大哥的尊敬吼道：“我们可以不讲理，也可以不要命，但杀父之仇岂能不报？谁愿意无视家族荣誉，就在家当缩头乌龟吧！我必要渡海去砍下英王的头。”

其实伊沃何尝不想报仇？但即便打败艾拉也不能让父亲复活，而且万一在战争中弟弟再丧生那损失就太大了。此外，从国家利益来讲，这是场一打起来就两败俱伤的仗。所以伊沃说：“如果要开战，我会驾自己的旗舰跟随你们。但我还是以能和艾拉议和为第一目的。”

伊沃发动了很多丹麦勇士跟随他一起前往英国，但他在三个弟弟登陆时，让自己的部队待在海上，以示威慑。艾拉在使者回国后，从他们反馈的信息推断，知父亲死讯仍保持镇定的伊沃是个厉害角色。相对于正在跟艾拉交战的三个弟弟，按兵不动的伊沃会给自己造成最大的威胁。艾拉不敢使用全部兵力跟伊沃的弟弟放手一搏，怕伊沃趁他兵力空虚时突然进攻。所以他严令部下只可打退丹麦人的进攻，而不准伤害伊沃的三个弟弟。就这样艾拉打退了敌人一次次的进攻，迫使三兄弟退到了船上。此时，伊沃对弟弟们说：“现在你们知道自己的办法是行不通的了。因为艾拉放了你们一马，你们才能全身脱离战场。即便这样你们还是损兵折将。还是按我先前的方案，去和艾拉议和吧。”深陷战争泥沼的三个弟弟明白能全身而退全靠大哥坐镇后方。他们经历失败后再次感受到了兄弟情谊，于是同意了大哥的议和方案。

伊沃安排弟弟暂时回国，他让西古尔德接掌行政工作，并让另外两个弟弟掌管他在丹麦的财产，但吩咐他们在自己需要时必须派人将财产送来英国。在弟弟们都起锚返航，海边只剩自己的旗舰时，伊沃便上岸与艾拉议和。艾拉知道伊沃一向诡计多端，眼下却遣散了舰队跟自己议和，这让艾拉心里反而不踏实。尽管如此，能够以赔偿换和解总好过兵戎相见。在商讨赔偿细节时，伊沃对艾拉说：“我的要求不高，只要陛下领土上一块牛皮所能覆盖的土地就行了。”

伊沃的赔偿条件远低于艾拉的心理预期，所以艾拉一口应承。但出于对伊沃反常要求的不放心，艾拉又问：“还有其他条款么？”

伊沃回答:“我想在这块土地上修建一座城堡,而且保证永不会用武力反对陛下。”

尽管艾拉对在牛皮大小的土地上修建城堡持完全怀疑态度，但听到伊沃保证不会有任何政治和军事企图后，还是与其签署了和解协议。签约后伊沃马上宰杀了一头大得不能再大的牛，将牛皮鞣制成革，再将其割为极细的牛皮条后结成了一根牛皮绳。他用这根长得不可思议的牛皮绳在河畔围了一块方圆数十里的土地。至此，艾拉方知中计，但碍于合约，又无可奈何。

伊沃在圈定的土地上修建了比英王皇宫还豪华的宫殿，并理所当然地成为领主。他让周围的农民迁移到他的领地耕种，并免除了他们前三年的税赋。这样周围不堪艾拉重税的贫农都移民到了伊沃的领地安居乐业起来。伊沃在自己的领地势力根深蒂固后，便派人到丹麦要弟弟将自己的资金转移到英国。

伊沃有了境外资金的支持后，经常邀请英国的王公贵族、达官要人到城堡把酒言欢。他仗义疏财，广交朋友，对英国的各路诸侯出手阔绰。渐渐地，他已将触手伸到了英国各个地区的各个阶层。英国的各路诸侯都接受了伊沃不少好处，他们向伊沃保证：一旦他与英王交战，他们一定会按兵不动，保持中立。见时机成熟，伊沃便派密使通知丹麦的弟弟，要他们全力攻打英国。直到此时，伊沃的弟弟才知道哥哥隐忍不发，是为了等待此时给予艾拉致命一击。弟弟们马上组织舰队，渡海攻打英国。艾拉听说西古尔德三兄弟已经登陆英国，马上下令统集人马应战。但各路诸侯都恪守与伊沃的诺言，按兵不动。艾拉只能带领少数近卫军应战，而伊沃则带着他自己的部队与艾拉并肩作战。

艾拉看见伊沃助战十分吃惊，但伊沃说：“陛下，我曾许诺绝不动用武力反对你。你不用担心我临阵倒戈帮助弟弟攻打你。”

艾拉让伊沃命令弟弟退兵，但伊沃说：“我在跟你议和时就将王位让给了弟弟西古尔德。现在弟弟才是丹麦最高统治者，所以我对丹麦军队没有任何约束能力。但我可以凭着手足之情去劝说他们，让他们罢兵言和。”艾拉赶忙同意。

伊沃来到西古尔德的营地，对弟弟说：“艾拉现在的兵力非常薄弱，你们就像秋风扫落叶一样地进攻吧。”

然后伊沃回到艾拉身边，对他说：“我的弟弟们对和解和赔偿完全不感兴趣，他们只想替父报仇。但你放心，我会信守承诺，绝不会帮助弟弟攻打你。”艾拉听了略微放心。但伊沃又说：“但我也不会手足相残，跟弟弟交手。”艾拉这时才知道伊沃的中立跟各路诸侯的中立一样，就是在把他往死里逼。在交战中，丹麦的军力多出英国几倍。虽然艾拉的卫队竭力反击，但好比螳臂当车，一下就被杀得七零八落，溃不成军。艾拉在逃跑中被乱箭射中，伊沃命人将艾拉绑在一块巨石上，用钩子钩住他的肋骨后往左右撕开了他的胸腔，然后将他扔进了父亲当年丧命的毒蛇坑，说：“这是给父亲迟到的祭奠，但却是他最期待的！”

挪威王哈夫尔丹有哈尔加、哈罗尔和哈尔顿三个儿子。后来哈夫尔丹和哈尔加在跟邻国的战争中阵亡，随后哈尔顿不幸病逝。哈罗尔就将哈尔加之子哈尔德和哈尔顿之子哈尔夫抚养成人，将他们视为己出。哈罗尔在晚年幸得一子罗里克，但因其年幼无知，无法处理政务，于是他选了稳重的哈尔夫来辅佐自己。哈尔德认为叔父不重视自己，便远走他乡。而年幼的王子罗里克对父王让堂哥执掌实权，而作为王位继承人的自己只能当替补的做法也很不满意。

一天，罗里克进宫面见父王，说自己担心在父亲过世后，堂哥哈尔夫会坐上本属于自己的王位，所以他要求父亲将家族世代相传象征王权的臂圈赐给他。哈罗尔怒道：“你怎能不把心思放在学习治理国事上，反而成天怀疑自己的亲人？至于这臂圈，到时候肯定会戴在你臂上。但按家族规矩，现在还不能传给你，如若违背，恐生不祥。”

但罗里克就像牛皮糖一样黏着父亲：“父王，请原谅我的好高骛远和猜疑善嫉。现在不把臂环传给我也可以，但你能不能摘下来让我看看啊？”哈罗尔禁不住儿子的苦苦央求，就取下臂圈递给儿子。罗里克把臂圈拿在手里仔细把玩了一番，不由得叹道：“迄今为止还没看到过比它更好的臂圈呢。既然大家都想得到它，那必然会引起争端。消除争端的唯一办法就是让它待在人类无法触及的地方。”说完就把臂圈抛入海中，然后拍一拍手扬长而去。

哈罗尔被儿子的疯狂行径惊呆，悲怒交加的他不由得仰天长叹：“我至高无上的奥丁啊！我怎么才能洗刷罪孽啊？”云上传来一个声音：“血！至亲和仇人的血方能洗掉罪孽和耻辱。”哈罗尔便预感到自己的家族将遭受血光之灾。

相对于自己的儿子，哈罗尔对跟随他四处征战、忠勇无比的哈尔夫更加信任。他要哈尔夫在自己不成器的儿子继位后尽力辅佐他。后来哈罗尔去世，罗里克如愿以偿地登上了王座。他一上台就将堂哥哈尔夫逐出宫廷，冻结了哈尔夫的所有财产并剥夺了他的政治权利。哈尔夫只能背着自己的剑行走江湖。

罗里克登基后的最大欲望就是敛财。他为人十分吝啬，完全没有父亲仗义疏财的豪迈气度，还经常借故克扣心腹侍从那本来就微薄的收入。基于“财聚人散，财散人聚”的定理，罗里克越来越不得人心。久而久之，很多人包括罗里克的部下都投奔到了勇武大度的哈尔夫麾下。

这时的哈尔夫已经有自己的领地和势力了。他周围的人都劝他去夺回王位。大家觉得被这样小气吝啬的国王统治是莫大的耻辱，他们需要一个战斗力超强的人做国王。哈尔夫有这个资格和能力，因为他父亲跟罗里克的父亲一样，都是王子。

于是哈尔夫带着自己的人马来到王宫前，要与罗里克决斗。罗里克并不应战，只是将他聚集的金银财宝都堆在哈尔夫面前，让他随意拿取，并不耐烦地说：“取走后就不要来烦我了。”

哈尔夫极度鄙视自己的堂弟，冷笑道：“勇士的武器是剑而不是财宝。如果你自知无能应战，可以投降并让出王位。”罗里克见收买不起作用，慌忙退回宫中召集侍卫应战。但是没多少人肯为这位嗜财如命的国王效忠，他只召集到一些骗吃骗喝的混混来进行王位保卫战。哈尔夫和手下的精兵良将轻而易举就将昏君和他的党羽彻底铲除，并把他聚敛的钱财分给了士兵和贫苦百姓。

哈尔夫对人友善慷慨，一时间迅速吸引了大批能人志士、英雄豪杰为他效命。挪威的国势渐渐变得非常强盛。一天一个名为沃尔格的年轻武士径直来到哈尔夫的王座前对他说：“早就听说哈尔夫是北方最伟大的国王，可我却看到坐在王座上的是一只渡鸦。”

哈尔夫哈哈一笑，道：“谢谢你给我取了个如此响亮的名号。”然后递给沃尔格一个金臂圈。

沃尔格把臂圈戴在右臂上，然后把左手藏在背后，接着举起右臂说：“对于一个太久没有获得赏赐的人来说，有这样一个礼物也不错。”

哈尔夫好奇地问：“你为何将左手藏在背后？”

沃尔格答道：“因为光秃秃的左手羞于与它打扮得光鲜华丽的伙伴为伍。”

哈尔夫哈哈大笑，又赏赐了一个臂圈给他戴在左臂。看到哈尔夫如此器重自己，沃尔格按照传统仪式，走到皇室族柱前宏声宣誓：“我尊敬的国王，如果有人杀害你，我一定用他的人头给你做供品。”

哈尔夫非常喜欢机智勇敢的沃尔格，让他做了御林军总管。沃尔格也不负重望，将这支剽悍的卫队训练成为一支战斗力超强且誓死效忠哈尔夫的队伍。

一天，哈尔夫接受继父阿迪尔斯的邀请到其国内访问。他在路上还认为自己会从继父那里得到馈赠，因为继父迎娶母亲时没有给他聘礼。阿迪尔斯热情地接待了妻子前夫的儿子，在王宫中设宴款待哈尔夫和随行人员。阿迪尔斯一边畅饮，一边大肆向对方宣扬自己的光辉战绩。然后无礼地问哈尔夫：“你认为自己最大的优点是什么？”

哈尔夫答道：“我觉得自己也就是忍耐力超出常人而已。不知道阁下有什么杰出的优点啊？”

阿迪尔斯道：“我最大的优点就是慷慨，因为我觉得这是一个君主的基本修养和品德。如果阁下不反对，我倒想看看你那过人的忍耐力。”说完吩咐手下把一大堆柴火丢在哈尔夫面前的火堆上。烈焰扑面而来，哈尔夫的衣服马上就烤焦了。哈尔夫灵机一动说道：“干脆我们到院子里面把火烧旺些，以免烤坏了厅内的装潢。”接着他拔剑砍倒身边的一根柱子，踩着柱子跑了出去。一越过火堆，哈尔夫就笑道：“现在我能否见识阁下的慷慨啊？”

阿迪尔斯岂甘示弱，他命人拿来许多黄金，连同自己祖传的金臂圈一起送给了哈尔夫。哈尔夫道：“谢阁下将迎娶我母亲时未付的聘礼赠给我。”然后就上马飞奔而别。哈尔夫骑马奔出不远就发现阿迪尔斯率兵追了上来。哈尔夫命人把刚才获赠的金块撒在地上，对方士兵纷纷下马拾取金块。阿迪尔斯斥责部下：“你们先去追赶敌人，追到了我再把金子赏给你们。待会儿回来你们有的是拾金子的时间。”

渐渐的，阿迪尔斯的人马又要追上哈尔夫了。哈尔夫就将金臂圈朝马后抛去。阿迪尔斯唯恐祖传臂圈被马蹄踏坏，让追兵停了下来。哈尔夫狂笑道：“今天充分见识了大王的慷慨。多谢大王在送我贵重礼物后还依依不舍地护送我这么远。送君千里，终有一别，诸位请留步吧。”

渡鸦王

哈尔夫对人友善慷慨，一时间迅速吸引了大批能人志士、英雄豪杰为他效命。挪威的国势也变得非常强盛。一天一个名为沃尔格的年轻武士来到哈尔夫的王座前对他说：“早就听说哈尔夫是北方最伟大的国王，可我却看到坐在王座上的是一只渡鸦。”哈尔夫哈哈一笑，道：“谢谢你给我取了个如此响亮的名号。”

远走他乡的哈尔德王子后来在瑞典跟一个名叫斯库尔德的公主结婚。斯库尔德极力怂恿哈尔德回国推翻哈尔夫，夺取本不属于他的王位。他们暗中集结人马，伺机发动战争。有一次，哈尔夫邀请堂兄回国，并设宴盛情款待，但哈尔德让自己的士兵暗藏在随行船只中，自己只带了几个随役到宫中赴宴。

夜宴持续到深夜，哈尔夫体力不支就先行退席就寝。哈尔德随后到岸边召集暗藏的部队上岸，包围了王宫。但哈尔夫手下有个将领刚好准备出宫幽会，发现了包围王宫的人马。他马上转身回宫唤醒国王，告知他王宫被围。哈尔夫迅速召集了宫中御林军前来应战。

哈尔夫的卫队冲向宫外的敌人，跟哈尔德的军队厮杀了起来。由于哈尔德是有备而来，而哈尔夫的军队是仓促应战，且很多是从晚宴的深醉中醒来，战斗力大打折扣。渐渐地，国王这边的卫队数量越来越少，但却无人退缩，都用死亡来兑现自己效忠国王的誓言。虽然后来哈尔夫已经接受奥丁召唤，飞升到了瓦哈拉神殿，但他的卫士还是围在他倒地的尸体边，战至最后一人。

消灭了堂弟的部队后，哈尔德坐上了期盼已久的王座，再也不想下来。随后他举行了一个盛大的宴会庆祝自己登基。酒足饭饱后，他问道："还有没有我堂弟的部下啊？如果愿意归降，可以安排部长级职务。"

当哈尔德身边的人告诉他前任国王的部属都战死在其身边时，一直未露面的沃尔格站出来说："还有一个！"

哈尔德问："你愿意为新国王效劳么？"

"我愿意。"沃尔格答道。

哈尔德抽出长剑，用剑尖指着沃尔格问："那你用胸口贴着剑尖宣誓吧。"

沃尔格说："只有对着阿斯加德的诸神起誓才要胸口贴着剑尖。在王宫里都是手握剑柄发誓的。"哈尔德一想自己再大也不能大过天上的诸神，就掉转长剑，让沃尔格手持剑柄。沃尔格紧握剑柄，用尽全力刺进了哈尔德那刚才还在大吃大喝的嘴里。这个残杀手足、篡位谋乱的暴君就死在了他恋恋不舍的王位上，死的时候还带着诧异和不情愿的表情。哈尔德的侍卫围住了沃尔格。沃尔格仰天长啸一声，坦然敞开胸膛道："能实现诺言哪怕死掉，也好过活着但不能履行诺言。食言偷生是我最不齿的行为。我效忠国王时就发誓会杀掉害他的人，现在我已经为他报了仇。你们要杀要剐，动作快点！”言毕，数支长剑洞穿了沃尔格的身躯。

丹麦王子雅尔哈康年少时，父王就在抵御挪威海盗时阵亡。家破国亡后，他为了躲避敌人追杀，只得亡命天涯。这时候女巨人海格丽收养了这个无家可归的少年，无微不至地关怀和照料他，并传授给他十八般武艺。雅尔哈康在海格丽的抚养下，终于长成了一名强悍的武士。

雅尔哈康成年后，海格丽要他承担起男子汉的责任，以知恩图报的武士品德对她的关爱做出回报。但雅尔哈康为她做了很多事，海格丽都不满意。见这个傻小子还猜不透自己的心思，海格丽只能向他坦言了自己的爱意，并要雅尔哈康也交出自己的心。

海格丽有姣好的容貌和健美的身段，但雅尔哈康一直视她为长辈很难将她摆到恋人的位置。这样的状况让雅尔哈康这样的愣头青无所适从。最主要的是，他无法逾越双方种族差异的鸿沟。于是他对海格丽说：“对不起，虽然我也对你暗怀爱恋，但可能无法给予令你满意的感情。我这样的普通人类和你这样的巨人身材相差太大，这样的爱情不会有实质性结果的。”

海格丽先是一愣，在恍然大悟后咯咯笑道：“我无法改变你的体型，却可以改变自己的，我可以变得高耸入云，也可以变得和人类体型无异。”说着她就变成了娇小玲珑的人类美女。自此之后，这场跨种族的爱火愈燃愈烈，两个人形影不离，浪迹江湖。

一天夜里，雅尔哈康和海格丽来到一间木屋前准备借宿。敲门无人回应，便直接推门而入，发现屋中有具男尸。海格丽在一块小木片上写了鲁纳符咒，然后把它放到了尸体的舌头下面。她告诉雅尔哈康，这样可以通过死者之口预知未来。

片刻后，死尸坐起来阴森地号道：“谁将我从去阴间的路上拽了回来？让死人不得安息的人必遭血光之灾。至于你，小伙子，倒是吉人吉相啊。”说完便瘫倒在地上。

半夜时分，一只巨手穿透屋顶在屋内乱抓。慌乱中的海格丽来不及变化身形，就死命抓住巨手，叫雅尔哈康：“快挥剑砍它。”雅尔哈康应声砍去，屋外的巨人惨号一声，伤口喷出的鲜血几乎淹死他们。这时附近的其他巨人向他们围了过来。海格丽对一旁恋战的雅尔哈康喊：“你转身逃出这片树林，不然一会儿我变身跟他们厮杀时会误伤脚下的你。”雅尔哈康一想也对，为了不让海格丽分心，他飞奔出了树林。他刚跑出树林，就听见海格丽的惨叫。她的巨人同类见她为了人类而跟他们交战，就拽着她的四肢和头将她分尸了。雅尔哈康悲愤交加，当即向奥丁发誓，只要能手刃残害海格丽的巨人，愿让自己魂魄升入瓦哈拉神殿。

一天雅尔哈康在海边碰到了一个独眼老者，他向他倾诉了自己的际遇和希望。老者对他说："势单力薄难成大事，得有志同道合的强势朋友相助。"于是将他带到海边的一条大船上，介绍船长鲁克给他认识。雅尔哈康跟鲁克意气相投，一起在海上劫掠钱财，拥有了极高的社会地位和威望。但好景不长，他们在跟冰岛国王洛克的战事中败北。鲁克战死，雅尔哈康被擒后囚于笼中。洛克准备不久后将他投入兽栏喂熊。危急时刻，那独眼老者再度出现在他身边，给他脱逃的计谋，并约好了脱逃后碰面的地点。

到了晚上，守卫开始饮酒作乐。雅尔哈康在笼中哼唱歌谣为守卫助兴，顺便消除他们的戒心。待守卫酒足饭饱后，雅尔哈康给守卫低声讲起他的海上冒险故事。守卫被他的故事吸引住了，就凑在笼边听他讲说。慢慢地几个守卫都睡着了，他便解下笼边守卫腰间的钥匙打开囚笼，寻回了他的长剑，然后走向洛克的兽栏，杀死了笼中圈养的黑熊，挖出熊心熊胆饱餐了一顿，在勇气和力量剧增后，他马上赶往和老者约定的会合地点。老者已骑马在那儿等候，他让雅尔哈康上马坐在他背后，让他用布条蒙眼，叮嘱他在停车前切不可睁眼观望。接着老者就策马飞纵而起，雅尔哈康通过耳边嗖嗖刮过的寒风就知道老者是在超速驾驶。他心想后面又没有追兵，为何老者还不顾自己和他人的安全飙车？于是就拨开蒙眼的布条，四顾周围的情况。发现马蹄下是一片望不到边的絮状物体，却听不到一点马蹄声。由于四周没有参照物，不知道行驶的方向。但他从自己不停下坠的心可以肯定，他们在不停升高。后来他看到身下波光粼粼，知道自己已经飞到了几万英尺的云层之上。雅尔哈康鸟瞰观赏着，没有一丝畏惧。最后他们在一座高耸入云的山顶上下了马，而看得兴起的雅尔哈康已完全忘了老者之前的警告。独眼老者回头见雅尔哈康居然掀开蒙眼布条，露出了一只眼睛，不由得低喝道："好小子，胆子不小，在天上还敢睁眼偷看却没有坠马。"说着递给雅尔哈康一个牛角杯。

老者道："这里面的东西能使凡夫七窍流血而亡，却能使英雄洗髓伐毛、脱胎换骨。你将这毒性非凡的毒药喝下去，我就能看出你是龙是虫了。"

雅尔哈康欣然接过牛角杯朗声道："男子汉大丈夫如果不能建功立业，叱咤风云，那就虽生犹死。”然后一仰脖将毒药喝得一滴不剩，喝完瞬间觉得有一团高温物质从喉咙经食管一路燃烧到胃，又随血管传到了四肢百骸。他感到自己的基因得到了升级，虽然还是人类的躯壳，但体内却像巨人一样有使不完的力量。老者喜道：“果然没有让我看走眼！现在你兼具智、勇、力、胆，当今世间无人同时拥有这四种能力，你不要辜负我的厚望。”说完一拽马缰就以极高的速度消失在地平线上。

随后雅尔哈康凭借自己的威望组建了一支舰队，斩杀父仇人于阵前，收复丹麦，继承了王位，一时间得到了所有男人都想要的荣誉。某年夏天，他跟瑞典为海上航线交战，一路所向披靡攻进了瑞典腹地。一天晚上他的军队在一条大河边安营扎寨，他晚上下河去洗澡，刚跳入水中就见一头怪兽向他游来。他立即跃出水面，拔出岸边的佩剑砍杀了怪兽。他把怪兽尸体拖回营中，并向部属夸耀自己过人的勇气和精湛的剑术。这时营中突然冒出一个老妇斥责他：“你空有一身蛮勇，不问是非，捕杀了我们这条河的圣兽，你为此将遭到诅咒。”话音刚落，老妇就像晨雾一样消失了。很快她的诅咒就生效了，雅尔哈康行军所到之处完全得不到粮草补给，士兵只能杀掉战马充饥，还有大批士兵饿得跑到森林中以野蘑菇充饥，结果都被蘑菇毒死。

无奈之下，雅尔哈康只得带领这支饥渴难耐、缺人少马的部队回撤。正在他们最虚弱的时候又遇上了敌人的军队，缺乏后勤补给的丹麦人被瑞典军队杀了个片甲不留，全军覆没的雅尔哈康还是在部属舍命掩护下才只身逃脱。后来他一直被厄运缠身。出航时，暴风雨会让他的船触礁沉没。在岸上，他一出门就会雷雨交加，无论他进到什么房屋躲雨，房顶都会坍塌。在他向诸神献祭了阉割后的野公猪后，才得以摆脱厄运。

海格丽死后，雅尔哈康一直渴望有机会用巨人来血祭昔日爱侣。他也时常在海格丽遇难的那片树林蹲点守候，但一直没碰到那些巨人。所以当他听说有巨人在贝地国逼婚，强迫公主罗尔顿下嫁时，他觉得复仇的时机来了。在巨人抢婚那天，他偷渡到贝地国，埋伏在巨人必经之路上。果然巨人扛着他强娶的新娘迎面走来。雅尔哈康拔剑对他砍过去，巨人把公主放在一块大石上，转身应战，拾起身边的石头对雅尔哈康扔来，但雅尔哈康总是灵活闪过，并刺砍巨人的四肢。一近身后，雅尔哈康就化作一团剑影在巨人的腋下和腿间穿梭。巨人无法躲闪，只能用拳砸脚踩。他虽然力大无比，一拳能在地面砸出一道沟，一脚能在地面踩出一个坑，但却动作笨重。巨人搞得现场飞沙走石，地动山摇，却没有伤到雅尔哈康一根毫毛，自己反而被削得血肉横飞。终

雅尔哈康率领的丹麦军队遭遇瑞典军队

收复丹麦、继承了王位的雅尔哈康因误杀河中圣兽而遭到诅咒。某年夏天，他跟瑞典为海上航线交战，一路所向披靡攻进了瑞典腹地。随后因诅咒应验，雅尔哈康行军所到之处完全得不到粮草补给，被瑞典军队杀了个片甲不留。

于，屡遭重创的巨人身形渐慢，气喘如牛，最后轰然倒地。雅尔哈康跳上巨人胸口，刺上了致命一剑。垂死挣扎的巨人一声惨号，抓起胸前的雅尔哈康往路边的一块巨石砸了过去。雅尔哈康在空中空翻了几圈来缓冲摔击力，但由于巨人的力道太大，他还是被摔晕了过去。

一直躲在旁边大石后的公主罗尔顿走出来，撕下裙摆包扎了他身上的伤口。

按照经典式的情节发展，她爱上了这个把她从巨人手中解救出来的英雄。她取下祖传的金臂圈，套在他的右脚踝处，然后就回国去了。

国王哈尔肯见爱女失而复得，一时感动得老泪纵横。他想到自己年逾花甲，而女儿也到了待嫁之龄，决定让女儿赶快结婚。罗尔顿请求父亲为消灭巨人举办一场盛大的酒宴，并邀请周遭青年武士做客。哈尔肯料想女儿是要从中择婿，就吩咐择日举办，并对百姓公布了这一消息。

宴会举行当天，贝地国内所有的青年武士都赶来赴宴，当然雅尔哈康也在其中。大家表面上是祝贺国王除掉心头大患，实际上是想一睹公主之风采。当然还有一部分幻想得到公主的垂青。

宴中罗尔顿迈着摇曳多姿的生香芳步给武士们敬酒。每次敬酒时，公主都会注意客人的脚。走了一桌又一桌，公主还没有看到有人脚踝上有自己的臂环，不由得焦急起来。但当她走到雅尔哈康的面前时，便有种似曾相识的感觉。对方呈现的坚定自信的表情也迥异于其他人。当她为了确认自己的感觉向下打量时，却发现雅尔哈康的脚被长袍遮盖。罗尔顿只得轻叹一声，礼节性地举杯祝酒。

雅尔哈康在碰杯时低声问道："公主在搜寻什么？可要在下代劳？"罗尔顿被对方说中来意，羞得满脸通红。她略一定神，佯装失手将酒水洒在了雅尔哈康的长袍上。雅尔哈康忙提袍抖落酒水，露出了脚踝上的金臂圈。

公主马上问："我的臂圈原来在你脚上啊？"

雅尔哈康说："原来在我脚上套环的就是你啊。"

获得肯定答案的罗尔顿激动万分，挽着如意郎君，将他带到了父王面前，向大家讲述了雅尔哈康的英勇事迹。

哈尔肯于是对众人宣布："这位手刃巨人、拯救公主的英雄，就是我女儿选定的丈夫。"

在众人的欢呼声中，雅尔哈康自豪地做了自我介绍。众人听到他的姓名和身份时无不惊叹，包括哈尔肯和罗尔顿。哈尔肯为女儿能嫁给强国国王而喜不自禁，马上就顺势让这个酒宴变成了他们的婚宴。国王娶了公主，从此过上了幸福和快乐的日子。

就这样一直过了很多年。一天，雅尔哈康独自在壁炉前烤火。火炉边的地面上突然冒出了一个美女，她的裙摆上有很多美艳的花朵。雅尔哈康上下打量了她一番，正要开口问她来历，对方却抢先开口问道："想知道在这极冷的北国冬天，为什么我裙边有不凋谢的鲜花么？"好奇的雅尔哈康点了点头，只见美女猛然掀起长裙罩住了他，他一下就被带入了一个前所未见的异次元空间。

他们先经过了一段云遮雾绕的地方，然后顺着羊肠小道来到一片生机盎然的绿地，上面开满了像美女裙摆上那样的鲜花。绿地尽头的幽谷中有一道千丈飞瀑，随着飞瀑冲流下来的水中还有刀枪剑戟。他们逆着飞瀑来到一条宽广的河道，岸边有两队人马正在搏命厮杀。看着刀光剑影、血肉横飞的场面，一旁观看的雅尔哈康有点跃跃欲试。他问身边女子："这些人都是何方神圣啊？"

那女子答道："他们都是在人世间阵亡的战功卓著的英雄。死后来到这里，在享受醇酒美人之余，一如当年一样征战不息。"

雅尔哈康道："死后能和这么多志同道合的英雄一道，那简直比活着还畅快。"说完，雅尔哈康渐渐觉得意识模糊。等他清醒过来时，发现自己依然坐在壁炉面前。原来刚才的美女是奥丁手下的女武神，带他去的地方是神界的彩虹桥和瓦哈拉神殿。雅尔哈康知道奥丁嫌他这几年骄奢淫逸，不思进取，于是马上带着娇妻回国准备征战。返航途中，他看到数次救他于水火之中的独眼老者站在岸边，便马上停船，亲自把老者请到了船上。随后几天，老者在棋盘上移动棋子，教他如何行军布阵，还从随身布袋中拿出一套弓箭送给他，并对他说："有了我传授给你的兵法和送给你的弓箭，你会战无不胜，攻无不克。谁也无法杀死你，除了你自己。"

自那以后，雅尔哈康攻城略地，无往不胜。在灭国无数后，他将矛头对准了曾经让他吃败仗的瑞典国王沃尔夫。有了奥丁加持的雅尔哈康已今非昔比，很轻松地就将沃尔夫斩于马下。然后，他为这个毕生最强劲最值得尊敬的对手进行了风光厚葬。

雅尔哈康在战胜后也不会为了一己私利掠夺他国钱财和资源，更不会霸占其国土，他要的只是胜利和为奥丁输送恩赫里亚。所以打败沃尔夫后，他马上就撤离了瑞典。

因为特别欣赏跟他一样不畏惧死亡的勇士，所以他跟沃尔夫英勇的弟弟霍尔德结为兄弟，使丹麦和瑞典结成了强大的同盟。二人的友谊异常深厚，以至于霍尔德听到雅尔哈康外出征战阵亡的谣言后，命工匠制作了一口深达十英尺的巨型酒缸，在里面盛满了烈性蜜酒，为他的结拜兄弟举办了一个盛大的祭祀。祭祀仪式上，霍尔德亲自站在缸边舀酒祭奠。结果他在伤心之余，悲醉交加，失神栽进了酒缸中。当侍卫将其打捞上来时，霍尔德已被烈酒呛死。

霍尔德的死讯传到雅尔哈康耳中，他为痛失挚友而不能自已。而福不双至，祸不单行，雅尔哈康的爱妻罗尔顿也突发疾病过世，失去挚友和至亲的雅尔哈康开始用战争来麻醉自己，试图忘记伤痛，轰轰烈烈地结束自己的生命，却无法达成愿望。那些接到他挑战的国王，无不慑于他的威名而不战而降。偶有敢于应战上阵与他交手的，也因他有奥丁的魔法加持而无法杀死他。

这样，支撑雅尔哈康人生的三大支柱—知己，爱人，敌人都轰然幻灭，他顿时对生活无比厌倦。雅尔哈康现在的孤寂是常人无法想象的。在各方面都登峰造极的他享受了一切，也拥有了一切；紧接着他体会了高处不胜寒的滋味，最后失去了一切。尽管他用余生所有的时间为自己设定各种壮烈的死法，但全部落空。后来他想起了奥丁所扮的独眼老者对他所说的话：任何人都无法杀死你，除了你自己。他知道只有自杀才是了断一切烦扰的办法。于是他自刎而死，以报答奥丁对他的恩赐，前去瓦哈拉神殿与众多恩赫里亚为伍。

挪威国王阿尔法的女儿奥丽尔天生丽质，很多少年英雄都是她的崇拜者。渐渐地，她的芳名传到了一个巨魔耳中。这个名叫斯卡德肯的霜巨人专爱强抢民女。他像章鱼一样生有八臂，能同时舞动各种兵器，即便一个军团都莫奈其何。所以他闯入挪威王宫中抢亲时，皇室卫队根本不是其对手。被他像打苍蝇、拍蚊子一样杀死大半，余下的也失去了战斗力。然后他一把扯过奥丽尔公主，搂在怀中提前享受了已婚待遇。完事后扛着公主扬长而去。

国王阿尔法只好向疾恶如仇的雷神索尔祈求帮助。索尔马上驾着他的山羊车追击斯卡德肯。当索尔靠近巨人时，还在戏弄公主的他完全没有察觉。索尔的雷神之锤破空劈向其后脑，巨人当场就脑浆飞溅，伏法于雷锤手下。随后索尔驾车将惊魂未定的公主送还给了他父亲。

不久奥丽尔有了身孕。阿尔法以此为辱，要女儿堕下胎儿，但奥丽尔却执意要生下他。阿尔法虽是一国之君，但也为人之父，见女儿如此坚持，也拿她没办法。不久奥丽尔诞下一个男婴，取名斯多尔克。

由于体内有巨人的基因，斯多尔克生来就比同龄人高大健壮。他天性热衷冒险，在少年时就不喜欢宫廷生活，早早地开始了成年人才有的海盗生涯，后来他成了伟大的“战齿王”哈拉尔德手下的海盗船长。他不仅遗传了其父的体型和武艺，也遗传了巨人喜劫女人的习性。但跟其父宽泛的猎色习性不同，他的品位较高，一般的庸脂俗粉入不了他的法眼。在一次讨伐冰岛的战争中，他将冰岛公主沃丽抢上了船。谁知道公主爱上了斯多尔克，还为他生下一个儿子。斯多尔克就用父亲的名字斯卡德肯为他命名。

后来沃丽的兄弟在斯多尔克停靠在岸边时前来复仇，看到妹妹居然给敌人生下了后代，一怒之下放火烧死了他们。因为上岸洗澡而侥幸存活的斯卡德肯被哈拉尔德收养，长大后成了一名战士和吟游诗人。他将哈拉尔德一生的事迹编成歌谣四处传唱，还跟哈拉尔德的外甥陵成为好朋友。

后来哈拉尔德在跟陵的战争中仙逝，丹麦被瓜分。斯卡德肯只好和陵的信使普拉尼之子维克尔继续海盗生涯。一次，他们在海上遭遇多日风暴，认为是天神发怒，应该向奥丁献祭，否则必然葬身于海上。但他们在海上被困多日，连食物都没有，哪来的牛羊做祭品？于是只能抓阄决定谁将被吊死来献祭。维克尔抓到了该被吊死的阄。众人虽然不忍，但也只能决定次日执行。

到了晚上，熟睡的斯卡德肯在睡梦中被普拉尼的亡魂唤醒，随后他被带到了一个明亮缥缈，上不着天、下不着地的地方。那里有棵被十二块巨石围绕的参天大树，那些巨石上都分别端坐了一个人。其中一个手中握着一柄大锤的红髯大汉正怒视着自己。当其他人把带他来的普拉尼叫奥丁时，斯卡德肯无比诧异。原来他的魂魄已被带到了阿斯加德。

奥丁开口道：“今天召集大家来是为了决定斯卡德肯的命运。”这时那手持大锤的红髯大汉发言了：“他是那个淫乱的老巨人斯卡德肯的后代，像这样一个血统比寄生虫还肮脏的人，不应该在人世间多待一秒钟。”

斯卡德肯知道这是击杀自己淫乱祖父的雷神索尔。奥丁说："那也是上几代的事了。何况这个孩子骁勇善战，为我们神界输送了不少恩赫里亚。我认为可以延长他的生命，让他为神界输送人才。就以寻常人的三倍为限吧。"

索尔嚷道："我们得对他的行为做规限，以免他像祖父那样为祸人间。在他超越常人的三生时间里，如果他作恶超过三件，就人神共诛之。"

奥丁："既然他文采斐然，就让他做个吟游诗人吧。同时他会得到最锐利的武器和最坚固的甲胄，成为一个伟大的战士。"

索尔："但他永远无法建立自己的国家，无法拥有一寸不动产。只能做个流浪诗人和武士。"

奥丁："他会得到超过身边所有人的现金。"

索尔："但他还是会缺衣少食，饱受饥渴冻饿之苦。"

奥丁："他可以在敌阵中力敌万人，常胜不败。"

索尔："但为此他要付出巨大的伤痛。"

奥丁："他会成为各国王公贵族的座上嘉宾、无间密友。"

索尔："但普通百姓会像避瘟疫一样避开他，让他得不到任何帮助和一点友谊。一生中的大部分时间都在孤独中度过。"

奥丁和索尔就这样谱写了斯卡德肯的人生剧本，并交给命运三女神结为命运绳结。斯卡德肯的一生就这样被设定了轨迹。一旁的斯卡德肯看着自己的一生就这样被导演，对诸神既敬又畏，既惶恐又欣慰，一时间百感交集。最后奥丁让斯卡德肯回到船上，并对他说："你也看到诸神对你的态度了，是我为你争取了不少利益。所以明天你不能阻止他们将维克尔献祭给我。"斯卡德肯只好答应。临走时，奥丁给了他一根芦苇。

次日，大家依然被风暴摇醒。虽然船上的人都不愿意拿敬爱的船长维克尔献祭，但怕触怒奥丁又不得不献祭，所以大家折中地决定把维克尔象征性地吊一会儿。于是他们冒着风雨停在一个小岛上，在岛上找了一棵不高的杉树，让维克尔站在树下的酒桶上，并在他脖子上套了根细细的牛肠子，拴在杉树最细的一根枝条上，还绑了个活结，想象征性地绞死他来给奥丁献祭。按照礼仪，斯卡德肯持芦苇秆碰了碰维克尔胸口，像通常祭祀那样喊道："奥丁，现在我们把他奉献给你。"谁知这枝芦苇秆突然变成了投枪，尖锐的枪头一下洞穿了维克尔的胸膛。同时，那根纤细的牛肠马上变成了结实的绳索，柔弱的树枝顿时粗大坚固无比，矮小的杉树突然长高，将维克尔吊在了半空。原本的假戏变成了真做，维克尔就这样在大家面前被献祭给了奥丁。

斯卡德肯见自己把朋友送上了西天，才知道奥丁和诸神已经开始控制他的一生了。他顿时对自己充满憎恨和厌恶，虽然周围其他人没有言语，但从他们看自己的眼神里，他知道自己已经被他们所鄙视。这时海面已风平浪静，但斯卡德肯已经无法跟曾经生死与共的同伴一起回国了。知道同伴不会容纳自己，他放逐了自己，开始了流浪生活。

他穿梭于各国，为国王充当雇佣军，替他们征服其他国家。他为野心家充当赏金猎人，替他们报仇雪恨。只要是有利可图的事，就算风险再大，他都会做。他洗劫了爱尔兰国库，获得了“海盗之王”的称号，还获利颇丰，但随后他装载财宝的船只却触礁沉没，他辛劳半生却一无所有，后来只好投靠乌萨拉国王菲罗兹，为其效力。菲罗兹非常高兴有这样一个蜚声国际的武士为自己效劳，十分器重他，让他统领一支舰队，以保护海上交通线。他们两个人超越君臣的友谊在菲罗兹死后中断。后来继位的英加尔德骄奢淫逸，沉溺于宴乐酒色，毫无其父之风。斯卡德肯羞于与其为伍，就离开了这个国家。

菲罗兹的女儿哈尔嘉，看见哥哥英加尔德穷奢极欲，经常不理朝纲，而在宫中与很多女人宣淫达旦。一开始她羞得不敢正视，还会替哥哥感到羞耻，但人是环境的产物，不是自己改变环境，就是被环境同化。渐渐地，哈尔嘉也对哥哥的荒淫作为习以为常了。有一次，哈尔嘉在后宫花园凉亭中撞见哥哥和一女子寻欢作乐。见其行，闻其声，哈尔嘉开始觉得新鲜刺激，忍不住想以未成年人的身份做成年人才能做的事。后来英加尔德请了位年轻英俊的金匠进宫打造首饰，早已春心荡漾的哈尔嘉在金匠甜言蜜语的挑逗和诱惑下偷吃了禁果。年轻人旺盛的精力让她像哥哥一样沉于其中不能自拔。

斯卡德肯虽然身在异国，却因为与菲罗兹的友情一直留心乌萨拉国的事情。当他获知朋友女儿的所为后，暴跳如雷，决定替亡友管教女儿。

斯卡德肯秘密潜回乌萨拉国，跟随哈尔嘉来到金匠家，然后拉下帽檐遮住脸，背靠门框坐下来。金匠以为他是沿街乞讨的流浪汉，便高声喝骂，欲赶他走。但斯卡德肯置若罔闻，他坐在门槛上，金匠既赶不走他，又关不了门，急于跟公主幽会的金匠拿他没办法。在欲望刺激下，色胆包天的金匠竟然在没关门的屋里当着斯卡德肯的面跟公主调情。看到了门口的斯卡德肯，公主觉得有些面熟，不免有些尴尬，便推开金匠，让他把流浪汉赶出去。斯卡德肯气得一把甩掉帽子，拔出了佩剑。胆小的金匠吓得夺路而逃。斯卡德肯来到哈尔嘉面前，狠狠地给了她一个耳光。这一下打得她清醒了过来。从那天起，哈尔嘉用理智退却激情，痛改前非，用一位高贵公主应有的言行挽回了自己的声誉。

有鲜花，就会招惹浪蝶。丹麦豪门子弟安格尔，兄弟九人均是好色好斗的无赖之徒。他听说哈尔嘉风情万种，便来到乌萨拉国向哈尔嘉求亲。怎料已经洗心革面的哈尔嘉严词拒绝了这个满脸坏笑的登徒子，旁边的昏君英加尔德也没有正眼看过他。安格尔恼羞成怒，污言秽语地侮辱哈尔嘉。

哈尔嘉为自己过往不检点的生活流下了悔恨的泪。英加尔德虽然荒淫，但哪能容许别人在自己面前侮辱妹妹，他正要挥手命人将安格尔拖下去刀斧手伺候，一转眼又想到其家族势大财雄，杀了他必然引发两国战争，而自己根本不会领军作战，到时候必然战败，这样的话，自己就不能天天在后宫玩乐了，所以只能把他逐出国境。

安格尔在被逐出王宫时，恶声威胁："我得不到的东西，其他人休想得到。不信走着瞧。"

不久，年轻的挪威国王赫尔瓦听闻哈尔嘉洗心革面，大为欣赏，便远道而来向她求婚，英加尔德和哈尔嘉都对他很满意，便答应了这桩婚事。

安格尔闻讯后，不肯善罢甘休，要跟赫尔瓦决斗。而他在挑战书上写的是安格尔兄弟对决赫尔瓦，也就是说他要和八个兄弟一起迎战赫尔瓦，并将决斗日期定在婚礼之后的第一个早上。明知这是一场跟流氓的不公平的决斗，且自己绝无生还机会，但赫尔瓦知道自己不应战，那些无赖会侮辱自己和妻子的家族荣誉，他还是接受了挑战。哈尔嘉提醒他："既然那个泼皮可以带上他的八个弟弟，你也应该带上帮手，我想到一个合适人选：你可以去向我父亲的生前好友斯卡德肯求助，他武艺高强，而且念及旧情一定会出手相助。"

赫尔瓦遂去邻国找斯卡德肯，毕恭毕敬地邀请他出席婚礼。斯卡德肯为故友的女儿有了好归属而庆幸，但他拒绝参加婚礼。他对赫尔瓦说："告诉你妻子，我很高兴她带给我好消息。但我向来厌恶吃喝宴乐之事，婚礼我就不去了。"

赫尔瓦情急之下道出苦衷："曾经被哈尔嘉拒绝的安格尔一直怀恨在心，这次他以兄弟九人的名义向我挑战，我如不接受挑战，必背上懦夫之名，但如果孤身应战，必无生还机会。我不怕死，只担心哈尔嘉才新婚就要遭受丧夫的厄运。所以我特意前来恳请您在这场不公平的决斗中助我一臂之力。”

没有比与人搏命，而且是以少敌多更能刺激诱惑斯卡德肯的了。他马上跟赫尔瓦一起回到了乌萨拉国。婚礼的场面极为盛大，邻近各国的王公贵族都前来庆贺，当然安格尔兄弟也在其中，只是在这种场合中，他们碍于周围人多和自己的身份，不敢放肆。

第二天早晨，赫尔瓦因贪睡误了决斗时间，斯卡德肯便独自去决斗地点应战。

到达决战地点，斯卡德肯发现对手还没到，就坐在地上抓起虱子来。过了一会儿，安格尔兄弟来了，他们只看到坐在面前的老头，没看到赫尔瓦。就吼道：“老鬼，赫尔瓦躲在老婆裙子里面不敢出来了吧？”

“对付你们这些脓包还需要两个人么？”斯卡德肯挠着头说。

安格尔怒道：“老东西，我们一个个地跟你来。不然别人会说我们欺负老头子。”

谁知安格尔的一个弟弟刚拔出剑就被斯卡德肯斩首。余下的八个人见势不妙，一下就将斯卡德肯围在中间。但这些纨绔子弟哪里是斯卡德肯的对手。当安格尔九兄弟都倒下时，连斯卡德肯都认为胜利来得太快了。

当年陵打败了叔叔哈拉尔德后，将丹麦的大部分土地分封给了一个叫贺加的诸侯。视自由和荣誉为生命的丹麦人不甘心当亡国奴，就联络前国王哈拉尔德的另一个外甥兼斯科纳国王欧伦，让他帮忙解放他们。

欧伦早就觊觎丹麦的土地，只是苦于没有借口。此时一有机会，便马上发兵攻打贺加，同时贺加统治下的丹麦人也起义配合，里应外合，贺加只好把自己的领地割让给欧伦。但欧伦不仅没有像先前约定的那样，让丹麦人在战后自治，还更加贪婪地剥削丹麦人。于是丹麦人又有了铲除欧伦的想法，却苦于无此能力，便请斯卡德肯来帮忙。因为他在少年时期就跟欧伦是好朋友，能够接近欧伦。没有什么比刀剑无法饮血让斯卡德肯空虚痛苦的了，而丹麦人出的高价更是让他无比畅快。但斯卡德肯知道欧伦的武艺不在他之下，而且最厉害的就是那双锐利的眼睛。一旦与那双有催眠效果的眼睛对视，人就会产生畏惧的感觉。斯卡德肯决定在他卸除一切武装的时候杀掉他，于是他趁欧伦沐浴时来到其面前。斯卡德肯这样身经百战的勇士，在碰到欧伦的目光时居然也胆战心惊。欧伦怕自己慑人的目光伤害老朋友，就用手挡住眼睛问：“老朋友，好久不见啊。有什么急事么？”

斯卡德肯趁机走近欧伦道：“我没什么急事，但你有祸事。丹麦人买了你的命。”说完就抽出长剑刺穿了欧伦的心脏。事后斯卡德肯对自己利用朋友的信任而杀掉对方的行为悔恨万分，既怕别人知道他的恶行，又出于对诱惑他杀死老朋友的人的愤恨，就把这次交易中的甲方代表给杀了。

渐渐地，斯卡德肯在痛苦、悔恨和迷茫中迎来了第三生的暮年。他已老得无力四处征战，人们已淡忘了他的光荣事迹。他写下的光辉诗篇渐渐无人哼唱。他不愿像旁人那样无痛老死，但求死在刀剑下。

他用尽一切机会引起别人的杀机。他一出门就会在腰间佩带两把长剑，在脖子上挂上满满一袋黄金，那是刺杀欧伦所得。他希望有人能谋财害命杀掉他，这样就能减轻他谋杀好朋友的负罪感。但这样一位腰弯背驼、几近双目失明的老人，谁会对他动杀机呢？即便他对旁边的人恶语相加，旁边的人还是会同情他，搀扶他回家。这让一心找死的斯卡德肯比死还难受。

一天，他在街上看到有人策马狂奔，就迎面对着马匹颤颤悠悠地跑过去。骑手一看不妙，便使劲拉缰绳规避，结果引得马失前蹄，自己摔了下来。这人站起来正想发作，一看到对方是一位年迈的老人，只好拍了拍身上的尘土准备离开。

斯卡德肯见对方转身要走，就刺激他道：“懦夫，用后背来面对挑战么？连我这样的垂暮老朽都不敢面对么？来吧，跟我决斗。如果你胜利了，就会拥有至高的荣誉。你知道我是谁么？”然后斯卡德肯就唱起了讴歌自己丰功伟绩的长诗。

骑手听完，知道了这个老头就是自己的杀父仇人。因为这个骑手就是雇斯卡德肯杀死欧伦，却被斯卡德肯杀死的幕后主谋者的儿子哈德尔。

斯卡德肯知道哈德尔的身世后，觉得死在他手下再合适不过，这样既可以了却自己的心愿，还可以让对方复仇。于是他说：“你可以杀了我，这样不仅能替父报仇，还能得到我脖子上挂的这袋谋杀欧伦所获的佣金。”说着他把剑扔给哈德尔，伸长了脖子说：“砍吧，如果你在我头落地前，从我头与躯干之间跳过，你以后就可以刀枪不入了。”

哈德尔虽然有点害怕这个巨人，但重金诱惑再加上替父报仇的心理，让他一狠心砍下了斯卡德肯的头。但他不相信心狠手辣、诡计多端的斯卡德肯会有如此好心，没有从他的头和躯干之间跳过去。随后，哈德尔就地厚葬了斯卡德肯，并在杀死他的地方树了一座记录他一生伟绩的丰碑。

丹麦王国中有日德兰和斯科纳两个诸侯国，其中斯科纳由奥特罗娜女王统治，而日德兰则是希格沃法王的领地。奥特罗娜是个精通魔法、工于心计的女人，她对权力有超强的欲望。当她听说宗主国丹麦的王后去世，而作为王位继承人的国王独子尚未婚配时，就想利用自己倾国倾城的姿色和高贵的血统夺取丹麦的王权，想成为丹麦国王的妻子后再除掉丹麦王子奥格尔，自己称王。于是一场超完美的阴谋在女王的操纵下开演了。

日德兰王希格沃法的公主希格利特正值妙龄花季，待字闺中。如此高贵优雅的公主自然有众多仰慕者，但这位高傲的公主从来不用正眼瞧任何男人。一天，希格沃法叫来爱女，给她讲述男大当婚、女大当嫁的道理，但希格利特却发誓说："我只挑选能吸引我目光的那个男人做自己的丈夫。"

奥特罗娜女王知道此事后，趁着出访日德兰国的机会，造访了这位公主。希格利特本来就对这位蜚声国际的女王尊崇备至，现在她亲来造访，更是让她倍感荣幸。奥特罗娜的迷人风韵和魅力深深吸引了这位渴望早日成熟的公主。女王在临别前对公主说："我这儿有一瓶祖传的魔法水，用它洗过眼睛后就能具有鉴别男人的眼力。他能让你欣赏能匹配或忠诚于你的男人；而那些心怀邪念或仅贪恋美色的男人在你的注视下会变成顽石；动用权势强迫你与其一夜风流的男人会在你的目光下变为飞禽。"一直仰慕女王风采的希格利特认为这水正合她心意，毫不犹豫地用魔法水洗了自己的眼睛。

奥特罗娜回国后写信给丹麦国王。她在信中对老国王的孤寂深表关心，并邀他到自己国内散心，还含蓄地表示希望通过这次游历分担老国王的孤寂之苦。

然后她又晓以大义，从丹麦王室利益和国家前途的角度提议为王子选亲，并极力推荐才貌双全的希格利特。

遭受丧偶之痛和为儿子婚事操心的老国王接到女王来信后深感欣慰。本来他就曾把女王当作续弦人选，但怕贸然求婚遭拒后不仅自己颜面无光，而且还可能会影响两国关系。现在看起来，不仅能解决自己的个人问题，还可以得到斯科纳国这样一个巨型嫁妆并将其置于自己直接统治下。他也深为佩服女王的远见卓识，认为通过儿女联姻可以加强丹麦与日德兰国的关系，更有利于国家稳定。

于是丹麦老王就命人在宫中传播关于希格利特的无双美貌和独特的择偶方式的新闻。王子奥格尔听说希格利特从不正眼瞧人及眼神的魔力后，在好奇心驱使下决定乔装成普通武士前去求婚。老国王也同时前往斯科纳国进行亦公亦私的国事访问，并像往常一样把国内事务交由自己的弟弟特拉孟法亲王管理。特拉孟法是丹麦最有威望的勇士，他既无政治远见和谋略，也无任何野心，只一心忠于王室。

丹麦老国王到了斯科纳，受到奥特罗娜女王的热情接待，二人很快便宣布了结婚的喜讯，奥特罗娜如愿成为丹麦王后。

而一个霜巨人得知希格利特从不正眼瞧任何男人的传言后，决定用魔法骗得公主。他缩小自己身形，穿上女人衣服，乔装打扮后混进王宫，找到一份牵马的差事。一天，他用花言巧语骗得希格利特信任后，将其诱入了一片密林之中。可无论这个巨人怎么诱惑威吓，都无法使公主看他一眼。恼羞成怒的他将公主扛入一个山洞，将她的长发编成无人可拆解的魔结系在自己手腕上。希格利特吓得尖叫着盯住巨人，哀求对方放过自己。结果巨人瞬间被希格利特惊恐的眼神爆出的火花变成巨石，而公主的头发也被缠压在了巨石下而无法脱身。

奥格尔得知公主被拐后，马上赶到那片密林中寻找，最终发现了被缚在巨石上的公主，顿时被公主的无双美貌打动。奥格尔也解不开巨人的魔结，就用剑割断公主的秀发，向她倾诉了自己的爱意。但尽管奥格尔用尽了一切真情、深情、动情的字眼，希格利特都不看他一眼，甚至连话都不跟他说。

其实希格利特心中很感激这位英俊的武士，也对他萌生了爱意，但她怕自己的目光让救命恩人变成石头或飞禽，出于羞涩，她也不愿说明。贵为王子的奥格尔自尊心受伤，便起身离去。

奥格尔离开后，希格利特找不到回家的路，在密林中毫无方向地游荡流浪，几天后，快要饿死的公主阴差阳错地来到了奥格尔的领地。希格利特希望能借丹麦王子的势力返回故土，但根本不知道几天前救她的青年武士就是丹麦王子。虽然希格利特在丛林中遭受磨难后，衣衫破烂不堪，但她的高贵气质是无法掩盖的，所以奥格尔宫中的贵族妇女热情接待了她。她们坚信她是某个没落贵族的后裔，便让她专门为王子服务，希望她有朝一日能得到王子的宠幸，恢复家族荣誉。

奥格尔得知老爸马上就要结婚，而自己却求爱失败，所以不愿回首都，就回到了自己的领地。奥格尔见新来的侍女每次服侍他时，都会拉下头巾遮住双眼，后来得知此女从不正眼看异性，他便对这个不奢望荣华富贵的孤傲侍女心生爱慕，决定娶她为妻。

希格利特见到王子后，马上就认出他就是在山洞中解救自己的年轻武士。由于怕自己的目光对奥格尔造成不可逆转的后果，她每次见奥格尔时都会用头巾遮住双眼。不久后，希格利特听说了王子马上就要结婚的消息，她万分痛苦，却无法在奥格尔面前表明自己的真实身份。

婚礼当天，大家把奥格尔拥到了新郎的座位上，而旁边新娘的座位却是空的。这让众人大为不解。奥格尔当众向嘉宾解释说，新娘是日德兰王希格沃法的公主希格利特，因为海上的风雨耽搁了行程，明天早上就会赶到。希格利特听到此言，既惊又喜，更觉得奇怪。婚宴就这样在女主角缺席的情况下进行到深夜才结束，奥格尔让希格利特手持烛火扶他进洞房。进屋后奥格尔推说头昏躺到了床上，并要希格利特把蜡烛送到他手中。心慌意乱的希格利特手持烛火上前，奥格尔一口就吹灭了烛火。

黑暗中，奥格尔在希格利特耳边说："你虽然在我面前蒙上了头巾，但没过多久，我就知道你是山洞中的公主了。"即便在此时，希格利特都紧闭着双眼。

"你害怕什么？顾忌什么？我又没有霜巨人一样狰狞恐怖的面孔和肤表。亲爱的，睁开眼看看我吧！"奥格尔道。

"亲爱的，我曾用魔法水洗过自己的眼睛，欲图强迫我的人会被变成猎人肆意捕杀的飞禽。你当初在山洞里面看到我的头发被巨石压住，就是因为巨人将我头发绑在了他身上，但后来被我的目光化作了巨石。我怕睁开眼看了你后，我会失去你。"恐惧爬上了希格利特的脸。

争强好胜、天性爱冒险的奥格尔笑道："我跟霜巨人怎么会有一样的后果？他在强迫你，而我是爱你的。我相信你的目光不会把我变成石头。"

在奥格尔的一再劝说下，希格利特忍不住睁开了眼睛。她看见奥格尔注视着她的双眼，形体上没有任何变化，不由得喜极而泣。片刻后，激动无比的奥格尔拉着希格利特的手步入大殿，要向众人宣布喜讯。

谁知一到众人面前，挽着希格利特的奥格尔突然变成了一只天鹅。希格利特见状惊叫一声，昏了过去。这天鹅愣了半晌，在希格利特身边哀鸣了几声后就飞走了。

王子变天鹅的消息迅速传遍了丹麦。丹麦王室议会以用魔法加害王储的罪名拘捕了希格利特，并将她押解到首都审判。

老国王虽然为儿子的不幸感到万分悲痛，但他并不认为是希格利特有意加害王子。为了不闹僵和日德兰王的关系，他把希格沃法也请到了首都，并对他说了自己的意见："尽管议会指控希格利特有罪，但我不同意以世俗的办法来对她进行审判。我觉得应该由正义之神雷神来评判。到时如有守卫阿瑟神祠的圣堂武士出来捍卫希格利特的荣誉，并战胜禁军教头特拉孟法亲王，就证明她是无辜的，我会收她为义女。作为对她失去丈夫的补偿，我还会主婚让她嫁给那个拯救她的圣堂武士。"

希格沃法把国王的决定告诉了爱女，并安慰她雷神定会为她主持公道。希格利特坚信阿瑟众神会站在她这一边，没有为审判担心。

审判日当天，议会正在海边对希格利特进行宣判时，海面上一只白天鹅拖着一船游了过来。船中有一位金盔金甲的英俊武士，他是阿瑟神祠中的圣矛武士布兰修法。布兰修法未等船停稳，就飞身上岸，来到丹麦国王面前，先挥矛以示礼节，然后高呼："陛下，希格利特公主是无罪的。我将用我手中的圣矛来证明她的清白。谁若不信，我可以和他决一胜负。"

国王便让丹麦最勇猛的武士特拉孟法亲王和布兰修法比武。布兰修法手舞圣矛，几下就击败了特拉孟法亲王。于是国王宣布希格利特无罪，并将其收为义女，还赐婚于布兰修法。

布兰修法让王后奥特罗娜深深不安。她怕布兰修法跟希格利特婚后会受到国王的器重，这样她的夺权计划就难以实现了。当她注视布兰修法时，发现对方也正盯着她，他的眼神让她心中非常惶恐。

布兰修法收回投向王后的目光，来到了希格利特面前。希格利特被布兰修法的独特气质吸引。他华丽但不张扬，威严却又亲和，让希格利特十分着迷。她将自己的目光深深地投入到了布兰修法眼中，而布兰修法也用炽热的目光对视着她，身体并没有被石化或兽化。他的目光让希格利特感觉无比温暖舒适，有春风拂面的感觉。

布兰修法托起希格利特的下巴，轻柔地吻了她的双眼，然后俯首在她耳边说："你的眼睛再也不会有邪恶的魔力，而且施魔之人以后一定会受到惩戒。"

布兰修法深情地注视着希格利特的双眼说："关于我的出身来历是我必须恪守的秘密，如果你愿意嫁给我的话，希望你不要问我这些事情。"

"我不需要比过去知道得更多，你的往事没有我们以后的爱情重要。我们不要活在过去，要为未来而活。"希格利特的眼神比话语更让布兰修法信任。国王很快就为他们举行了盛大的婚礼，王后奥特罗娜亲自为希格利特梳妆打扮。她随口问道："你认识布兰修法后还想奥格尔么？"

希格利特一点也不回避这个问题，她毫不尴尬地笑道："见到布兰修法后，我心中被他的形象给填满了，我现在是真的爱他。而回想奥格尔的形象，就像回忆几天前的梦一样，是那样的模糊不清。"

"布兰修法英武俊美，各方面都比奥格尔强，但有一点不知道他会不会比奥格尔强？"王后故意欲言又止。

"哪一点？"希格利特追问。

"当然是他的出身了。他为什么把自己的来历隐瞒得如此紧密？是有不可告人的低下血统，还是他是敌人的密探？或是对你不怀好意的仇家？你们都结婚了，你现在是他最亲的人了，他告诉你又何妨啊？"

希格利特沉思片刻后说："他若没有高贵的血统，怎么会有这样的武功、言辞、眼神和气质？怎么能让我动心？再说神秘也是不可多得的魅力啊！"虽然希格利特这么说，但奥特罗娜透过她的眼神看到了她内心中安全感的缺失。王后知道目的已经达到，便不再说什么了。

婚后希格利特跟布兰修法度过了一段甜蜜的时光，但随着时间的推移，希格利特原先所欣赏的布兰修法的神秘魅力变成了对她的痛苦折磨。她越来越在意丈夫的神秘感，他是谁？他来自什么地方？他以前是干什么的？每一天她都比昨天更想知道答案。她经常想：我是他妻子，为什么不能知道这些？所以希格利特经常旁敲侧击地询问布兰修法的身份来历。

时间一长，布兰修法知道如果不对妻子表明自己的真实身份，她是不会甘心的。于是，他对希格利特说："你和所有人都会知道我的来历。我会当着国王的面说出来的。"

第二天，布兰修法就像当年他刚出现在众人面前时一样，顶盔戴甲，手持圣矛，来到了王宫大殿。他神情庄重地对着众人说：“今天我要向大家宣布我的来历。我来自供奉了阿瑟诸神神像和圣物的圣城赫尔格。我是圣堂武士的首领，人们称我圣矛武士。奥丁的圣矛是我手中的武器，守护雷神的酒角是我的职责。我行走人间时也会完成雷神所赋予的驱除邪恶的任务。但这一切都是我发誓恪守的秘密，一旦秘密泄露，圣物和守护者就不能驻足人间。但我无法再对最亲密的妻子隐瞒自己的身份，所以我今天就当众给她一个答案。”

布兰修法沉痛地对希格利特说：“爱人，我要走了。”希格利特哭着拉着他的衣袖，恳求他不要走。但布兰修法挥动圣矛割断了希格利特拉着的自己的衣袖，跳上了船。而这时希格利特已经悲痛地昏了过去。

布兰修法在船上大声说：“在走之前，我还要了结一件事。奥特罗娜，你靠玩弄手腕当上了王后，诱骗希格利特用你的魔水洗眼睛。之后借刀杀人，让希格利特除掉了王子，还让她承受了不应该的痛苦和审判。这样过几年国王去世后，没有王储继位，你就能顺利登上王位。现在我就让奥格尔王子回来。”说着挥矛刺死了拉船的天鹅。奥特罗娜王后大叫一声倒地而亡。而被刺死的天鹅变回了奥格尔，他飞快地穿过人群，将昏倒的希格利特拥在怀中。这时一只巨隼从天而降，抓起纤绳将大船和布兰修法带上了天空，消失在众人仰望所不能及之处。